梦里犹知身是客

读书人的百年沉浮

谢志浩 著

中央编译出版社

图书在版编目（CIP）数据

梦里犹知身是客：读书人的百年沉浮 / 谢志浩著 . —北京：中央编译出版社，2016.4
ISBN 978-7-5117-2969-9

Ⅰ . ①梦…
Ⅱ . ①谢…
Ⅲ . ①文化—名人—人物评论—中国
Ⅳ . ① K825.4

中国版本图书馆 CIP 数据核字（2016）第 047207 号

梦里犹知身是客：读书人的百年沉浮

出 版 人：	刘明清
出版统筹：	董　巍
策划编辑：	黄海明
责任编辑：	陈　芃
责任印制：	尹　珺
出版发行：	中央编译出版社
地　　址：	北京西城区车公庄大街乙 5 号鸿儒大厦 B 座（100044）
电　　话：	（010）52612345（总编室）　　（010）52612313（编辑室） （010）52612316（发行部）　　（010）52612317（网络销售） （010）52612346（馆配部）　　（010）55626985（读者服务部）
传　　真：	（010）66515838
经　　销：	全国新华书店
印　　刷：	三河市金泰源印务有限公司
开　　本：	650 毫米 × 970 毫米　1/16
字　　数：	200 千字
印　　张：	17.75
版　　次：	2016 年 4 月第 1 版第 1 次印刷
定　　价：	39.80 元
网　　址：	www.cctphome.com　　邮　箱：cctp@cctphome.com
新浪微博：	@ 中央编译出版社　　微　信：中央编译出版社（ID:cctphome）
淘宝店铺：	中央编译出版社直销店（http://shop108367160.taobao.com）（010）52612349

本社常年法律顾问：北京嘉润律师事务所律师　李敬伟　问小牛
凡有印装质量问题，本社负责调换，电话：（010）55626985

目　录

自序　　　　　　　　　　　　///　001

谱系

温情与敬意　　　　　　　　　///　002
百年中国，薪火六代　　　　　///　036
学术双城记　　　　　　　　　///　048
回眸梁任公　　　　　　　　　///　064
碧血绽黄花　　　　　　　　　///　092

清华

清华国学研究院的雪泥鸿爪　　///　106
吾爱吾庐梅贻琦　　　　　　　///　114
端正刚直刘仙洲　　　　　　　///　118
故国乔木梁思成　　　　　　　///　122
清风明月顾毓琇　　　　　　　///　126
坚忍不拔陶葆楷　　　　　　　///　130
玉汝于成华罗庚　　　　　　　///　134
耿介孤忠黄万里　　　　　　　///　138
一言难尽蒋南翔　　　　　　　///　142

追忆

就像带走每条河流　　　　　　///　146
仁者杜润生　　　　　　　　　///　151

读书种子卞孝萱	///	156
守先待后涂又光	///	159
杨小凯与林毅夫	///	167
追忆好友张志军	///	179

月旦

智效民：长袍与牢骚	///	188
李零文化心态一瞥	///	202
高王凌：一洗凡马万古空	///	226
哥白尼式革命：农民与"反行为"	///	241
诚笃萧延中	///	256
许纪霖：暧昧的怀旧	///	267

| 后记 | /// | 272 |

自序

岁末年初,一种复杂的情绪笼罩在心头,无论"大气候"还是"小气候",都有些纠结。在法律博客上看到一篇博文:《2011年:最值得期待的十大法律博客》(作者刘卉,刊于2011年1月6日《检察日报》学术版),如鲠在喉,不吐不快!

刘卉列举的最值得期待的十大法律博客:何家弘、沉舟侧畔、流浪者、陈忠林、蔡守秋、未名斋主、匡庐居士、艾克斯旅人、王勇、?(这个"?",留给不定的未来)。

何家弘是中国人民大学刑事法律科学研究中心副主任,《法学家茶座》执行主编;沉舟侧畔是北京大学法学院的张千帆;流浪者谢晖,从山东大学漂泊北京理工大学,栖息于中南大学;未名斋主是复旦大学社会科学高等研究院院长邓正来;匡庐居士是上海交通大学凯原法学院院长季卫东;陈忠林是重庆大学法学院院长;蔡守秋乃中国环境资源法学研究会会长。

这七位法学界的"学术达人",也是中国学术地图中的第五代学人。这一代学人,80年代发芽,90年代茁壮,2000年以后收获。

第五代学者已经功成名就，这里，蔡守秋为"四〇后"，陈忠林、何家弘、邓正来、季卫东为"五〇后"，张千帆、谢晖为"六〇后"。陈忠林、何家弘、邓正来、季卫东四人，属于比较典型的第五代学者。

第五代学者，堪称中国学术史上"空前绝后"的一代。第五代学者多出生于50年代，生在新社会，长在红旗下，亲历了"文化大革命"。他们先参加"红卫兵"，后"上山下乡"，浸淫政治运动，体会了人性的幽暗。

"大饥荒"、"文化大革命"、"上山下乡"这三大际遇，对第五代学者影响深远。应星和郑也夫，探讨"学界新父"的朽败：一些第五代学者，如何由理想主义者堕落成犬儒主义者——这是绕不过去的一大关节。

第五代学者独特的历史际遇，令饥荒记忆和幽暗意识始终与他们的人生如影随形。由于见过大世面，经历过大风大浪，故也能够随着历史的激流险滩，载沉载浮，与世俯仰。

第五代学者尚在襁褓，老辈学者秉持的"学统"就已经处于断裂状态。这种断裂，体现在两个方面，一个是学术风格，一个是学人风度。茅于轼、陈乐民先生身上那种优雅的绅士风度，在第五代学者身上，很难有迹可寻。

短缺和匮乏，是第五代学者的"天花板"；大饥荒，更加造就了这一代人的"饥饿感"。在单位制度下，自由的精神生态很难存在。我们改造传统的能力惊天地泣鬼神。"文化大革命"和"上山下乡"，一方面，练就了这代人的"反潮流"精神；另一方面，他们也从农民身上学到了一种"生存智慧"。

这一代学人，依仗着"反潮流"和"生存智慧"，"土鳖"抢滩占地，"海龟"挟洋自重，攻城掠地。最后，"土鳖"和"海龟"殊途同归，成为威震一方的"学术诸侯"。

第五代学人具有旁人所不具有的优势。1978年之后，"千军万马闯独木桥"，顺利"过桥"的他们是成功者。民国老辈学人，对这些"隔辈"的后学，很是器重，倾其所有，言传身教。这显然是一笔宝贵的财富。

90年代后期开启的"金钱刺激",比起五六十年代的政治批判,见效更快,一招致胜,正好满足了沉潜在一些第五代学人灵魂深处的饥饿感,恰好他们也是特别能变通的一代。因为生存智慧,讲究的就是变通。变则通,通则久。一根筋,到哪里都会吃亏。

80年代"穷乐呵",那时候就讲究理想主义;90年代后期,既然可以发家致富,知识分子也要为建设经济基础做贡献呀!课题、项目、基金,这些都是建设经济基础须臾不可离的利器。"学术诸侯",除了以上三项,还要弄基地、站点、办班,提高属下教职员工的福利。受到北大法学院老师"弹劾"的朱苏力,其一大"错误"就是不体恤属下,没有提高大家的福利待遇。

伴随着以上的努力,大陆大学的蜕变,自然应运而生。知识分子,特别是学术实力派,面临金钱和权力的双重诱惑时,交上了一张有意思的答卷。

1998年之后,一些"浮出水面"的第五代学者,由于学术上的建树,不仅具有学术话语权,而且开始掌控学术资源。当今学府的面貌,很大程度上,是由第五代学者中的一些"学术达人"塑造的。张鸣很悲愤地说,大学已经"帮派化",依照这种比喻,那么"学术达人"岂不就是某个学术领域的"老大"?

应星做社会学,比起张鸣,毕竟要收束些。他提出"学术新父的朽败"——应星所说的"学术新父",指的就是第五代学者里面的一些"学术达人"。这些"学术达人",小时候忍饥挨饿,侥幸存活,殊为不易。经过磨砺,他们特别能吃苦:上世纪80年代,一些第五代学者"穷得像教授,傻得像博士",住筒子楼也不改其乐。的确,有些颜回的境界。

但是,自从1998年环境改变,展露峥嵘的第五代学人,开始脱贫致富。特别是2000年后,学术津贴和绩效工资的设立,"学术达人"们顺风顺水,拔得头筹。他们早年因为没有条件,只能吃苦;现在,物质生活丰富,谁还愿意吃苦?

一些"学术达人"的做派,很有意思。自信真理在握,比起行政人员更加蛮横。他们乘着合校、扩招、评估的东风,鼓捣出来很多招数,折腾一般老师,弄得鸡犬不宁。前些日子,张鸣先生感叹:大学校园里面,难以寻找到安静读书的学生。这就有意思了,难道"八〇后"和"九〇后"素来不喜欢读书?在笔者眼中,更关键的问题是:安静读书的氛围,到底是怎么丧失的?

如果我说:"一些第五代学者难辞其咎。"就会伤害那些敬业本分的老师;所以只能把责任归咎于"人民币"。80年代,大家都没有钱,过苦日子,也不觉其苦,整天穷乐呵,这是什么精神?这就是安贫乐道。

90年代后期,政府想到了学府,以前能吃苦的一代人,要甩掉"穷帽子"。人一阔脸就变,穷怕了的第五代"学术达人",怕别人看不起,非要把办公室弄得金碧辉煌。这种情形并不属于个案,而是普遍存在的。说句实话,只怕是积累的幽暗意识在心底作怪。

许多第五代学者已到了学术收官期,这是不以任何人的意志为转移的。而我更关注的,是徐贲、秦晖两位先生。徐贲先生身处自由的生态,对故国的忧思却也不能自已,令人感动。秦晖先生,实乃一代通人,是王元化先生之后,大陆思想界扛鼎式的人物。

进入收官的第五代学者,如果真能反省自己,把精力放在教书育人上,那么还能培养一些真正的人才,而这种贡献是可以写在学术史上的。如果还在津津乐道课题、项目,未免有点太小家子气了。

第五代学者中间,对自身所处的历史阶段比较具有自觉感受的,是上海的许纪霖先生。许纪霖先生于2010年11月12日,在《南方都市报》发表《我们这一代知识分子》,见识通达,特别值得第五代学者一读。许纪霖在《我们这一代知识分子》的结尾,言辞恳切地告诫第五代学者:

"这代知识分子的故事还远远没有结束,仍然在现实中书写着自己的骄傲或耻辱。'新三届'知识分子开辟了何种精神传统?将给后人留下什么样的历史遗产?在人生进入收官阶段的我们这代人,或许都应该忙里偷闲,静下心来想一想。"

笔者业余绘制学术地图，其中一大因缘，就是希望理解、体悟第五代学者。始料不及，看到的却是一代学者的"日落"。这种"日落"，首先体现在独立人格的丧失，然后才是学问的堕落。生于忧患，死于安乐，可谓一代学者的真实写照。

周有光老先生在回答记者提问时，对知识分子有深切的同情，认为他们过着"敢怒而不敢言"的生活。在我看来，周有光高估了知识分子。大陆学府，之所以如此，就是一些第五代知识分子"合谋"的结果，特别是一部分"学术达人"，拿着津贴，攥着课题，锦衣玉食，声色犬马，纸醉金迷，行时得很啊！

2016年2月4日

于书菜楼

谱系

- 向着源头追溯
- 化作离人的清啸
- 眷恋留在往昔
- 思想何去何从

温情与敬意 ///

小引

历史实乃亘古亘今的一幕大剧，人在旅途的现实境况，有时真让吾人倦说前尘。中国 20 世纪文化史，已落下帷幕，反思百年文化生态，正当其时。当以同情的了解和温情之敬意，对待这可歌可泣、有声有色的百年行旅。学人们站在纪晓岚和张之洞的肩膀上，神游冥想，所开列的成绩表，不能说垂之永久，亦能在五十年后引发后人之相当敬意。

首先谈一谈百年文化的社会生态圈。1900—1999 年乃五千年中华文化史上空前绝后的大地震期，古今纠缠，中西交错。百年文化史分为两大时期：1900—1949 年；1949—1999 年。"两期说"绝非"走近路，图省事"，而是有着文化史的内在理路。

1900 年开局不祥，八国入侵；1912 年帝制取消，民国肇兴；1912—1927 年北洋当政，诸侯纷争；1927—1949 年南京政府内忧外患，风雨飘摇；1949—1999 年又谱一曲新歌，个中又可分为 1949—1978 年、1979—1999 年两大时段。

百年文化在此宏大场景中演就，百舸争流，千帆竞发，山重水复，柳暗花明。如此出活的大时代，岂能没有出活之大著述！

1900年之前三年，商务印书馆创设于上海；1900年之前两年，京师大学堂创办；1900年之后五年，张之洞奏请停止科举，推广学堂，国子监顿成遗编，传统的书院风尚亦渐衰微；1900年后十六年，蔡元培先生长北大，采思想自由、兼容并包之方针，使得大学成为近代文化的大本营之一，在此前后，教会大学的特色日益凸显。

蔡元培先生的门生傅斯年，主持中央研究院历史语言研究所；另一位门生罗家伦，主持清华大学和中央大学；北大教授王星拱、周鲠生，相继担任武汉大学校长；蔡先生领导下的中央研究院气象所所长竺可桢，主持浙江大学。中国另一位教育先贤张伯苓先生创设私立大学——南开大学；张伯苓先生门生梅贻琦长期执掌清华大学；清华算学教授熊庆来先生出任云南大学校长；清华理学院院长吴有训先生出任中央大学校长；清华萨本栋先生出任厦门大学校长……灿烂群星照夜空。

蔡先生至友张元济先生主持商务印书馆，以扶助教育为己任。从商务印书馆走出的中华书局以及叶圣陶、夏丏尊主持的开明书店，剖开"在商言商"的浅表，无不发挥着启蒙的功能，流淌着老辈教育救国的热忱。

大学、书局、研究所，宛若三面一体，相辅相成，有助于文化生态圈的良性循环和持续发展。对人文学科、社会科学的发展，功莫大焉！

纵观百年学术史，五代学人相嬗递。第一代严复、康有为、章太炎、蔡元培、张元济、梁启超、王国维，导夫先路；第二代陈寅恪、胡适、顾颉刚、金岳霖、冯友兰、傅斯年，发凡起例；第三代张岱年、费孝通、钱锺书、季羡林，承上启下；第四代王元化、李泽厚、李亦园、张光直，沉郁顿挫；第五代郑也夫、葛兆光、陈来、梁治平，百炼成钢。前三代风云际会，灵光交映，灿烂辉煌；第四代遇中国历史之特殊期，值得同情，应有温情之敬意；第五代乃正在进行时，想来应有窾坎镗鞳之声，21世纪上半叶中国文化之领袖，则非第五代莫属。

放下20世纪文化史之"宏大叙述",以五代学人为经,以北京大学、清华大学、中央研究院史语所为纬分述之。粗疏之处,触目皆是,挂一漏万,所在多有。

笔者立志用毕生的工夫,勾勒、描绘百年学术史的文化生态,探索、揣摩百年文化人的心路历程,还望海内外有识之士不吝赐教。

一

第一代学人皆为一代宗师,为后学开无数法门。蔡元培、梁启超、王国维融入现代学术机构,容后再叙。康有为和章太炎相克相生,一个搞立宪,一个搞共和;一个今文经学,一个古文经学;一个保皇,一个革命;对照着看,真是有趣极了。严复老先生言:"以自由为体,以民主为用。"一针见血,一语中的,精辟得很!历史要迁就平庸的大多数,因此,直到今天,严复先生依然是寂寞的。严复和康有为,一位"海龟",一位"土鳖",一位赞颂自由,一位倡导平等,对照着看,也很有趣。

毛泽东《论人民民主专政》把康有为和严复并论:"自1840年鸦片战争失败那时起,先进的中国人,经过千辛万苦,向西方国家寻求真理。洪秀全、康有为、严复和孙中山,代表了中国共产党出世以前向西方寻找真理的一派人物。"①

严复(1854年1月8日—1921年10月27日),福建人氏。1867年前和千千万万中国士子无异;和旁人大异的是,1867—1871年四年船政学堂生活和1877—1879两年留英学习生涯。1900年,这位1920年前为数不多的深通西洋文化的中国大哲,离开天津,开始了另一种生活。严复先生翻译了《天演论》《原富》《群己权界论》《名学》《群学肄言》《社会通诠》《法意》《名学浅说》,倡导"信达雅"的翻译守则,其

---

① 毛泽东:《论人民民主专政》,见《毛泽东选集》,人民出版社,1991年,第1469页。

译述西文著作时附有大量"按语",藉此表达一己观点。1982年中华书局印行王栻主编的《严复集》,收录先生大部分著作。一灯如豆,轻轻翻阅《严复集》,想想举国如狂的四、六级英语考试和托福考试,再对比严先生回国后四次参加科举,居然名落孙山的窘境,怎能不产生"当年误习旁行书,举世相视如毫蛮"的感慨?

康有为(1858年3月19日—1927年3月31日),广东南海人氏,可称中国最后一个王者师。其言其行,可敬、可叹、可佩、可议、可怜之处,多矣大矣!好多极端汇入先生一身,顿成20世纪空前绝后之奇观。其思想可超而不可越,《大同书》实乃百年中国文化史中,空想社会理念之集大成,实又开启20世纪激烈理想主义之先声。先生为政治而学问,因之牵强穿凿之处所在多有,吾人当以同情之了解体察之。先生未逝之前,就有两种相反的议论:斥之者为,"国家将亡必有,老而不死是为",此乃取《礼记·中庸》及《论语·宪问》句,分别隐去"妖孽"与"贼",骂康有为是国家将亡必有的不祥之物,是老而不死的害人精;颂之者莫如大弟子梁任公的卓然伟论:先生乃集理想、热诚、胆气为一身之先时人物也。"若夫他日有著二十世纪新中国史者,吾知其开卷第一叶,必称述先生之精神事业,以为社会原动力之所自始。"[①]康圣人收徒极多极杂,也不能备传先生之微言大义。

章太炎先生(1869年1月12日—1936年6月14日),长期和康圣人不对眼,喜朴学路线,有乾嘉功底。太炎先生乃有学问的革命家,按陈寅恪先生"预流"之说法,太炎先生深得个中三昧。好友蔡元培先生长民国首任教育总长,长北京大学,长中央研究院,此三文化重镇,浙籍章门弟子风起云涌,云蒸霞蔚,"某籍某系"的揶揄,有一定根据。康有为大弟子——梁启超,入清华国学研究院,艰苦备尝,也没有将康圣人的学脉延展;章太炎,既不到北大,也不去清华,但,门生故旧遍布

---

① 夏晓虹:《追忆康有为》,中国广播电视出版社,1997年,第444—445页。

学府。康圣人淡出新文化的历史地平线,确实不以任何人的意志为转移。

太炎先生之代表作为《訄书》,现有三联书店版本。此书乃"章氏学"的奠基之作,力求打破儒家思想独尊地位,倡言复兴诸子学。1900年严复老先生修书一封,逐一评介沪上名家之后,对太炎先生赞扬备至:"至于寒寒孜孜,自辟天蹊,不可以俗之轻重为取舍,则舍先生,吾谁与归乎?有是,老仆之首俯至地也。"①严复先生乃近代最早弄懂泰西文化之人,眼界甚高,一般人绝不会看在眼里。太炎先生思想背后有自己的人格在。

1936年6月14日,太炎先生病逝苏州。病重之时,草遗嘱"设有异族入主中夏,世世子孙毋食其官禄"。②先生忧国忧民,壮怀激烈,吾辈后人,能感应到老先生的满腔热血吗?正当其时,章门弟子,新文学开山鲁迅先生病情愈重,感怀天地,热泪涟涟,写作《关于太炎先生二三事》,悲凉激越,允为至文。十天之后,1936年10月19日,鲁迅逝世。鲁迅先生冷眼热心,独具只眼,《中国小说史略》《汉文学史纲要》真乃"史家之绝唱,无韵之离骚"。

太炎先生是真正的教育家,随时随地点化晚辈。其实,周树人在东洋,曾私淑于太炎先生。太炎先生在革命生涯的余暇,给后生"白活"学问,一下子就能讲到心坎上,令人叹服!

蔡元培(1868年1月11日—1940年3月5日),不以著述名世,20世纪关键期(1912—1937年)之"文化保姆"也。蔡先生改革北大,可谓神来之笔,近乎神话,塑造了中国大学史的一段传奇。

蔡先生是谜一般的人物。前清翰林成为双料革命党,一奇也!前清翰林、双料革命党出国游学,二奇也!民国教育总长"屈尊"就任北大校长,三奇也!民国教育总长、北大校长、中央研究院院长三职而集一身,四奇也!拥蒋清共的党国大佬到中国民权保障同盟之首脑,五奇也!

---

① 姜义华:《章太炎评传》,百花洲文艺出版社,1995年,第62页。
② 同上,第373页。

如此传奇的一生，在先生身上却和谐而不露痕迹，怪哉！

先生乃第一代文化人中对20世纪文化史贡献最著者，奠定了近世文化的良好生态。"思想自由，兼容并包"乃先生人格之显现——气象宏大，故而无所不包、无所不化。"读书不忘救国、救国不忘读书"乃先生为文化保姆之恳切心态。经先生奠基的新北大，在30年代（指1930—1937年）枝繁叶茂，花果满枝。

蔡先生为中国现代大学理念的形塑者。在中国现代大学的本土化阶段中担当着个人魅力型的权威。风气所及，梅贻琦、竺可桢先生在清华、浙江大学发扬"兼容并包"的理念。后来熊庆来办云南大学、萨本栋办厦门大学、吴有训办中央大学，发扬梅先生的理念，其实还是来自蔡先生"兼容并包"的精神。蔡先生塑造了中国现代大学的性格。

清华学校在1928年改为清华大学以前，乃留美预备学校性质，归外交部领导，且学术也没有独立地位。清华校方有心改变一下"文化殖民"的色彩，免遭讥讽，组成国学研究院，任命吴宓为主任。吴宓对待梁启超、王国维等老前辈，谦恭有礼。当时大家都没有想到，清华国学研究院日后，竟会成为发扬国学、会通中西的教育史上的奇迹。梁任公、王国维、陈寅恪、赵元任、李济五位先生为研究院导师，师生之间以书院从游为样板，互相激发，开启无数法门。

梁启超先生（1873年2月23日—1929年1月19日），早慧之才。笔端带感情，泼墨写春秋。后人收集出版《饮冰室合集》，大陆有中华书局版本。先生乃一通人，凡举文史哲、政治学、经济学、财政学、教育学、新闻学、图书目录学、地理学、佛学、外交史、文化史、学术史，具有百科全书的趣味，于书无所不窥。兴趣所在，学问所在。一生手不释卷，著述一千四百万言，堪称现代学术的先驱。一个常人得长寿、享太平也许达到。但先生以强烈的史感，参与历史之重大关节，且享年仅56岁，何以至此？当世做学问，也不是没有用功之人，境界不高，没有理性的清明和高尚的情感，不是"预流"而是追风，以此种态度对待学问，则学问亡。梁任公在中国现代学人中，具有文艺复兴气象，先生清华国学研究院同事赵元任、清华学友顾毓琇、任公儿媳林徽因，都是丰神潇洒的一代通人。

王国维先生（1877年12月3日—1927年6月2日），性格内向，为人朴厚，为学热忱。与梁任公铺天盖地的文化气魄相较，王国维先生用心特专，具有纯粹的科学精神。学问的"三境界说"即先生标示。

先生留小辫，顶瓜皮帽，心境虽是古典的，学问却是现代的。古史考证、边疆史地、甲骨文、宋元戏曲、《红楼梦》研究，各种材料，凡经先生之手，皆灿然可观。惜乎为人事所制，做事不顺手。有《观堂集林》遗世。

罗振玉、王国维先生，亦师亦友，成为百年文化史上一对学术好搭档，两人的学问，合称"罗王之学"。两人合则两利，离则两伤。王国维先生于1927年6月2日投颐和园昆明湖自沉。国学研究院另一导师陈寅恪先生深刻指出，先生为一种文化托命之人，做了中华文化的殉道者。坊间流传"逼债"说，意指罗振玉向王国维逼债，导致王国维自杀。由于罗振玉先生在政治上站错了队，被打入现代史的另册，使得此说一度甚嚣尘上。

顺便谈一谈甲骨四堂。20世纪中华古史研究跃上新境界，何也？既有新材料又有新方法。甲骨文的研究，以四人贡献为多：罗振玉（号雪堂）、王国维（号观堂）、董作宾（字彦堂）、郭沫若（号鼎堂），合称"甲骨四堂"。唐兰先生曾评论：雪堂导夫先路，观堂继以考史，彦堂区其时代，鼎堂发其辞例，允为不刊之论。

陈寅恪先生（1890年7月3日—1969年10月7日），重气节，尚风骨。父陈三立，祖陈宝箴，文化世家出身。游学多国，通十几种文字。陈先生史学理论卓越高标，使用平常史料，发常人之所未发。《唐代政治史述论稿》《隋唐制度渊源略论稿》，以"民族与文化"，剖析有唐一代的文化，游刃有余，叹为观止。先生著史，注重史料，但并不属于史料学派；先生有着深厚的史学理论，但并不愿意以论带史，陷入意识形态的窠臼；先生兴趣在中国中古史，但胸怀世界史的大格局。

赵元任先生（1892年11月3日—1982年2月24日）文理兼治，语言学家、音乐家，既是哲学教授，又是物理学教授，实乃百科全书式的人物，气魄铺天盖地。夫人杨步伟医生，开风气之先，待人和善、热肠，曾救李济一命。陈寅恪先生结婚以前，常年在赵家吃饭。古人风谊，于此可见。赵先生后流寓美国，任职美国语言学会会长。《赵元任全集》由商务印书馆陆续出版。

赵元任先生的一生，带给人不少的启迪。只要觉得好玩、有趣，那么，赵元任先生就会玩出境界和水平。旁人眼中的"天职"，赵先生会觉得是"天性"，海阔凭鱼跃，天高任鸟飞。

李济先生（1896年7月12日—1979年8月1日）是中国现代考古学的奠基人。在清华国学研究院担任特约讲师。国学研究院学友，接触到金石学，但不大有人说得清楚到底什么是考古学。毋庸讳言，李济先生在国学研究院，比起赵元任，还要边缘。清华国学研究院解体，既有外因，也有内因。李济见到傅斯年后，另谋高就，前往历史语言研究所，是有着理性的考量的。

张元济先生（1867年10月25日—1959年8月14日）是位出版家，蔡元培先生的挚友。中国老牌出版社——商务印书馆长期的主持者。在张先生的主持下，商务印书馆相继影印、辑印了《四部丛刊》《续古逸丛书》《道藏》《续道藏》《百衲本二十四史》《四部丛刊》续编、三编，为整理古籍、保存文献和文化积累做出了重大贡献。

张元济先生有着深远的文化眼光和通识。在他看来，出版乃教育事业，起着学校所起不到的作用。1901年张元济先生应商务印书馆创始人夏瑞方先生之聘,入商务印书馆,但张先生和夏老板有言在先:吾辈当以扶助教育为己任。从张先生后半生长达将近六十年的出版实践来看,张老先生忠实履行了自己的诺言。所以,晚岁回首前尘,张先生欣慰写道:倡明教育生平愿,故向书林努力来。

老先生认为出版是办教育,开办图书馆也是办教育。张先生一生曾创办过三个图书馆:通艺学堂图书馆、涵芬楼和东方图书馆、合众图书馆。这里,只能简单说一下涵芬楼和东方图书馆。

张元济先生于1903年出任商务编译所所长,1904年设立编译所图书资料室,广泛购求图书资料,寻访善本秘籍,集腋成裘,积少成多。1909年将图书资料室定名为涵芬楼。随着涵芬楼图书资料的日益丰富,张元济、夏瑞方决定建设五层楼房,1924年建成后,涵芬楼所藏悉数迁入新楼。

1926年商务印书馆馆庆30周年之际,张元济老先生提议,经董事会同意,将新楼取名东方图书馆,藏于三楼的善本书籍室仍名涵芬楼。

1926年,东方图书馆藏书已达33万册,1927年正式对外开放,为社会服务。从1927年起,东方图书馆除星期日无夜班外,每日下午1时半至4时半,晚6时至晚9时对外开放,供公众阅览。据相关资料,1929年开馆的11个月中,阅览人数达28999人,1930年开馆的11个月中,阅览人数已达36800人,风气所及,形成一股自学的社会风潮。商务主事者开明的眼光、开阔的胸襟,吸引多方学者前来讲学,传播文化科学知识,推动了广泛的社会教育,实现了张元济先生扶助教育的初衷。

1949年以前,张元济先生早已经淡出具体的事务,商务印书馆迎来了一位特立独行的职业经理人——王云五。王云五先生曾经发明四角号码,不遗余力推动商务印书馆,实施现代化管理方法,并以"日出一书"相号召,实为商务的功臣。尤其令人难忘的是,晚岁王云五,退出台湾政界,老当益壮,为台湾商务印书馆的振兴,厥功甚伟。

二

新文化运动的领袖胡适先生（1891年12月17日—1962年2月24日）可说开创了中国现代文化史的新范式。《中国哲学史大纲》乃拓荒之作。"大胆的假设，小心的求证"是中西合璧的结晶。20世纪30年代胡适先生就任北大文学院院长，抗战胜利后，担任三年校长，称老先生为现代中国的文化中坚，实不为过。胡公重信义，笃友谊，为人厚朴，交游遍天下，民国口头禅"我的朋友胡适之"，由此可见一斑。

汤用彤先生（1893年8月2日—1964年5月1日）圆融中西，不露斧凿。主治中印文化交流史，成绩斐然。《汉魏两晋南北朝佛教史》《印度哲学史略》坚实不可摧。《汤用彤全集》由河北人民出版社出版。汤先生长期主持北大哲学系，使北大形成哲学史和佛教研究的学术传统。民国24年，即1935年，北京大学哲学系课程一览：《哲学概论》（汤用彤）、《逻辑》（郑昕）、《伦理学》（贺麟）、《认识论》（郑昕）、《中国哲学问题》（林宰平）、《老庄哲学》《周程哲学》（马叙伦）、《中国佛教史》（汤用彤）、《三论哲学》（周叔迦）、《佛家唯实论》（熊十力）、《现代哲学》（贺麟）、《笛卡尔与英国实验主义》（汤用彤）、《柏拉图哲学》（李锡禄）、《斯宾诺莎哲学》（贺麟）、《康德哲学》（郑昕）。北大哲学系诸位先生的旨趣，集中在哲学史的梳理和论断。

熊十力先生（1885年2月18日—1968年5月24日）属于章太炎一流的怪杰，现代新儒家的代表人物。正是在北大，熊十力先生，建构了自己极富个性的庞大的哲学体系。熊先生代表作有：《新唯识论》《破〈破新唯识论〉》。先生无所依傍，高扬人的主体性。熊先生寓居上海期间，王元化曾向先生问学，特别服膺先生的"孤冷精神"。

梁漱溟先生（1893年10月18日—1988年6月23日）乃特立独行之士，搞学问皆缘于问题。梁漱溟和熊十力两位先生属于挚友，但是，学术理念和人生路向有异，以至1984年初春，见到两位前来拜访的晚辈——郭齐勇和景海峰，一点都不客气，指斥老友熊十力"愚而好自用"，这让两位后生惊诧莫名！

1985年10月11日，中国人民大学举行孔子诞辰2536年座谈会，梁漱溟、张申府、张岱年、谢韬、孔德懋等各界人士四十多人出席。刚踏进母校大门，就在八百人大礼堂一侧的会议室，见到了参加孔子诞辰座谈会的一代醇儒梁漱溟先生。老先生对襟袄、瓜皮帽，正襟危坐，风光霁月。

《东西文化及其哲学》系第一部系统论述中国、印度、西方三种文化体系的专著。老先生主张：印度文化是向后的，西方文化是向前的，中国文化是持中的。很长一段时间，笔者都难以理解先生的思路，现在，似乎略微有所体悟。山东人民出版社出版八卷本《梁漱溟全集》。

20世纪50年代梁先生要试一试毛泽东雅量，70年代力主"批林"而"不批孔"，并放言："三军可以夺帅，而匹夫不可以夺志也！"先生一生把"人"字写得分外端正。

话说回来，胡适先生20世纪30年代主持北大文学院，属于文化古城的黄金时代。钱穆、陶希圣争奇斗胜，甚为可观。钱穆先生自学成才，教过中小学，笃好古史，深信中华文化必长存天地。先生著述《先秦诸子系年》《国史大纲》《中国近三百年学术史》皆黄钟大吕。钱先生分别"文化"和"文明"，以为"文明"偏重技术可传播，"文化"侧重民族本质，不可传。对历史要有同情的了解和温情的敬意，是先生特立之处，冯友兰称钱穆先生为"信古派"。陶希圣主办《食货》，养成一代治经济史人才，何兹全即佼佼者。何著有《中国古代社会》，力主魏晋封建说。

顾颉刚先生（1893年5月8日—1980年12月25日）乃疑古巨擘。

20世纪20年代初提出"层累地造成中国古史"说,主持《古史辨》丛刊,乃古史辨学派的代表人物。顾先生文化胸怀,若长江大河,与自己观点相左的钱穆即由顾先生发现,并力荐到燕京大学和北京大学任教。顾先生长期任教燕京大学,通过编《禹贡》,养成一代历史地理人才,谭其骧、侯仁之、史念海、朱士嘉等,一经先生引导就封"一字平天王"了。顾颉刚先生属于学术战略家,攻城略地,指挥若定。《秦汉的方士与儒生》为先生经典之作。先生喜学术札记,《顾颉刚读书笔记》台北联经出版公司1990年版。2011年,《顾颉刚全集》由中华书局出版。

顾颉刚先生敏感的心灵,倾听来自天边的惊雷。斯人而有斯疾也!向蒋中正"献鼎",使得这位1948年中央研究院院士,在1949年后没有得到公正待遇,心情也很纠结。无奈,历史没有给顾先生提供合适的条件,那么多的学术抱负,都没有来得及实现,只能赍志以殁。好在顾潮、顾洪两个女儿,在老父身边服侍至孝,编辑整理先生的文献资料至勤,真是"贴身小棉袄"。

冯友兰先生(1895年12月4日—1990年11月26日)长期主持清华大学文学院、哲学系。清华学派,有冯友兰的独到贡献。先生由逻辑入哲学,言谈口吃,哲学著作,井井有条。冯先生以释古派自居,视钱穆为信古派、顾颉刚先生为疑古派,这只能大而言之。其实,信古、疑古、释古三者,相克相生,相辅相成。冯友兰先生的哲学中西参半;金岳霖先生90%的西,10%的中;熊十力先生90%的中,10%的西;冯先生的哲学中西古今结合得那么恰如其分。

冯友兰先生的代表作是"三史释今古,六书纪贞元"。三史即《中国哲学史》(商务印书馆两卷本),《中国哲学简史》(北大出版社版),《中国哲学史新编》(1—6卷人民出版社版,第7卷1990年先生即写完,人民出版社迟迟不予出版,结果,在有心人的操持之下,广东人民出版社1999年,将第7卷以《中国现代哲学史》的名目,出版单行本,总算在这件事上没给20世纪留下遗憾)。六书即《新理学》《新事论》《新世训》

《新原人》《新原道》《新知言》。冯先生认为,中国哲学之境界在提升人,并揭示四种层次:自然境界、功利境界、道德境界、天地境界。时贤有言,先生历经自我认知、失落自我、回归自我三阶段。冯先生晚年达到天地境界,不以物喜、不以己悲。

金岳霖先生(1895年7月14日—1984年10月19日)为一纯然哲人,认为哲学就是概念的游戏。小时候,金先生听人说"金钱如粪土,朋友值千金"的俗语,即推出"朋友值粪土",其哲学思维力由此可见。金岳霖先生有《论道》《知识论》,河北教育出版社二十世纪国学丛书收入先生论著。随着《人间四月天》的播出,金岳霖和林徽因、梁思成,"作为民国范儿"的典范,日益为大众所知晓。遗憾的是,大众感兴趣的,并不是作为哲学家的金岳霖,这样,金岳霖严肃的一面,就被逸闻趣事所掩盖。

清华大学1936年有文、法、理、工四个学院,择要列出人文社科部分院系教职员简表[①]:

学　　系		教　　授
中国文学系	主任	朱自清
	教授	陈寅恪(与历史系合聘)　杨树达　俞平伯 刘文典　闻一多　王力
哲　学　系	主任	冯友兰
	教授	金岳霖　邓以蛰　沈有鼎 张荫麟(与历史系合聘)(本学年请假)
历 史 学 系	主任	蒋廷黻(本学年请假)　刘崇鋐(代)
	教授	陈寅恪(与文学系合聘) 雷海宗　张荫麟(与哲学系合聘)(本学年请假) 孔繁霱　噶邦福

---

① 清华大学校史研究室:《清华大学史料选编》,第二卷(上),清华大学出版社,1991年,第285-289页。

学　　系	教　　授	
社 会 学 系	主任	陈达
	教授	吴景超（本学年请假）　潘光旦　李景汉
政 治 学 系	主任	浦薛凤
	教授	张奚若　萧公权　王化成　陈之迈　沈乃正　赵凤喈

1948年评选中央研究院院士，陈寅恪、杨树达、冯友兰、金岳霖、陈达、萧公权六先生当选，人文组院士共计28名，清华学术力量由此可见。上面业已对陈寅恪、冯友兰、金岳霖先生有过介绍，不叙。

杨树达先生（1885年6月1日—1956年2月14日），长沙人。性情耿介，著述坚实。《中国语法纲要》《词诠》乃经典之作。侄子杨伯峻，继承家学，古典文学权威。

刘文典（1889年12月—1958年7月15日），生情狂放，极看不起新文学。《淮南鸿烈集解》《庄子补正》是老先生得意之作。老先生一生深情于古代文化，认为自古至今，懂得庄子的，也就两个半而已：一个是庄子本人，一个是刘文典先生本人，冯友兰可以算得上半个。20世纪40年代，先生在昆明躲避飞机警报，遇到西南联合大学的同事沈从文，看到从事新文学的沈从文也跑警报，愤愤不平：刘文典跑警报，是为了保存国粹，沈从文到底为什么跑警报？新文学家，在老辈面前，可要小心了。

王力（1900年8月10日—1986年5月3日），一生勤奋，著作宏富，《王力文集》二十卷，由山东教育出版社出版。《中国现代语法》《中国语法理论》于1943年、1944年次第在商务印书馆出版，注重汉语自身的语法质地。先生龙虫并雕，贡献独特。

俞平伯先生（1900年1月8日—1990年10月15日），文化世家出身，《红楼梦研究》（棠棣出版社1953年9月版）乃新红学派的集大成。由至尊发起的批判运动使俞先生在20世纪50年代成一家喻户晓的新闻人物。现在想来，坏事倒可以变成好事，要不然，俞平伯先生只是在寂寞的学术生涯中沉潜把玩。六十年来仍能站住脚的仍是俞先生的著作，而李希凡搞的"新新红学"反倒式微，岂偶然哉！晚年的俞先生，有些大彻大悟：说来说去，《红楼梦》不就是一本小说吗？

闻一多先生（1899年11月24日—1946年7月15日）一生由诗人而学者而斗士，自有内在的理路。其实先生的一生难道不是擂鼓的诗人吗！先生以诗解诗，对诗经、楚辞、唐诗有深入的体会与深刻的阐发。北京大学、清华大学、南开大学组成的国立长沙临时大学，撤退的时候，闻一多、吴征镒与临时大学的师生一起，徒步从长沙到昆明，所经之处多属少数民族地区，闻先生一路走来，进行了深入的田野考察，穿越时光隧道，上古神话和《楚辞》所描绘的场景，在闻先生心中恢复了生命活力。

湖北人民出版社出版八卷本的《闻一多全集》。内中"古典新义"多为各门课程的讲授，内容神游冥想，精妙绝伦。先生喻杜甫为四千年文化史上一道亮丽灿烂的风景，其实先生本人又何尝不是呢！郭沫若有言：千古文章未尽才。

张荫麟先生（1905年11月2日—1942年10月24日）乃早逝的天才，具有很好的学术训练，学思并重，才、学、识、胆，四美具。天妒英才！所著《中国史纲》一册极其妩媚，文笔优美，摇曳多姿，思想深刻，见识透彻，才华横溢。

清华社会学系为中国近代化贡献极大，推动社会学的本土化。并不仅仅是"社会学在中国"，还具有鲜明的中国特色和本土风格。陈达先生

(1892年4月30日—1975年1月16日)极重社会调查,观点明确,材料丰饶,所著《中国劳工问题》《人口问题》沾溉后学多矣。潘光旦先生(1899年8月13日—1967年6月10日)为近代中国少有的大学教育思想家,注重通才教育,认为大学培养人才应"做事与做士"相结合,可谓不易之论。《中国伶人血缘之研究》《近代苏州的人才》《人文史观》《优生原理》皆科学精神与人文关怀的美妙结合。后人编辑的《潘光旦文集》由北京大学出版社出版。先生翻译的霭理士的《性心理学》(三联书店1987年版)是一部空前的翻译巨制,"信达雅"三美具,很少见到如此优美的新译。李景汉先生(1895年1月12日—1986年9月28日)的《定县社会概况调查》深为学界推崇,中国人民大学出版社曾经重印。

萧公权先生(1897年11月29日—1981年11月4日)著有《中国乡村》《中国政治思想史》,喜古典诗词,与朱自清先生唱和较多。张奚若先生(1889年10月16日—1973年7月18日),老同盟会会员。抗战期间,教育部规定大学系主任以上人员一律加入国民党,张先生拒不填表。先生讲课词锋犀利,语言生动,乃全校最受爱戴的教授之一。1989年11月清华大学出版社出版的《张奚若文集》汇集了先生的学术著作、时评、书评、演说。

在此补说一句,1937年抗战军兴,清华大学、北京大学、南开大学三校组成西南联合大学(设在昆明,当然详情较复杂,容后再叙)。钱端升先生在联大讲授"近代政治制度"、"中国政府",《中国政府与政治》即多年教学研究与讲课的成果。先生与王世杰先生合著的《比较宪法》乃20世纪法学名著,此书收入中国政法大学出版社出版的"二十世纪中华法学文丛"丛书。

蔡元培先生创设的中央研究院,乃中国近代科学研究的重镇。傅斯年先生主持的历史语言研究所对推动人文社会科学的近代化和规范化,功莫大焉。

傅斯年先生（1896年3月26日—1950年12月20日），人称"傅大炮"，为人豪侠，博览群书，古今贯通，中西汇通。当年北大求学时，风华绝代，主持《新潮》刊物。后游学多国，兼收并蓄。傅斯年极富学术组织才能。1927年在中山大学创建语言历史研究所，此所乃中央研究院历史语言研究所前身。1929年3月，历史语言研究所迁至北平（1928年至1948年史语所所址先后九次迁徙，抗战以前每迁一次，人员增加一次，研究计划扩充一次）。殷墟的十五次考古发掘，内阁大库档案的收藏整理，大量的民族学、语言学资料的调查收集，语言实验室的建设，都是在这个时期进行的。抗日战争期间，日本对中华文化的毁灭，真是罄竹难书。傅斯年先生的史学理念，看似承继兰克史学，其实有着中国汉学的精神。大气磅礴的傅先生要率领史语所"上穷碧落下黄泉，动手动脚找东西"。

史语所1937年前分三组：历史组、语言组、考古组。历史组聘陈寅恪先生为组长，语言组聘赵元任先生为组长，考古组聘李济为组长。清华国学研究院导师，王国维、梁启超两位先生离世后；国学研究院的两位"海龟"——赵元任、李济两位先生，在史语所专职；陈寅恪先生拧不过傅斯年的热忱，在史语所兼职，在史语所的研究和清华的教学双肩挑。

研究员除上述负责人外，还有陈垣、刘半农、徐中舒、罗常培等。陈垣先生（1880年11月12日—1971年6月21日）当时担任辅仁大学校长兼北平师范大学史学系主任，史法可风。《史讳举例》《中西回史日历》《元也里可温考》功夫深湛，资料扎实，不可移易。陈垣先生提携启功的故事，令人非常感动。启功晚年写字画画，拍卖所得，发起励耘奖学金，就是为了报答恩师陈垣先生。因为，陈垣先生书屋的名号，就是"励耘书屋"。

史语所最为引人注目的，莫如李济、董作宾、梁思永负责主持的殷墟考古发掘。李济（1896年7月12日—1979年8月1日）为20世纪中国考古史上的英雄，有资格跻身世界一流的考古学家，实吾国人之光荣也。李济和同仁互相砥砺，树立了田野作业之范式，将中国古史前推千年。《李济考古学论文选集》（文物出版社1990年版）、《李济与清华》（清华文丛之七，清华大学出版社1994年版）、《中国现代学术经典论著丛书·李济卷》（河北教育出版社1996年版）基本汇聚先生之著作。上海人民出版社2006年出版五卷本《李济文集》。

董作宾（1895年3月20日—1963年11月23日），热爱乡帮文献，著有《殷历谱》。梁思永（1904年11月13日—1954年4月2日），梁思成先生胞弟，著有《梁思永考古论文集》，惜享寿不永。李济、董作宾、梁思永三先生皆为1948年中央研究院院士。梁思成先生亦为院士，著有《中国建筑史》《中国雕塑史》（百花文艺出版社出版）。兄弟二人皆为院士，可知梁任公家教之成功。

史语所的性格，就是主要由身具大气、侠气和霸气的傅斯年塑造的。一个好的研究机构，在我理解，不仅出活，而且更要出人，出人是更大的出活。傅斯年先生主持的历史语言研究所，可谓既出活又出人。史语所培养了大量人才，夏鼐、胡厚宣、劳干、严耕望、全汉昇、凌纯声、丁声树……皆一时俊彦。

三

1949年政权鼎革，迅速建立起一种新的社会文化圈，历经一个甲子。往事回眸，人文社会科学千回百转，内中功过是非，岂易言哉，岂易言哉！一个善于从切身经历总结教训的民族，才是真正具有理性的民族。限于篇幅，只能做一个简单的勾勒。

1949年至1985年间，活跃于学术园地的主要是第三代和第四代学人。民国年间大放异彩的第二代学人，多已淡出历史舞台（郭沫若是极为特殊的一位，俞平伯、冯友兰诸多学人仅具有反面的价值）。

民国学者，除了史语所在傅斯年带领下，较多的学人播迁台湾，其他，绝大多数留在了大陆。部分学者像胡适先生，移民海外。迁移到台湾的陶希圣先生，对老朋友顾颉刚下了一个判断：未看清事物真相，三十年无成绩。说实在的，陶希圣先生这番话，倒也痛快淋漓，只是，稍微欠缺一点同情的理解。

时过境迁，陶希圣与顾颉刚，作为《食货》和《禹贡》两大学术阵地的创始者，50年代之后，进入学术研究的收尾阶段。但是，二人都未能摆脱政治的纠结。陶希圣先生直到70岁，摆脱了政治，回归学术，所剩下的，也仅仅是老当益壮的决心了。顾颉刚先生，身处大陆文化生态圈，由于某种历史原罪，这位曾经给蒋介石"献鼎"的顾先生，动辄得咎，左处右置，都难以摆脱弥天大网，可谓"老模范"遇到了新问题！

张岱年、费孝通、钱锺书、季羡林……第三代学人有一半的成果出于该时期，但他们的学术训练、思维范式、材料积累，大多完成于1949年以前，故而能保持较为强大的学术气场。相较之下，第四代学人的境况尤为值得同情。顾准、王元化、李泽厚、叶秀山的学术根基确立于1949年后，学术政治化的倾向在他们身上，自然特别突出。故而"过渡时代"的特色，非常分明。几位的学术路径似乎都是由信到疑，前代学人则是由疑到信。

这一时期，一位第二代学人——马寅初，演出一幕有声有色的历史正剧。马先生（1882年6月24日—1982年5月10日）为资深经济学家，著述弘富。《通货新论》《中国关税问题》《中国国外汇兑》《马寅初演讲集》（四卷）、《中华银行论》《中国经济改造》显示了先生宽广的经济学视野。1999年，浙江人民出版社出版《马寅初全集》，令人欣慰，这是纪念先贤最好的方式。

马老是反对"四大家族"的大英雄，为此失去人身自由达四年两个月。但马先生依然"不屈不淫征气性，敢言敢怒见精神"。1948年被选为中央研究院院士，为二十八位人文社科院士中唯一一位经济学家，马先生的学术地位，可见一斑。马寅初先生，1951年就任北大校长。1957年，马老把"新人口论"作为一项提案提交一届人大四次会议，次年即受到铺天盖地的批判和围攻。在最后发表的《重申我的请求》中正义凛然地写到:"我虽年近八十,明知寡不敌众,自当单身匹马,出来应战,直至战死为止,决不向专以力压服不以理说服的那种批判者们投降。"①掷地作金石声。《新人口论》闪烁着深刻的真理的光辉,现有北京出版社1979年11月版。

人口、自然资源和制度安排之间的均衡,往往具有复杂的况味,马寅初已被定格在中国计划生育政策史。只是,马先生所主张的计划生育,是一对夫妇生两个孩子,比较合适。透过马寅初事件,不难看出,政治权力对阵学术权利,宽容和自由的公共空间,何其必要!让政治的归政治,学术的归学术,其实是合适的办法。

张岱年、费孝通、钱锺书、季羡林先生是第三代学人的代表。费孝通、钱锺书、季羡林三人均毕业于清华,张岱年考入清华,无奈,受不了军训之苦,只得投考北平师范大学。张岱年氏与清华有着深厚的渊源。张氏大学毕业之后,因为兄长张申府的关系,任教于清华。20 世纪 80 年代,张岱年在北大任教的同时,兼任清华大学思想文化研究所所长,重拾这种缘分。

第三代学人一般生于 1912 年前后。这一代登上学术殿堂都较早,大学时期就有出色的论文,1937 年前后就为学术界所瞩目,学术成果集中在 1937 年至 1949 年这十多年。1949 年他们几位正是年富力强、展翅飞翔的关键期。

第三代学人正赶上学术生态圈的转型,但他们自己的学术路径已经确立。1949 年正好把他们的治学生涯分成两个时期,一半成于 1949 年以前,一半成于 1949 年以后。第二代学人在 1949 年已经定型。马寅初得益于他的胆大,冯友兰则是因为长寿。冯友兰用十三年时间写作《中国哲学史新编》,从八十二岁拼搏到九十五岁。

第三代学人的代表都和清华有不解之缘。这一点看似偶然,实则必然。清华大学的确出人才。清华校长梅贻琦先生有言:"所谓大学者,非

---

① 杨建业:《马寅初》,花山文艺出版社,1997 年,第 170 页。

谓有大楼之谓也,有大师之谓也。"诚哉斯言。钱锺书1933年毕业,季羡林1934年毕业,两人前后脚,学外国文学。钱锺书毕业那年,费孝通考入清华研究生,攻读体质人类学。张岱年的经历最有意思,1928年考入清华,但受不了校长罗家伦的军事化管理和训练,转身考入北平师范大学。张岱年一生四入清华,但在清华并没有很好地发挥作用,只能说张岱年是清华学派的一个边缘,并没有处于清华学术的中心。

张岱年(1909年5月23日—2004年4月24日),河北献县人。张岱年的《中国哲学大纲》和胡适先生的《中国哲学史大纲》、冯友兰先生的《中国哲学史》(两卷本)相并称,乃20世纪中国三部卓越的哲学史书。河北人民出版社于1996年12月出版《张岱年全集》八卷本。

这里顺便说一下,学术老人的著述,作为乡邦文献,往往具有重要的资料价值和文化价值。祖籍地的主事如对出版文化老人的全集富有担当,则是很让人感念的。浙江出版《蔡元培全集》,河南出版《三松堂全集》,安徽出版《胡适全集》,河北出版《张之洞全集》《张申府全集》《张岱年全集》,体现了某种程度的文化自觉。

张岱年先生早岁曾考入清华,1933—1937年、1946—1952年在清华大学短期任教,加上1986—1994年兼任清华大学思想文化所所长,可称四入清华,缘分不浅。1952年后任教于北京大学哲学系。张岱年的后半生,很不得志。1957年北大把他定成"右派",实在冤枉得很。1978年之后,张岱年先生的思想紧贴着时代,但并没有得到主事者真切的回应。

20世纪80年代中期,伴随着改革开放的脚步,从文化的视角深入反思西方和中国,便成为一个迫切的问题。文化讨论针锋相对,也相当热闹。到底中国文化的真精神在哪里?到底西方文明的精华何在?这些问题萦绕在中国知识界、学术界和思想界,挥之不去。1984—1989年间的报章杂志,以一种异乎寻常的热心,关注着文化讨论的进展。钟叔河先生的《走向世界:近代知识分子考察西方的历史》(中华书局1985年

5月版）是这一时期重大的学术创获。

张岱年先生亦参加多次文化研讨会，发表思想见解。关于中国文化的发展路径，张先生反对"中体西用论"和国粹主义，更反对"全盘西化"，提出"文化综合创新论"。张岱年先生认为：社会主义文化必然是一个新的创造，同时又是多项有价值的文化成果的新的综和。"所谓综合有两层意义，一是中西文化之综合，即在马克思主义基本原理的指导之下综合中国传统文化的优秀内容与近代西方的文化成果……二是中国固有文化中不同学派的综和，包括儒、墨、道、法各家的精粹思想的综合以及宋元明清以来理学与反理学思想的综合。"

张先生特别强调，文化的综合创新有一个理论基础，这就是马克思主义的普遍原理。所以，张岱年的综合创新，也就是"中"、"西"、"马"相结合，老先生以为，此乃文化之路的最佳配置。思想家李泽厚先生有自己独特的理念：西体中用。明眼人看出这是接着晚清张之洞的"中学为体、西学中用"讲下来的。

何谓中国传统文化的优秀内容？"传统文化"这称谓给我们一个误导。中国人生生不息的精神必然在当代中国人身上有所体现，不能体现出来的，或许是那种传统已死。文化是一条奔涌向前的大河。两种文化或多种文化的接触是非常具体的，情形也是异常复杂的。两种文化互动，大致有如下模式：（1）理想状态，两种文化的优秀部分结合；（2）可怕状态，两种文化里面的渣滓部分结合；（3）混合状态，一种文化的好的方面与另一种文化中坏的方面结合。如此看来，张岱年先生的"文化综合创新论"只是表明理想状态下的文化结合。所以，张岱年先生的"文化综合创新论"在理论上高妙，但在现实中很难行得通。当代中国大学有两大弊，其一"文化的失重"，其二"历史的流失"，担当不起进行综合创新工作的重任。

钱锺书（1910年11月21日—1998年12月19日）为一隐者，博览群书，立志横扫清华大学图书馆。年少时狂傲不拘，对师辈多有苛责。

钱氏最可贵之处在于较少文化偏见，文言白话一视同仁，出经入史，进退自如。钱锺书用自己独特的亦新亦旧的方式反思中华文化史，堪称"新古典综合派"。

钱锺书先生为一智者，独具一格地创造了一种没有体系的体系：《管锥编》（中华书局1979年8月出版）。钱先生用自己独特的、亦新亦旧的方式反思中华文化史，《谈艺录》《管锥编》即20世纪文化史的绚丽的浪花。据说研究钱锺书已成为一种学问，号称"钱学"。我以为这是对20世纪中国文化史的一种歪曲的理解，亦可称为学术史研究的一项造神运动。钱锺书有三个有意思的地方：不懂科学，钱锺书入清华大学实乃破格，数学成绩仅十五分；钱锺书强项在考据和辞章，义理并不出众；晚年似在修习隐术，不愿见人，从情理上有点过分，但这是钱锺书本人的自由。

费孝通先生（1910年11月2日—2005年4月24日），江苏吴江人，是中国社会学史上具有传奇色彩的大师。费先生先后在东吴大学、燕京大学、清华大学、伦敦经济政治学院求学，师从吴文藻、史禄国、马林诺斯基，博士论文《江村经济》被导师马林诺斯基称为"将被认为是人类学实地调查和理论工作发展中的一个里程碑"。费孝通1938年回国，先后任教于云南大学、西南联合大学、清华大学、中央民族学院、北京大学。费孝通先生的《江村经济》《乡土中国》和《生育制度》，是探求中国社会文化必不可少的典范。

费先生在《江村经济》前言中透彻指出："文化是物质设备和各种知识的结合体。人使用设备和知识以便生存。为了一定的目的人要改变文化。一个人如果扔掉某一件工具，又去获取一件新的，他这样做，是因为他相信新的工具对他更加适用。所以，任何变迁过程必定是一种综合体，那就是：他过去的经验、他对目前形势的了解以及他对未来结果的期望。"费先生一生在社会学的研究中，不断开拓学术新境，与时俱进。从微观到宏观，从生态到心态，从中国到世界。社会学对中国的贡献是什么？费孝通用七十年的奋斗历程回答：志在富民。

从学理上讲，费孝通志在富民，似乎背离了韦伯的学术中立。这是理解费孝通内心世界的一把钥匙。至于后代社会学家，由志在富民，转向"志在富己"，徒增叹惋！

当今世界正在经历转型，世界经济政治的新秩序到底体现在什么地方？从生态上，大家共处地球村，日益接近；可是从心态上看，却南辕北辙，喜欢用自己的尺度去衡量别人，这样下去怎么得了？怎样才能在各种民族和国家交往间，获得大道呢？费孝通先生用"文化自觉"来概括。"文化自觉只是指生活在一定文化中的人对其文化有'自知之明'，明白他的来历，形成过程，所具的特色和它发展的去向，不带任何'文化回归'的意思，不是要'复旧'，同时也不主张'全盘西化'、'全盘他化'。"

费先生认为"文化自觉"是一个艰巨的过程，首先要认识自己的文化，理解所接触到的多种文化，才有条件在这个已经在形成中的多元文化的世界里确立自己的位置，经过自主的适应，和其他文化一起，取长补短，共同建立一个有共同认可的基本秩序和一套各种文化能和平共处，各舒所长，联合发展的共处守则。1990 年 11 月 2 日费先生在东京度过了八十岁生日，展望人类学的前途，费先生说出了十六字方略："各美其美，美人之美，美美与共，天下大同。"

季羡林先生（1911 年 8 月 6 日—2009 年 7 月 11 日），1930—1934 年就读于清华外国文学系。1935—1946 年游学德国。1946 年回国后创设北京大学东方语言文学系，主持系务达四十年。季先生为学堂庑之大，当世罕见。印度佛教语言、中印文化交流史、印度文学的翻译、散文创作……先生触类旁通，皆有新见，无一没有精深的创获。江西教育出版社出版二十四卷《季羡林文集》汇集先生大部著述，充分展示了一代宗师的学术胸怀。八十万字的《糖史》可称"穷搜百代，不世之功"。

季先生是惜时的典范，燕园清晨的第一缕灯光，是季先生点亮的。这种献身学术的情怀，感召着无数后学。季先生晚年有一种观点，引发了激烈的争议。他认为世界文明的走向是"三十年河东,三十年河西"。他有一个坚定的信念:21世纪是中国文化的世纪。这一见解歧义较多,到底在哪方面,中国文化将大行其道,我们不清楚。因为季先生以前不讲义理,现在也没给出更有力的证明,恐怕老先生是凭直觉得出这个结论的。

四

顾准、王元化、李泽厚为第四代学人的佼佼者——这里的"代",并不是特别针对年龄差距的分野,而是从精神与学养生成的早晚分析。

顾准(1915年7月1日—1974年12月3日),生于上海。十六岁就在上海潘序伦先生主持的立信会计夜校讲学。1949年后任上海财政局局长兼税务局局长,在"三反运动"中"落网"。1956年担任中国科学院资源综合考察委员会副主任兼经济研究所研究员,1957年、1965年两次被打成右派,夫人与其离异,孩子与其断绝一切关系。顾准的存在本身,就意味着自由思想的发轫。《顾准文集》(贵州人民出版社1994年版)面市,风行海内知识界、学术界、思想界,堪称洛阳纸贵。

顾准通过东西方历史的比较研究,深刻地揭示了"从理想主义到经验主义"的历史路径,从而使其本人成为国史中少有的思想家之一。思想家是以鲜血和生命作底色的,"要有笔杆子,要有鲜血作墨水的笔杆子",顾准的遗言何其正大,何其沉痛!顾准乃先驱人物,直到现在,晚辈学人中并未有谁真正超越顾准。新一代学者中会有多少人具有顾准的品格,这真是个未知数。顾准是第四代学人中少有的异数,其人格魅力、思想魅力将会长留天地间。

王元化先生(1920年11月30日—2009年5月9日)乃书香门第,早年热心左倾文艺,1949年以后,沦为"胡风分子",精神几近崩溃。

通过对《文心雕龙》的研究、对黑格尔哲学的领悟，渐成一家之言。《文学沉思录》《思辨随笔》《清园夜读》《清园论学集》……先生每出一书，皆为南北学人所争说。先生推崇"为学不作媚时语"，常发人之所未发。先生有一种宝贵的品格，以今日之我战昨日之我。先生曾为五四辩诬，后来又谈论五四缺失，对照着读，可见出先生艰难但执著的跋涉，确能了悟"理论的生命在于勇敢和真诚"。被打为"胡风分子"，曾使先生发生精神危机——这或许可看作历史老人的一剂猛药，对先生透彻的反思不能不具有激烈的正面意义。

李泽厚，1930年6月13日出生，属于第四代学者里具有标志意义的思想人物。曾为20世纪80年代的青年导师，而今垂垂老矣！比顾准年轻，经历也比较顺，因而李泽厚的学术思想比较平、比较滑。安徽文艺出版社出版了李泽厚的主要著作：《中国古代思想史论》《中国近代思想史论》《中国现代思想史论》《美的历程》。2008年，生活·读书·新知三联书店出版了《李泽厚集》。

李泽厚1954年毕业于北京大学哲学系，刚刚毕业，正好赶上轰轰烈烈的美学大讨论，在同朱光潜先生和蔡仪先生的论战中，应运而生，才二十多岁，就已经成为有影响的美学家。当时几位极具影响力的美学家为：朱光潜（1897年9月19日—1986年3月6日）、宗白华（1897—1986年12月20日）、黄药眠（1903年1月14日—1987年9月3日）、蔡仪（1906—1992年）、王朝闻（1909年4月18日—2004年11月11日）（河北教育出版社1998年出版22卷本《王朝闻全集》）、蒋孔阳（1923年1月23日—1999年6月26日）。宗白华先生著有《艺境》（北京大学出版社1987年6月出版），宗先生重体悟，号称"散步美学"。朱光潜先生的《诗论》《西方美学史》（上下）乃呕心沥血之作。

李泽厚的学术思想在80年代曾风行一时，其人亦为80年代大陆文化界的精神领袖之一。笔者曾深受李先生的思想影响。李泽厚是行文特别优美的美学家。李泽厚的成就与不足，皆典型地反映了大陆20世纪80年代学人的整体风貌。他日有撰当代中国文化史者，定会浓笔重彩论述先生之地位。

五

1985年以降，新一代学人脱颖而出，活跃在学术思想的舞台，并且成为影响21世纪的第一代学人，这一代属于百年中国文化史第五代学人。在他们身上，有重大的担当。除了大学学报和人文社科类刊物，《读书》《走向未来》《青年论坛》《学人》《学术思想评论》《中国社会科学季刊》《中国书评》《方法》《战略与管理》都曾是他们的文化阵地，葛剑雄、杨义、郑也夫、葛兆光、陈来、秦晖、梁治平是个中佼佼者。

第五代学人一般生于1945年以后，1939年出生的钱理群是一个少见的例外。第五代学人，青年时期遇到了"文化大革命"，人生的轨迹，由中心到边缘，由热闹到沉寂，由城市到农村。恢复高考后，他们才有机会走上一条学术之路。此前，避席畏闻文字狱，依照李零的话说：在广阔天地，无功利读书，无功利交友。

在最后关头，他们抓住了历史的机遇，绝大多数属于77级或78级本科，1985年左右研究生毕业，1988年前后获得博士学位，1992年上下晋升教授，1995年期间开始指导博士生，圣之时者，新世纪伊始成为校长或院长，主持多种官方或民间的学术刊物，这一代学人获得了来自体制内外的多种学术资源。

20世纪80年代，生气勃勃的经济改革和如火如荼的文化热强烈地感召着他们。他们要"为天地立心，为生民立命，为往圣继绝学，为万世开太平"。他们是"走向未来"的一代。《读书》《自然辩证法通讯》《青年论坛》《光明日报》《走向未来》《新启蒙》《思想家》在传输着新的思考、新的追求。时贤称誉80年代为思想的时代，大体上还是准确的。

更准确的说法也许是，那是一个思想启蒙的时代，那是一个具有文艺复兴气象的时代。

随着90年代的到来，文化学人审时度势，进行学术路径的调试。在有意无意中，思想被遮蔽了。有人认为，80年代为思想的年代，90年代为学术的年代。表面上看来，似乎也是这么回事。其实，这一论断是不合理的。90年代的思想深度比80年代为胜，但为学的态度变了。有学问的思想和有思想的学问，是一个问题的两个方面。义理、考据、辞章总应该是统一的。

总的来说，90年代留在学术史上的成果多了起来。随着社会生活由一元化向多元化的转型，学者的生存方式亦较80年代有着更大的空间，追求权利本位、意思自治、契约责任的市民社会正在起步，这样一个伟大的时代呼唤新的学术共同体的形成。信息技术突飞猛进，为学术的自由发展提供了更多的可能。1998年，笔者前往清华大学，拜望黄延复先生，这位致力于清华校史的学人，已经在使用电脑，此时，笔者对信息技术，还陌生得很。

《读书》《学人》《中国书评》《中国社会科学季刊》《自然辩证法通讯》《方法》《学术界》《南方周末》《东方文化》《文汇读书周报》，承担着学术助推器的责任。大学学报和社科院系统的刊物，日益担当晋升职称的功能。

葛剑雄先生，1945年12月生于湖州，师从谭其骧先生，1983年和周振鹤一起获得史学博士学位，成为大陆人文社会科学领域首批博士学位获得者。曾担任复旦大学中国历史地理研究所所长，从事历史地理学、中国史、人口史的教学和研究工作。著有《西汉人口地理》《中国人口发展史》《悠悠长水：谭其骧前传》《悠悠长水：谭其骧后传》《往事和近事》《中国移民史》(共六卷，与曹树基、吴松弟合著)。葛剑雄和葛兆光先生文笔极其优美，学术界有口皆碑。葛剑雄、周振鹤深得谭其骧先生真传，在海派学术版图中具有重要的地位。葛先生领导的历史地理研究所既有实事求是的学风，又敢于创造学术新境。两个方面结合得那么好，的确非常难得。顺便说一句，谭其骧先生是中国科学院院士，老先生强调历史地理学的自然科学属性，但葛剑雄、周振鹤却是大陆人文社会科学领域的首批博士学位获得者，可以想见，历史地理学本身具有的很强的跨越性和包容性。葛剑雄、周振鹤两位，都是爱书者，黄裳先生过世后，他们两位已属于上海首屈一指的藏书家。

杨义先生1946年8月30日出生于广东电白。1965—1970年就读于中国人民大学新闻系，1981年毕业于中国社会科学院，曾经担任中国社会科学院文学研究所所长。杨义先生为中国文学理论界扛鼎式的人物，具有宏大的学术视野，古今会通、中西兼容，文化气魄铺天盖地，为鲁迅之后少见的一位大师级的小说史家。

遥想当年，杨义申请写作《中国现代小说史》时，在本研究室的项目排名中名列末尾，152万字的《中国现代小说史》仅在文学所报销了20多元。通过研究鲁迅，杨义打通了中国文学史，势如破竹地进军古代文学史。《中国现代小说史》（三卷本）凭一人之力，前后贯通，妙论迭出。《中国叙事学》《中国新文学图志》《楚辞诗学》，都有自己独特的体会，成一家之言。人民出版社出版九卷十四册的《杨义文存》，这是没有先例的。杨义先生曾下功夫研究近代学术大师的学术路径，在学术方法论上达到了极高的程度。杨义正在做中国古典学的还原工作，旨在为中国文化发出一张中国式的身份证。

郑也夫先生，是当代中国学术界一条真正的汉子。当代中国社会学界还没有形成真正的学术共同体，郑也夫先生的学术地位还没有得到公允的评价。通过笔者对中国社会学学术地图的描绘，发现郑也夫先生极像法学界的梁治平先生，具有纯粹的学术理念和真正的学术追求。

极大提升了中国社会学品质的郑也夫先生，是社会学界的一个边缘人，孤独而寂寞地耕种着自己的田园。郑先生静静地品尝着寂寞，但孤独确是吞噬着先生的心灵。先生像农夫一样带领自己的弟子，恬然自适地开垦荒地。到了 1998 年，多数学人已经成为教授，并开始指导博士生，郑也夫先生几经辗转，从北京社会科学院到中国社会科学院再到中国人民大学，却依然还是一位副教授。这就是一位纯粹学人在中国社会学界的真实处境。

郑也夫先生的主要学术兴趣在知识分子问题、社会生物学、信任问题、城市社会学。学术著作有《代价论》《信任论》《西方社会学史》《礼语咒词官腔黑话——社会语言学丛谈》。2002 年先生出版了《城市社会学》，篇幅不大，只有 19 万字。在我看来，是一部呕心沥血之作，代表了大陆汉语学术界城市社会学的最高水准，是社会学本土化的经典之作，真正能在费孝通先生的《乡土中国》的基础之上有所前进、有所创见。

葛兆光先生 1950 年 4 月生于上海，1984 年毕业于北京大学中文系。曾为清华大学教授多年，依然"水土不服"，2007 年 3 月，前往复旦大学，出任文史研究院院长。葛兆光的成就，得益于文献学根底和文史哲的通识。葛兆光先生曾在北大习古典文献学专业，能出神入化地了悟中国古代文化学术。《禅宗与中国文化》《道教与中国文化》（上海人民出版社版）、《中国禅思想史》（北京大学出版社 1995 年版）、《中国思想史》（复旦大学出版社 2001 年版）皆视角独特，清新可喜，不露斧痕，预示着中国思想史的转型，深为海内外学人所激赏。

葛先生的论文，因为有相当的"问题意识"，而受到时贤的重视。1992—2006 年十五年间，先生身在清华，每当漫步海宁王国维先生纪念碑，怎不感怀清华学术史呢？先生以智者的眼光、仁者的情怀，坚实地走自己的学术路径。也许是出于学术史的自觉，也许是有感于清华园文史哲学科的寂寞，先生主编了《学术薪火——三十年代清华大学人文社会科学毕业生论文选》（湖南教育出版社 1998 年版）、《走近清华》（四川人民出版社 2000 年版），似乎是在为清华续命，以新清华派相期许。时贤不可不察。

曾经被格式化的清华文科，尽管恢复起来了，引进不少精英力量，但是，强悍的清华工科传统，看待文科的眼光，让人文学者如芒在背。恰好复旦大学有意于北京挖掘人才，葛兆光先生就成为文史研究院院长了。当代学术史上的"二葛"，就会集在一起了。

陈来，1952年出生，浙江温州人。1976年毕业于中南工学院地质系。1985年获北大哲学博士学位，师从张岱年先生。但通过协助冯友兰先生编《中国哲学史新编》，受到冯先生哲学气象的感染，把冯先生的学问路数搞清楚了。《古代的宗教与伦理：儒家思想的根源》（读书·生活·新知三联书店1996年版）是晚近一部著作，气象较《有无之境》阔大。陈来评述冯友兰、周一良等前辈学者的文字特别出活，有一种温情的敬意在。陈来先生具有深重的文化忧思，对文化保守主义有高度的赞许。不妨说，他本人即是一位文化保守主义者。

陈来认为中国文化与传统是保障价值理性的重要基础，笔者对这一观点报以同情的理解。欧洲文化有古希腊爱智精神、罗马私法和基督教三个历史文化的后花园，而中国似乎仅有一个儒学的后花园，简直没有回旋的余地。文艺复兴把矛头对准教会，但西方还有另外两个传统。在这点上，中国便相当不幸了。如何进行传统的创造性转换，必是一个不易解决的难题。

秦晖先生是当代中国人文社会科学界少有的通才。北大的一位学者称扬秦晖先生为一"醇儒"，此语极贴切而传神。秦晖先生曾跟赵俪生先生从游有年，颇得中国史学三昧。在此基础上，横通当代人文社会科学诸多学科，在哲学、社会学（特别是农民学）、经济学、政治学、教育学、历史学都有自己的卓越建树。一些学人以为先生的学术太散，其实，先生的学术形散而神不散，而推动中国社会的进步，推动中国现代化，推动中国基底认知由身份到契约的转变，一向被先生视作神圣的职志。

先生博大精深的学问岂能用一个简单的"问题与主义"所能概括?

梁治平先生,1959年生于湖北。西南政法大学毕业后,入中国人民大学研习西方法制史。1993年6月,调往中国艺术研究院中国文化研究所。著有《寻求自然秩序中的和谐——中国传统法律文化研究》(上海人民出版社1991年版)、《法辨》(贵州人民出版社1992年版)、《法意与人情》(海天出版社1992年版)、《清代习惯法:社会与国家》(中国政法大学出版社1996年版),编有《法律的文化解释》(读书·生活·新知三联书店1994年版)。梁先生上承陈寅恪先生之文化理念,起点特别高,深具纯正的文化情怀,对瞿同祖、杨鸿烈等民国老辈学者,抱有体贴和同情。

梁治平的单篇论文——《"法"辨》和《死亡与再生》,乃当代法文化研究中的纲领性文件。《死亡与再生》中有一段名言,感染和鼓舞着无数读者:"这将既不是重复西方的历史,也不是脱离开人类的基本追求,而是以人类社会一员的身份参与到人类中去。以全人类的精神养料滋养我们自己,又以自己独特的经验去解决人类的问题。这既是我们贡献于人类的所在,又是我们的自救之道。"[①]

梁先生为了建构自由的法学公共空间,曾经组织"法律文化研究中心",中心成员有贺卫方、郑秦、高鸿钧、周勇等几位。该中心除编撰文集外,便是每月举行一次学术讨论会或讲座,就一个专题进行深入的学术研讨和争鸣。该中心研究的成果已经陆续结集出版为"法律文化研究文丛"。

回顾百年中国文化史,由于笔者自身学养的偏颇,无力周全自然科学方面的学术史,但对科学史又有浓厚的兴趣。在文中的结尾,谈一谈科学文化人。李醒民、江晓原、刘兵、吴国盛四位先生是其中的佼佼者。

李醒民先生,1945年出生,曾任《自然辩证法通讯》主编。1969年毕业于西北大学物理系,1981年获中国科学院理学硕士学位。著有《激

[①] 梁治平:《死亡与再生》,《法辨——中国法的过去、现在与未来》,中国政法大学出版社,2002年,第297页。

动人心的年代》《科学的革命》《理性的沉思》《理性的光华》《爱因斯坦》《马赫》《彭加勒》等。主要学术领域是科学哲学和科学思想史,钻研三大课题:一、批判学派个案研究和群体研究;二、爱因斯坦思想研究;三、科学精神和群体价值研究。

江晓原、刘兵、吴国盛都是文章妙手,李醒民先生更是射雕手。由于具有深厚的国学素养,李先生的文章流淌着一股激荡心灵的力量。还是引述先生的一句话:"这三种方法(经验方法、理性方法和臻美方法)显现出科学的实证精神、理性精神和审美精神,他能潜移默化地使人树立求实、尚理、爱美的思想情操。"

江晓原先生,1955年出生,实乃科学文化人的一道有趣的风景。藏书两万册的书房更是一个产生新思想的工厂。其学术视野极为广泛,但被概括称为"从阳台到卧室"。前者指的是江先生的"天学史研究",后者是江先生独树一帜的"性学史研究"。著有:《天学真原》《天学外史》《中国人的性神秘》《走来走去》《东边日出西边雨》《性张力下的中国人》等。

"功力深厚,思想偏激",这是一般学人对他的看法。江晓原有两个观点引发旷日持久的争论:一、研究中国科学史的目的应该是求真,而不是爱国主义;二、李约瑟难题本质上是一个假问题。江晓原先生的学术方法论确实胜人一筹,总能在人们习以为常的方面看出问题。所以读江晓原先生的文章启人深思,其乐无比。

刘兵先生,1958年出生。北京大学物理系毕业,清华大学科学技术与社会研究所教授。著有《触摸科学》《驻守边缘》。真正能搞懂自然辩证法的人都是通才。刘兵的学术视野相当宽广,诸如生态学、女性主义,都谈得头头是道。刘兵精力充沛,热心于学术文化的推进,曾担任《三思评论》的主编。

吴国盛,1964年出生,被目为神童,北京大学物理系毕业。后入中国社会科学院哲学所,现为北京大学哲学系教授。吴国盛的成名作是《科学的历程》(湖南科技出版社1995年12月版)。该书曾风行大江南北。

李醒民、江晓原、刘兵、吴国盛，都曾研习物理。他们从物理学专业领域退役，成为出活的科学文化人，恐怕不是偶然的。君不见，理论物理的最高境界，就是哲学。

20世纪的历史大幕徐徐落下，21世纪的钟声已经敲响。一个有着五千年久远传统的古国，一个"周虽旧邦，其命维新"的民族，秉承"自强不息，厚德载物"的精神。21世纪，思想的闪电将照亮这片大地，中国必会迎来一次灿烂的文化日出。

1999年11月25日初稿

2013年8月23日校订

2015年11月12日定稿

百年中国，薪火六代

> 是知灯者，破愚暗以明斯道。
> ——《燃灯者》

一

晚清七十年，依照李鸿章的判断，实乃三千年未有之大变局。应对这个大变局，不仅要从中国看世界，还要从世界看中国。从农业到工业，从皇权到民权，政治、经济、文化、社会诸领域，都要进行从传统到现代的转型。

中国近代化的历程，并不自晚清始。高王凌先生认为，乾隆年间的诸种举措，其实已经与世界有着同步的迹象。此种看法，无疑具有颠覆性。

很长时间以来，学界约定俗成：中国是被拉入近代化的。自给自足的自然经济、专制的皇权制度、文字狱导致的思想禁锢、四亿人口的巨大压力，一直被认定为束缚中国进步的四根绳索。中国近代化的起步，究竟是乾隆年间还是道光年间，究竟是被动还是主动，存而不论。

按照梁任公的说法，晚清开启器物—制度—文化的嬗变，晚清民国和新中国，百年中国，改朝换代，革故鼎新。在这段时期，史家面对三千年未有之大变局，必然要构筑属于自己时代的"史家之绝唱，无韵之离骚"。

百年中国，五代史家，交相辉映，异彩纷呈。梁启超、罗振玉、王国维实为中国新史学的开山，筚路蓝缕，以启山林；陈垣、柳诒徵、吕思勉、陈寅恪、胡适、郭沫若、顾颉刚、钱穆、傅斯年，发凡起例，蔚然大观；谭其骧、何兹全、周一良，第三代承前启后，薪火相传；章开沅、张广达、张光直、朱维铮，艰难时世，刮垢磨光；葛剑雄、葛兆光、高王凌、杨奎松、阎步克，运交华盖，孜孜矻矻，可为第五代之标杆。

20世纪中国史学思潮与流派，是一个饶有趣味的话题。侯云灏博士在《20世纪中国史学思潮与变革》一书中，分为新史学派、古史辨派、南高派、考古派、国粹派、食货派、守旧派、史料学派、生机史官派、生物史官派、战国策派、马克思主义学派，共计十二派——失之琐碎。特别是视钱穆先生为"守旧派"，失之同情的理解。

1987年，唐德刚先生发表演讲，认为当今具有世界地位的中国史学，大致有三大主流：第一是从往古司马迁到今日钱穆先生，这一脉相传的中国传统史学；第二则是马克思主义史学派；第三派则是现代西方中国史学。

王尔敏先生在《20世纪非主流史家与史学》一书中，认为20世纪中国存在两大主流史学派，俱创生于30年代前后：一个是科学主义史学派，以傅斯年领导的史语所为大本营；一人是马克思主义史学派，以郭沫若、范文澜、翦伯赞、吕振羽、侯外庐为领军人物。

科学主义史学派，从表面看，承袭兰克史学，其实自有乾嘉学派"朴学"的内在理路，有着"汉学"的遗风；马克主义史学派，并不仅仅是西学东渐的产物，同时还有着"宋学"的风味。

在"汉学"和"宋学"之间，有一个历史的钟摆。仔细思量，王国维、陈寅恪、吕思勉等一代史学巨擘，其实并不固执一端，而是慎思明辨，择善而从，执其两端，取其中庸，实为佳境。

秦晖先生，将"汉学"和"宋学"，转换为"问题"与"主义"，精辟地指出：回避"问题"的"主义"说教，是为空疏之学，缺乏"主义"的"问题"研究，可称饾饤之学。空疏之学与饾饤之学今后像过去一样仍会存在，但走出空疏化与饾饤化的"问题与主义"的讨论无疑是中国思想界的希望。笔者以为，同样是中国史学界的希望所在。

二

百年中国，第一代史家，筚路蓝缕，以启山林的，莫过于罗振玉、王国维先生，两位先生的学问合称"罗王之学"。两位老辈，眼里常含满泪水，因为对这片土地爱得深沉。

新材料的出现对新学问的产生，其重要性自不待言，这一点，已成为学术史的共识。穿越时光隧道，回到清末民初，殷商甲骨、西北史地、流沙坠简、明清档案，要是没遇到这些新材料，怀揣故国乔木之心、志在挽救礼崩乐坏、拥有远见卓识的罗振玉先生，其新学问难道可以自然而然地产生吗？

罗振玉、王国维两位老辈，才是百年学术史上真正的"预流"，开启了无数法门。两位老辈心情是古典的，头脑是现代的。冷静的头脑和热烈的情感，在晚辈眼中不够搭调，但在两位老辈那里，水乳交融，相得益彰。这一事实，也许昭示着一个道理：任何真正的创造，必然是有根基的，这一使命，必须由亦新亦旧的人物成就。

第一代史家，生逢末世，振衰起敝，亦学亦政，只是在晚岁，梁启超、王国维两位老辈，才在清华国学研究院落脚，成为学术体制的一员。

第二代史家，陈垣、柳诒徵、吕思勉、陈寅恪、胡适、郭沫若、顾颉刚、钱穆、傅斯年，大体上出生于19世纪80年代至90年代，相对于上一代史家而言，多为体制内学术人物。陈垣长期执掌辅仁大学，柳诒徵任职南京国学图书馆，吕思勉执教光华大学，顾颉刚在燕京大学教书，胡适担任过中国公学和北京大学两所大学的校长，傅斯年执掌中央研究院历史语言研究所，50年代，钱穆先生创办新亚书院。

第二代史家群体，陈寅恪、郭沫若、傅斯年有游学的经历，但对学历都不是特别挂心，陈寅恪追求学问、不要学历的故事，更是成为佳话。这一代史家，也是亦新亦旧的一代。陈寅恪在清华国学研究院，尽管吃住在赵元任家，但是对王国维先生，别有一种同情的理解和温情的敬意。在第二代学者中，陈寅恪是老辈王观堂难得的知音。

第一代和第二代史家，都遭遇了改朝换代。罗振玉、王国维可说是前清遗老，少壮派陈寅恪，则是遗少。很有意思的是，遗老王国维虽遇到改朝换代，但在学术上依然有自由选择的权利。可以比较的是，第二代和第三代史家，于1949年遇到了另一次"改朝换代"，老辈学者到此都要从头再来，适应新的意识形态。

第三代史家，谭其骧、何兹全、周一良，大体上出生于1912年前后，可谓"民国婴儿"。这一代人与战争有着"不解之缘"，抗战和内战期间，这一代史家获得学术地位。1949年，学术上渐入佳境的谭其骧、何兹全、周一良、王瑶、赵俪生、陈旭麓，在轰鸣的炮声中，迎来了新中国。

大体上而言，1949年是第三代史家的分水岭。这之前，成就了其学问的一半，这之后的另外一半能不能成，就要看造化了。1949年鼎革之际，第三代史家，除了傅斯年执掌的史语所出走台湾，留在大陆的绝大部分学人，在长期的政治运动中，闪转腾挪，左处右置。到了1978年，流淌在他们身上的精气神和真性情日见其少，恐怕也是没有办法的事情，因为，他们遇到了全能政治的大时代。

三

笔者绘制学术地图，对第四代史家寄予的温情和敬意，可说最少。现在想来不够公道。史学家的性格基因既有超越性，又有时代性。

第四代史家大体上生于1931年前后，可以称为"九·一八的一代"。按照李零先生的说法，他们还是有些"童子功"的，可惜生于忧患，历尽艰辛。他们生逢国难，少小漂泊；上大学，赶上国共内战；国共鼎革，院校调整，批判武训，批判胡适，批判胡风，反右，反"右倾"，"大跃进"，"四清"，"文化大革命"，桩桩件件，无一漏过，堪称"老运动员"，沙场老兵，久经考验。

第四代的整体特征，无论与上面的第三代，还是与下面的第五代比较，都呈现着特殊的风格。

第四代史家，遭遇全能主义政治，受到意识形态的洗礼。谢泳有言：我们低估了主事者改造传统的能力。第四代史家知识建构的关键期，从生态到心态，从语言到知识，全方位受到集权政治的耳濡目染。

意识形态已经深入第四代史家的灵魂，使得这代史家，成为百年六代史家中，政治敏感度最高的一代，他们的学术，紧贴着政治。对部分第四代史家而言，学术与政治，完全可以"合二为一"。准备着，时刻准备着，成为"姚文元"式的种子选手，应招成为"姚文元"。在某些特定的历史时期，这不止是一位史学家的理想和追求。

对于主事者改造传统的能力，从大历史的角度，第四代史家与第二代、第三代一样，成为一段历史的见证。第二代史家，既有郭沫若，也有陈寅恪。陈寅恪先生，文化世家的根底，自身强大的气场，无形之中，化解不少"意识形态"。"文化大革命"过后，痛定思痛，才发现，举国若狂的年代，居然还有这么一位老前辈，坚守着中国文化本位，印证着那句话：人是思想的芦苇。

冯友兰、周一良是第二代、第三代很有代表性的大家，"文化大革命"中，成为"梁效"的顾问，令海外华人诟病。他们都见证了"文革"结束，新时期来临，大家慢慢理解了冯友兰和周一良。冯友兰反省自己，有一段时间，没有做到"修辞立其诚"，而是"修辞立其伪"了。晚年的冯友兰先生，重新找回自我，海阔天空我自飞。

话说回来，哪怕知识界永远也不谅解冯友兰、周一良两位先生，冯氏的两部哲学史、《贞元六书》和两卷本《中国哲学史》，依然在那里摆着，任谁也诋毁不了。周一良毕竟是书生，1949年之前，依然有很好的学术成绩，比如《魏收之史学》。

第四代的幸运和不幸，是与新中国密不可分的。全能政治、意识形态和大批判，可以说是第四代史家成长的土壤、温度和空气。客观而论，"大批判"成就了不少第四代的种子选手。朱维铮先生从不讳言自己是"罗思鼎"小组成员——这是一种真正勇敢的态度。

第四代史家的特点在两个方面表现得非常突出：第一，具有极高的政治敏感度，立论很正大；第二，从学术史上看，遗传性不高，变异性很强。

政治敏感度高，使得文章极易泛政治化，这是第四代学人与生俱来的质地，历史让他们生活在全能政治的时代，岂是第四代史家自身的"原罪"？

这就可以理解，"文化大革命"结束之后很长一段时间，第四代学人依然习惯于"打棍子"、"扣帽子"，这是他们的长项啊。他们如果不这么干，才让人想不通呢？

第四代在"文化大革命"之前，就已经在学术上"造反"了，一系列的大批判，第四代手到擒来。弄到最后，第四代很少能够懂得敬畏什么，比如传统。

朱维铮、袁伟时是第四代史家里面很有代表性的人物。在这两位身上，可见第四代史家的一般特征。

朱维铮在复旦大学曾受教于周予同、陈守实先生。周予同先生，尽管认为经学已丧失了活力，但老先生对经学史依然有一种同情的理解和温情的敬意。朱维铮从周予同先生习经学史，但对经学史，朱维铮已经没有老辈的那种情分，有的是纯客观研究。朱维铮既然对经学史都没有那种情分，所以，看待一代醇儒——马一浮，自然也欠缺一份温情。马一浮老先生办复性书院，在朱维铮眼中，只是蒋介石的小点缀而已。

袁伟时先生内心，有着和朱维铮相似的理念。两位先生，致力于近代中国研究，朱维铮的《走出中世纪》《走出中世纪二集》，袁伟时的《晚清大变局》《中国现代思想散论》，有才气，有见解，可谓精彩纷呈。

这一代进行传统文化的研究，先天不足，后天失调。"传统"在第四代史家看来，可以说是"封建"和"专制"的代名词，是现代化的"障碍"和"包袱"。

放宽历史的视界，就会发现，"传统"在袁伟时笔下，是笼统和模糊的。一旦走近，表面的肯定，转换为具体的否定。也就是说，在朱维铮和袁伟时这代史家心中，"传统"当然不比"现代"有价值。

新时期到来之后，第四代成为八九十年代的学术带头人。有人说第四代是过渡的一代，其实，哪一代不是历史的过渡呢？哪一代也不可能长期占据历史舞台，关键看谢幕是否精彩。

谢幕，其实就是"知止"，明白自己的局限，才能寄希望于下一代，通过传帮带，薪火相传。第四代史家里面，华中师范大学的章开沅先生，大气磅礴，在学术传承方面，具有高度的自觉。

当代中国学术地图，章开沅先生带出了很好的团队。章开沅先生，不仅具有学术魅力，还有有非凡的人格魅力。章开沅带着马敏、朱英，师生之间，切磋琢磨，近代史研究的华中学派，很是让人羡慕。

四

第五代史家，出生于1950年前后，葛剑雄、葛兆光、高王凌、阎步克、杨奎松是这一代史家中的佼佼者。

第五代成长史上，无论是在物质还是在精神方面，都有着难以忍受的饥饿记忆。

"红卫兵"和"饥饿"，是第五代史家身上的两大关键词。这一代学者在政治化方面，和第四代学者不相上下。也就是说，"扣帽子"，"打棍子"，本色当行，原本就是"红卫兵"。第五代比第四代，更加适应市场经济，"饥饿"情结，已经训练出红卫兵异乎寻常的"觅食"本领。

第五代学者，大多具有上山下乡的底层和草根体验，中国难得的政治黑暗和清明时期，都被他们赶上了。这一代，胸中常怀问题意识，业余喜欢与师友聊天，正好碰上大学教育和研究生教育不大上"轨道"，历史正好选择了他们成为新知识、新学术、新思想的弄潮儿。

这一代人的经历，可谓悲喜交加。正是长身体的时候，赶上了"低指标，瓜菜代"，城市户口的要好一些，农村的孩子，忍饥挨饿是家常便饭。2005年，笔者在北京大学参加一次有海峡两岸学者出席的学术研讨会，放眼主席台，同一年龄段的学者，大陆学者不仅面带菜色，待人接物，似也不如台湾学者从容。细心想来，这就是"饥饿"给人造成的物质和精神上的双重伤害吧！该学习的年龄，先是停课闹革命，接着就是知识青年上山下乡，接受贫下中农再教育。

往事可堪回首！慢慢地，这些人琢磨出味道：主事者想出这么一招，并不是出于浪漫的政治想象，而是为了解决城市就业问题。

痛定思痛，有识之士以为，取消大学招生，致使中国人才断档。笔者倒是觉得，若是没有上山下乡，那么，沿着历史的惯性，只是批量生产第四代学者而已，有量的积累，但不会有质的提升。事实是，有头脑的知识青年，在广阔天地，上了一所别具一格的"早稻田"大学，用自己的头脑进行思考，得出与"文化大革命"相反的结论。

第五代史家，整体上较第四代深刻，原因很简单，历史给了第五代十年的时间进行思考。因为有了反省的态度，所以，第五代人，在70年代初，执着地思考：我们是从哪里来的，现在处于什么状态，中国到底往何处去……

"七十年代开花，八十年代结果"，就是水到渠成的事情了，有什么好奇怪的。第五代史家，习史之前，有着工农兵的各种历练，人情练达，世事洞明，如此特殊的际遇，可谓空前绝后。

老大不小的第五代，拖家带口，来到学府，成为"老童生"，得遇第三代学者，这是他们的格外幸运之处。老辈多已古稀之年，否极泰来，终于不用写检讨书了，重新焕发了学术青春。带学生，写文章，开会议，创学会，办刊物，把酒醑滔滔，心潮逐浪高！

谭其骧与葛剑雄、周振鹤，程千帆与莫砺锋、程章灿，张岱年与陈来，王瑶与陈平原，赵俪生与秦晖，陈旭麓与茅海建，石声淮与傅道彬，张舜徽与张三夕，第三代带第五代，就在书房、客厅，权且当作教室，一块聊天而已。别小看聊天，此中有真趣。

80年代，学府没有脱贫，才有坊间的议论：傻得像博士，穷得像教授。愣是不去机关和国企这些炙手可热的地方，却住在憋屈的筒子楼，到底图什么呀？

得天下英才而育之，人生一乐矣！

五

绿茶兄来信，希望梳理青年历史学家，探讨他们的成长轨迹，不觉讶异：在我看来，一代史家要到五六十岁才算成熟，现在是不是有点早啊！静心一想，第六代史家已然人到中年，再不梳理，他们也都开始变老了！

第六代史家，出生于1970年前后。"市场"和"电脑"是这一代人的关键词。1970年代生人，相比"六〇后"，少了些理想主义色彩，多了些现实主义的味道。1992年邓公南巡，吹皱一池春水，第六代很活泛，很自然地，接受了市场经济，不长的一段时间，就风生水起。

这一代人赶上了历史的巨变，不仅擅长经营自己，还拥有强有力的工具——电脑。作为与互联网共生的一代，第六代有着极为广阔的信息来源，他们的写作方式，呈现互联网化。

当代中国，正在进行着从农业向工业和信息社会跨越的"三级两跳"，社会的急剧变革，使得文化的样式发生着剧烈的嬗变。农业文明通行的"前喻文化"，通过互联网的普及，正在为"后喻文化"所替代。

第五代学者，就生活样式而言，绝大多数生活在"互联网的史前时期"，因为，这一代学者在学术研究过程中，信息的采集和加工，主要通过图书馆、资料室和私人藏书。也就是说，老派学者的成长依托于北京、上海这样的文化中心，居住在人文底蕴深厚的城市，自然有着极大的便利。在小地方，寻找图书文献方面，有着先天的限制。

网络时代的来临，让读书人购书、读书的生态发生了巨大的变化。"秀才不出门，就知天下事"，只有在信息化社会，才能够真正做到。网络这种新生事物，走入"七〇后"的生活，并已形成一种心理积淀。第六代学者的成长，就有可能打破"大地方"对文化的垄断，笔者很期待，"小地方"能够涌现更多的大学者。

"七〇后"自身，也存在一个与生俱来的问题：网络时代的碎片化。"互联网史前时期"学术著作，所具有的确定性，随着互联网的到来，被彻底颠覆，并有进一步碎片化的可能，互联网时代的学术伦理，伴着阅读的碎片化，日益变得模糊不清。

互联网确实改变了中国的学术生态和格局，但并不是说传统路径就走不通了。更多时候，传统路径还是很给力的。

赵晓力、俞江、叶隽，博士毕业于北京大学，论文指导老师分别是是沈宗灵先生、李贵连先生、陈平原先生；付海晏，毕业于华中师范大学，导师是马敏先生；朱浒博士毕业于中国人民大学，导师是李文海先生；冯筱才毕业于浙江大学，导师是金普森先生；吴赟毕业于中山大学，受教于吴承学先生。吴飞硕士毕业于北大，哈佛大学人类学博士；张晖本科、硕士毕业于南京大学，硕士指导老师是张宏生先生，博士毕业于香港科技大学中文系。名师出高徒，老道理还是不错的。

比起第五代史家，第六代存在着难以克服的"短板"。第五代成为老童生，一门心思要把失去的损失夺回来；他们的老辈，即第三代学者，也是这么想的。师生心往一处想，劲往一处使，为了"四化"，干劲十足。老辈要把一辈子的经验，传授给这些老童生，当时的学府，确有几分闲暇和宁静。

时下的学府，闲暇和宁静，已成前尘往事。第六代学者发育成长，与导师似已不大密切。成为学术掌门人的第五代学者，今非昔比，课题、项目、基金、基地、刊物、会议、答辩、访学，焦头烂额，目不暇给。最该用心的教书育人，反倒成了"支应差事"。

有什么样的老师，就有什么样的学生。不少读书人已经把攻读学位作为功利考量，只要跟对了"大牛"，吃香的喝辣的，滋润得很，应时得很！

像张晖这样将学问视为安身立命之所的人，不说凤毛麟角，但也绝不会很多。汲汲于功名利禄之徒，充斥学府，是很自然的，有什么值得奇怪的？

追本溯源，学术生态格局，已经发生了根本性的转变。无论大环境还是小环境，学术规制这根弦，越绷越紧。评比、总结、职称，都是杀手锏，指挥着第六代学人团团转。不要说"十年磨一剑"，就是"三年磨一剑"，都已经"落后"了。

张晖，这么天才的学者，竟然要一年磨一剑。身体原本就弱，岂能耐得住超强度的劳动。张晖，可说是第六代学者中，最早离世的一位。

《龙榆生先生年谱》，是张晖大三学年论文，深得吴小如先生好评。耿直率真的吴先生以为，国内名牌大学的博士也未必有这种水平，徒有虚名的中年学者也未必写得出，因为他们很少耐得住这种枯燥与寂寞，坐不住冷板凳。

张晖之死带来的不该仅仅是追念，还应该让我们对学术评价和认定机制进行反思。量化机制实在很害人。身上的绳索不能松绑，头上的利剑不能卸下，那么，第六代学人就不可能获得宁静和自由，中国学术就很难走出荆棘路。

第六代史家，理当秉承独立人格和思想自由的信条，展开人类学视野，体悟地方性知识，增进文化自觉，进一步解释：中国何以为中国，世界何以为世界！

路漫漫其修远兮，吾将上下而求索！

2013年7月11日

学术双城记 ///

　　百年中国大学史，北京和上海地区的大学相映成趣，各具神韵和风采，这本身就是一个很有趣的话题。中国本土现代意义的大学，并没有在最具有现代意义的城市——上海出现，反而在古都北京成长，这一事实，很是有趣。法文化学者梁治平先生在《法辨》自序中指出："虽然中国的进入现代社会不得不以学习西方开始，但是中国现代化的完成，又必定是以更新固有传统结束。任何一种外来文化，都只有植根于传统才能够成活，而一种在吸收、融合外来文化过程中创新传统的能力，恰又是一种文明具有生命力的表现。"[①]

　　上海学界的有识之士早已指出：复旦大学的地位每况愈下，在中国大学的排名急剧下降，这不能不引起许多学人的深重忧思。对复旦倾注感情的学人，特别是上海地区的学人，非常激昂地提出"重振复旦大学的雄风"。文化史家李天纲先生，在《上海社会中的复旦》一文中，表达了一个复旦人的热望。

　　复旦大学的发展，有着内在的规律，它的历史传统和学术精神，理

---

① 梁治平：《自序》，见《法辨——中国法的过去、现在与未来》，中国政法大学出版社，2002年，第2页。

应得到尊重。百年大学史,上海可以有不错的大学,但是很难有杰出的大学。上海作为大都市,似乎不大适合杰出大学的生长。

复旦大学所面临的境遇其实在历史上亦曾如此,上海作为一个世界性的工商业城市,有自己的经济、政治和文化生态圈。北京作为一个古都,有着深厚的文化积淀和人文传统,生长在北京的大学,面对这一文化生态,必然有排斥和吸纳,在磨合和互动中形成自己的风貌。

一、双城的文化生态圈

政治—经济—文化,作为现代生活的三个维度,从来就是不平衡的。出色的区位优势,使上海在开关的过程中脱颖而出,以至一枝独秀,20世纪30年代上海已成为具有三百万人口的国际大都市。作为高度发达的工商业城市,上海所需要的更多的是从事商业、金融、法律诸种实用领域的专业人才。

老上海是一个急速运转、几乎没有闲暇的城市。老上海市民,特别是职员即使是休闲,也是以一种快速的方式进行。老上海在开关以前并不具备更多的古典的休闲场所,上海滩的新式文人只能寻求新的消闲方式和场所。上海滩迅速发展的娱乐业正好细致周到地满足了新式文人的需求。

上海滩也有全国闻名的古旧书店,上海古籍出版社的钱伯城先生回忆:"解放前,三马路(今汉口路)古旧书店林立,有名的如来薰阁、来青阁、修文堂、富晋书社等,都是文人学者流连徜徉之地,随意翻阅,就所爱者选购一二种。"①江南的大资本家大多富而好书,喜在上海修建藏书楼,这似乎成为一种传统。坐落在上海新闻路上的小校经阁就是银行家刘体智的藏书楼,刘氏搜集甲骨近三万片,拓为《书契丛编》,派人送给远在日本的郭沫若,成为学术史上的一段佳话。

---

① 叶又红主编:《海上旧闻》,第162页,上海,文汇出版社,1998。

雅好崇古，作为上海的一个面相，毋宁说体现了兼容并包的精神。上海滩的西餐馆（诸如南京路河南路以东的"沙利文"、中央商场东侧的"德大饭店"、中央商场以西南京东路上的"吉美厨房"）、咖啡馆（比如静安路上的"DD'S"）、先施公司、永安公司、跑马场、跑猪场、回力球场（在今天的上海卢湾区体育馆）、新世界游乐场（有京剧、影戏场、说唱、评话、评弹书场、茶室、商场与哈哈镜）、大世界，这些场所真正代表了近代上海的文化消费特征。由此，可以看到，上海滩生成一个社会化大生产的庞大市场系统，市民娱乐文化，其生产、分配、交换、消费，构成高度社会化、市场化的环环相扣的紧密链条。

近代兴起的报纸、杂志和出版社、通讯社成为上海新的文化生产方式和生活方式。这一切对具有独立意识的大学来说未必是一种阻碍，倒有可能成为一种助力。

中国现代大学，首先出生的，当属传教士创立的教会大学。中国现代大学所走过的移植、模仿、创造的三个阶段中，上海在前两个阶段都是领先的。

圣约翰大学是中国大学处于移植阶段的一个标本，上海交通大学（前身为南洋公学）又是中国大学模仿阶段的一个典型。按理说，拥有复旦公学、上海公学和光华大学等如此具有品质的私立学府，上海在中国大学的创造阶段中，应该发挥更大的作用。而纵览百年中国大学史，最具有现代品格的大学，并没有在高度发达的工商业大都市出现。尽管学府众多，但上海在中国大学的创造阶段中，失去了领先的地位，落后于北京。这种现象的确发人深思。

尤西林先生深刻论述大学人文精神的信仰渊源，很有启迪。现代大学的出现首先就是一种信仰上的存在，是知识分子的精神家园。西方文明史中，大学相对于教会是一种世俗的力量。但相对于社会生态圈中的政治和经济的维度，又从来都是一种精神的力量，为重视实用的社会提供价值理性。

在西方，经过文艺复兴和宗教改革，政治—经济—文化—社会的互动,存在动态平衡。官员—商人—教授—牧师(神甫),这四种力量,都得以充分发展,并通过与别种力量的博弈,形成多元共生的文明生态。

中国近代社会,主要是政治—经济—文化三种力量的博弈。按照中国社会的规则,在政治中心城市很难出现西方真正意义上的现代大学,但是,不要忘记,中国社会往往还有大量的潜规则。政权失范的情况下,中国的文化人具有高度的自觉,成功地缩短了中国大学模仿阶段的周期。何以是古都北平,而不是市民社会发育比较成熟的上海,出现了现代意义上比较成熟的大学?

从中国大学在沿海商业城市和政治中心城市诞生的那一天起,主事的一开始就把大学作为"救亡图存"的工具理性,背弃或者改造了西方大学的人文精神。但蔡元培先生、梅贻琦先生作为具有深厚中国传统素养的知识分子,对于保持价值理性和工具理性的平衡,有着高度的自觉。

北京所处的文化生态,决定大学格局命运的往往是政治的维度。北京地区的大学,尤其是北京大学,其实是一所高度政治化的大学,同时传播着学术和文化。北京大学长期以来在政治和文化之间摆动,这既是北京大学的优长,又是北京大学的限度。当然,自1978年以来,影响北京大学格局的是政治和经济两种力量。

北京大学存在的理由是文化,她是文化传播和文化创造的田园,也是中国大学的一种标志,一种精神的象征。现如今,政治和经济对北京大学的影响已经超过了文化自身可以承受的力量。曾几何时,北京大学还能够以文化为中心,将政治和经济作为两个基本点。而当下政治和经济这两个基本点,已经成为北京大学的两个中心了。北京大学以政治和经济为圆心,沿着椭圆形的轨道,周而复始地运动。从这个角度来看,北京大学存在的意义,日益减少。

近代以来,上海迅速成长为"东方之珠",但上海的大学并没有与城市同步生长。很难说这是商业对大学的一种挤压,只能说近代上海社会,文化维度和经济维度之间,存在一种不同于北京的张力。一个城市的大学是各具特色的,它们之间互动,可以形成大学的生态群落。这一生态群落有着一种整体的风格。

上海外滩的建筑风格，就可以说明这一点。现在中国就是一个大型的建筑工地，杂乱无章的新建筑在中国的各个城市疯狂生长。一个城市建筑的整体风格实在找不出来，只能说整体上没有风格。上海外滩却不是这样，有着鲜明的整体风格，真正体现现代都市的魅力。

上海近代的大学也同样有一种整体的风格，似乎与上海市民社会的成长同步，偏向于实用的一面。为什么一方面说"上海的大学没有与上海城市的生长同步"，又说"似乎同步"呢？从数量上看，民国时期，上海的高等教育规模在中国是最大的，大学数量最多，大学人数亦是最多。上海大学的"三宗最"，可谓"似乎同步"的依据。从质地上看，上海地区的大学没有显示文化的特质，大学的人文精神不够突出。这是我们所说的"上海的大学没有与上海城市的生长同步"的内涵。

现在看来，这并不是近代上海的缺点，甚至可以说是近代上海的优点。近代上海，大学承担的主要是工具理性，与北平的大学更多承担价值理性不同。上海和北京各有分工，相辅相成，形成一种整体的平衡。上海和北京的大学风格必然和城市的品格互动。特别是在中国这样一个有深厚实用理性的国度，大学不可能是世外桃源。这也是中国大学欠缺精神品格的一个根本原因。而中国古代的一些书院，毕竟还有些特立独行，因为它可以用"道统"和"学统"与"政统"相抗衡。现代中国社会中，恐怕已无"道统"，"学统"也在式微。中国大学的人文主义精神资源，非常稀少，"草色遥看近却无"。比较上海和北京的大学风格是非常有趣味的。北京偏向理想，上海偏向现实；北京偏向学术，上海偏向技术；北京偏向思想，上海偏向行动；北京偏向价值，上海偏向功利。其实北京和上海的大学就是中国近代化过程中产生的一对风格各异的"双胞胎"。

百年文化史，上海特别适合于报人和出版家的成长。百年出版史，上半个世纪的成就，主要体现在上海。上海出版界、新闻界为公共空间的拓展，做出了重大贡献。上海市民社会的研究是一个很好的学术领域。

近代上海文化和经济，两个维度之间，其实是有一种很好的平衡的。上海商人和文化人对上海近代化的推动，功莫大焉。上海是中国近代报刊出版的大本营，梁启超、汪康年、章太炎、于右任、陆费逵、史量才、邹韬奋、胡愈之、郑振铎都是百年文化史上浓笔重彩的经典人物。张元济先生更是商务印书馆的灵魂人物。上海出版界的风格就是由这位老先生奠定的，张元济先生谨严、高效、务实的性格影响了整整一代上海出版人。北京的大学性格，可以说是由张元济先生的老朋友蔡元培先生奠定的。理念高远、品味纯正、眼光正大、胸襟开阔的张元济、蔡元培两位先生，对型塑近代上海和北京的文化风格，贡献独多且大。

近代上海多产大企业家、大商人、大银行家、大律师、大报人、大出版家。近代北京多产大官僚、大学者、大教授。关注北京近百年大学气质、大学人的精神风貌，不要忘记琉璃厂。研究近代上海的大学精神，不能忽略《申报》《新闻报》、商务印书馆、中华书局、开明书店、世界书局、大东书局。作为近代工商业大都市，上海一直非常趋时。报馆和书局推动上海市民社会的成长，发育神速的市民社会同时支撑传媒的可持续发展。

回顾所来径，上海是由移民组成的城市。市民对通俗文学有巨大的需求，近代中国的小说作者多是在上海进行写作。因此，上海成长为近代通俗文学的大本营，不是偶然的。晚清科举考试的失败者，或者不如意的文人，多前往上海寻找自己的一方天地。他们多抛弃"八股"这块敲门砖，为了生存，进行通俗文学的创作。这时，报纸、刊物、出版社等新生的传播方式，正好在上海滥觞，为通俗文学的发展，搭建了很好的平台。晚清上海的通俗文学，其实正是各种文化力量博弈的结果。

上海市民的审美趣味与上海同步进入近代化了。陌生人组成的上海，新闻报道取代了传闻，服务于市民的报刊杂志便必然勃兴了。在满足市民对通俗文学的需求方面，上海的学人教授也的确不易措手，少有作为。满足上海市民不断扩大的文化需求的重担，历史地落在了下海的老派文人和新兴的新文化作家身上了，他们代表了上海先进文化的前进方向。

近代京派学人的审美趣味，大多停留在古典方面。老北京不是一个近代化城市，没有那么多近代工商业，加上北京的学人教授对学问的嗜好，所以，北京百年文化史上没有出现更多的新型的报刊和出版社。北京所创办的报纸、刊物，往往具有学问色彩。北京多出学人，上海多出文人。学人多在大学，文人多办报刊。北京曾出现过邵飘萍先生主持的《京报》、傅斯年主持的《新潮》、成舍我主持的《世界日报》，都曾谱写中国报刊史的华彩乐章，都曾转移一时之风气，净化一地之人心。

北京在近代中国社会中，特别是1949年以前，是一个消费性的城市，没有发达的工商业，非常具有古典情怀。20世纪50年代初，北京最大的民营企业，依然是老字号同仁堂，近代北京工商业的"发达"程度，可窥一斑。1898年诞生的京师大学堂是政治革新的产物，1912年改称北京大学。这所大学具有深厚的忧患情怀，"读书不忘救国，救国不忘读书"是蔡元培先生经常挂在嘴边的言论。

蔡先生异常重视文史哲三科，文史哲后来成为北京大学的传统科目，是有多方面因缘的。陈独秀、李大钊、周树人、胡适、刘半农、钱玄同、沈尹默、周作人遇合于北京大学，成就新文化运动。北京大学教授激浊扬清的同时，还具有读书人的学者本色，琉璃厂、东安市场、中山公园来今雨轩、陶然亭都是文化人的雅集之处。那时候，北京的天空是明朗的，学人的生活是悠闲的。这种风尚感染、浸润着北京的莘莘学子。尽管有五四运动、"一二·九"运动、反美抗暴运动，教授和学生总还是有一些从容的风度。

时贤关于"京派"和"海派"的讨论，并没有深潜历史的内部，把握两派的神韵。且这种讨论多从文人立论，没有看到上海和北京这两座城市的政治—经济—文化的生态群落。所谓"京派"、"海派"，并不是北京和上海出产的土生土长的文化人。他们来自全国各地，为什么一到北京和上海就有如此的不同？不过是沾染了北京和上海的一些习气而已，北京和上海，是两坛不同风味的"泡菜"。

百年中国文化史，北京可以独树一帜的便是大学，上海高度发达的是报纸杂志和出版社。文化双城的比较，当然是多层面、多角度的，北京和上海的大学教授、报人、出版家的风度、神韵、理念、做派，比照着看，的确很有趣。里面是否沉潜着百年中国文化史的一条隐线呢？

二、文化双城的大学神韵

现代社会，政治—经济—文化的互动中，知识分子应该有比较独立的人格和自由的思想，才能够保持文化维度的力量。总应该有一批大学者、大教授保持一种为学问而学问的情怀，追求学问的过程中，保持独立人格和思想自由是异常宝贵的。学者对学问持之以恒、孜孜不倦的积累，是一个漫长的征途，有些学者甚至抱着死于书案的信念。学术的真正魅力正在于做学问的过程，而不在于最终结果，这就需要学人保持一种审美的情怀，不可持有过度的功利色彩。仅仅把学问作为工具，有时会导致灾难性的后果。那样就会失去学人的价值理性，仅仅具有工具理性。大学教授必须持有一种遗世独立的情怀，如此方能进行深入、深刻、深厚的学术研究。真正深入的学问，不会迎合时尚，自身带有的功用性，只是学问的副产品而已。

民国时期的北平，正是这样一所城市。老字号店员非常谦和礼貌，普通百姓悠闲自在，学人教授温文尔雅。北京当时是典型的消费城市，消费者优哉游哉。1927年国民政府定都南京后，一批学人前往南京，一批老官僚去天津当寓公。北平的园林、建筑、道观、寺庙、图书馆、书摊、酒楼、饭馆都变为买方市场，学人教授的生活异常滋润，古籍书店、文房四宝林立，对一代学人的养成，功莫大焉。古籍和文史哲教授存在着微妙的互动。北京琉璃厂大小书摊的古籍，养育了众多的文史学者，文史学者带着同情的了解和温情的敬意，对古籍进行深入的研究，实际是给古籍续命。启功先生，对此有独到而深刻的体验，老先生甚至动情地说道："琉璃厂古旧书店是我的衣食父母。"

学术是一种社会氛围，它是由每个学人的气场慢慢形成的整体学术空气。民国时期的北平具有浓厚的学术空气。学者在大学—琉璃厂—来今雨轩（老派学者多在春明馆，来今雨轩和春明馆都在中山公园）之间，流连不已。清华国学研究院、学人梁思成和林徽因家的客厅都是极好的学术沙龙。阅读民国时期学者的年谱、日记、传记，可以得出这样一个结论：那一代学人取得极高的学术成就，并不是说他们有高于常人的禀赋，而是由于他们时时处于浓厚的学术空气之中，讲课、雅集、书札、演讲，他们天生就是为学问而来，学问成为他们生命中的有机体。生活在学问中，学人教授其乐无穷。往事回眸，梁启超、胡适、金岳霖、冯友兰、陈寅恪、赵元任、钱穆……属于《世说新语》里面的人物。他们的学问与人生，都是那么情趣盎然，惹人喜爱。

　　环顾当代中国学坛，学问与人生，似乎不再有那样的牵挂；学问变成了生命中的无机体。**学问一旦成为工具理性，学人的价值便丧失了。**

　　科学共同体中，包括人文学科、社会科学、自然科学和技术科学。理工科大学，注重自然科学和技术科学，有着严格的学术规范。有人以为自然科学研究排斥人文关怀，此说当然是不确的。社会学家费孝通先生深刻指出："自然科学理当属于人文世界。"当然，费孝通先生心中的人文世界，包罗万有，简直是一个筐，什么东西都可以往里边装。

　　民国时期，北平的自然科学家的人文关怀是异常强烈的，单说清华大学的梅贻琦、叶企孙、潘光旦、梁思成、钱伟长诸先生，都拥有深厚的人文思想。梅贻琦先生长期担任清华大学校长，叶先生是清华大学理学院的掌舵人。清华大学的理工科享有盛誉，其实清华工科创设的时间很晚。清华的领导具有健全的大学理念，它所培养的工程师往往文理会通，并不仅仅是一般的匠人。上海交通大学是上海地区最具规模的工科院校，创设时间非常早，但是上海交通大学后来成为一个硬邦邦的技术型大学。其实在上海交大早期校史上，近代中国国学大师唐文治老先生便担任校长多年。唐老先生早就注重文理沟通，但由于上海独特的社会文化土壤，唐文治老先生离开上海交大后，文科根本没有在那里扎根。

尽管钱学森先生是上海交大的佼佼者，且具有深厚的人文素养，但并没有形成气候，孤例很难证明一个真理。

清华工科起步晚，但进步快，很大的因素是清华的文、理、法、工的综合优势发挥了作用。老清华的文科现在已经被学术史家称颂为"清华学派"，清华文科的根基，与北京大学、中央大学、辅仁大学、燕京大学相当，比唐文治先生离开后的上海交通大学深厚得多。所以说，清华大学是具有比较优势的。

人文学科、社会科学因为倾注人性的关怀，所以人文学者往往具有亲和力，容易打动人们的心灵。在学术地图中，人文学科、社会科学、自然科学各有自己的研究对象。现代自然科学往往依靠实验，对自然现象进行研究；社会科学是对社会现象进行研究，它的严密性较自然科学为差，但也要依靠实证和逻辑进行研究；人文学科包括文学、历史、哲学、艺术，现代西方哲学中的逻辑实证主义，往往要有数学的根基，但是文学、历史、艺术三门诉诸人的情感，"人同此心"。所以，自然科学依赖实验，社会科学依赖实证，人文学科则依赖实感。

对自然科学的理解，并不会带来对科学家的亲近，因为科学定理需要人的发现，一般人并不认为学习科学定理会有一种美好的情感。科学定律往往不会打动一个人的心灵。文学和艺术在这一点上和科学大相径庭，可以深深地打动人的心灵。情感的力量往往会大于科学定理本身的魅力。比如说，鼓舞爱因斯坦研究相对论的究竟是怎样一种情感？这往往不是一个科学问题，而是历史或者是科学史的问题了。

文化史上有一个奇怪的现象：文史哲学者的逸闻趣事易为人所知，也乐为人道，而理工科学者的故事一般很少为大家乐道。根据上面的分析，其实也就不奇怪了。文史哲三系的学生，文笔比较好，经常有文章发表在报刊，师尊的故事经常不经意地流露。文史哲学者，在民国时代，特别是在北平，大多主持报纸和刊物的专栏，往往是公众人物。具有真性情的人文学者、大学教授，他们的生活和学问是不能断为两截的。陈垣、陈寅恪、刘文典、钱穆、金岳霖、闻一多、潘光旦等许多大教授的学问和生活融为一体，无所谓八小时内外，修《中华民国史》，都是可以入《儒林传》或《学苑传》的。

上海百年报刊史，远较百年大学史精彩。上海盛产报人、出版家。沪上的报纸杂志，进行规范的商业化运作，老总多倡导"在商言商"，这样一来，特别适合于迅速发展的社会节奏。《申报》老板史量才先生在"九·一八"事变后，及时调整办报理念，《生活周刊》邹韬奋先生更是把职业教育刊物办成了抗日的号角，创下了中国报刊史的一个奇迹。史量才、邹韬奋振奋了中华民族的精神，把《申报》《生活周刊》提升到一个新境界。

两位先生爱国情怀的背后，实际深藏着"在商言商"的报业理念。上海比较注重工具理性，是有深厚的历史文化土壤的。老上海的报人、出版家如鱼得水，近代上海的大学—工商金融业—出版业的互动中，形成了有益于报人、出版家产生的空气。深入研究，这种空气其实就是人文空气，光灿百年中国文学史的大批作家，往往就是从上海这个舞台升起的，苏曼殊、李叔同、包天笑、周瘦鹃、陈蝶仙、郑逸梅、郭沫若、沈雁冰、林语堂、郁达夫、巴金、萧红、丁玲、张爱玲、施蛰存、穆时英、张资平、李健吾、钱锺书。盛产文人的上海，滋养学人的北平，交相呼应，演出了近代中国文艺复兴的交响乐章。文学熏育现代情感，学术培养启蒙精神。在这个意义上，上海是更具有感性的城市，北平则是更具有理性的城市。

在社会变迁中，学者教授—金融家企业家—报人出版家的三维互动，是推动社会进步的有力杠杆。近代上海的金融家、企业家、报人、出版家为中国和上海的近代化，做出了不可磨灭的贡献。上海的文史教授总是想增加学术文化的力量，遗憾的是，虽经努力，未能如愿。上海的遗憾也许是中国的遗憾。对此，只能抱以同情的理解和温情的敬意。

三、文化双城的现在进行时

1949年以后的北京，聚集了几乎所有杰出的学者和教授，当然这是通过政治安排实现的。上海原本是中国新闻出版业的大本营，随着商务印书馆、中华书局总部的迁京，大批报人、出版家、编辑家、作家、学者被安置在北京，从此上海失去了新闻出版的文化优势。如果说重振上海雄风，那么，首先要注意金融业、工商业、报业、出版业，老上海在这几个方面是有深厚的文化传统和人才优势的，这是上海最应振兴起来的。

为时贤所称赏的复旦大学的所谓"雄风"，还不是由于1952年的院系调整造成的？复旦是在院系调整中"受益"的极少数大学之一，至少表面上如此。其实笔者认为，1952年的院系调整，大陆所有的大学都是受害者，没有一所大学是最后的赢家。复旦大学中文系朱东润先生生前撰写自传时，对50年代复旦中文系的实力非常自豪。老先生认为它绝不亚于北京大学中文系，甚至朱老先生心中都有一张排兵布阵图，复旦教授与北大教授一对一对垒。

20世纪50年代，上海的文史教授多被安排在复旦大学和华东师范大学。北京的文史哲教授，几乎被北京大学所包揽，剩下的被安排在北京师范大学。北师大的文史教授有陈垣、黄药眠、钟敬文、白寿彝、启功、李长之诸先生。北京大学文史哲教授阵容的确强大：游国恩、魏建功、王力、吴组缃、林庚、王瑶、邓广铭、周一良、金岳霖、冯友兰、邓以蛰、沈有鼎、周礼全、王宪钧、任华、张岱年、汤用彤、张颐、贺麟、王维诚、郑昕、任继愈、张东荪、洪谦、朱谦之、黄子通、周辅成、宗白华、熊伟、汪奠基、齐良骥。复旦大学中文系云集了郭绍虞、刘大杰、朱东润、陈子展、蒋天枢、赵景深、赵宋庆、吴文祺、张世禄、乐嗣炳、余上沅、鲍正鹄、方令孺、贾植芳。他系有周谷城、周予同、谭其骧、田汝康、孙大雨、王造时。华东师大中文系有施蛰存、徐中玉、钱谷融先生。

其实北京大学也好,复旦大学也罢,所谓极一时之盛,都缘于政治的安排。既然是政治安排,现在可以这么安排,以后也可以那么安排,有时候这种安排之随意,简直让人哭笑不得。经过安排的"繁荣",根本不是"繁荣",而是"枯萎",因为这种安排并不是出于学者的自由选择。看不到这一点,则易被假象所迷惑。假象基础上的立论是很难接近历史的真实和大学发展的内在规律的。

1952—1955年的北京大学哲学系被安排为中国大陆唯一的哲学系,其"盛况"可以称得上是空前绝后的。但是失去独立人格和自由思想的教授只有"批判和自我批判"的自由。1949—1966年间,北京的古旧书依然不少,主顾中依然少不了学人教授,教授聚集和一起看戏的机会也不少,只不过,这时候已经物是人非了。这种"聚集",绝非"雅集"那样自由洒脱,而是被安排开会。经过20世纪50年代初被"洗澡"的教授,不管是在上海还是在北京,都已经失去了学术自由的大环境,教授失去了往日的神韵,学术自然跟着枯萎。

一所大学出活与否,并不在于汇集了多少教授,关键在于大学的生态系统是否良性循环。大学教育—新闻出版—学术社团形成良性循环,才可以说具备了学术发展的基本条件。一部学术史告诉我们:任何大师都是由读书种子慢慢成长起来的,都必须有适宜的社会文化土壤。近年来,学术界有一种议论,认为现在欠缺学术大师,有些先生还真的开始呼唤学术大师。当代学人谁不愿意成为学术大师呢?时贤以为当代中国已经具备了产生大师的文化条件和社会土壤,只是现在的学人志向太小,心甘情愿成为"小师"。一代有一代之大师,王元化、陆谷孙、秦晖先生皆有大师气象,只不过,有司欠缺慧眼罢了。有人肯定机智地反问:"谢先生既然摆出三位大师,不恰好证明当代中国存在产生大师的社会土壤吗?"这个问题提得真好。笔者在《彼得大帝与康熙大帝》一文中谈到:曹雪芹和《红楼梦》出在"康乾盛世",但绝不能说《红楼梦》是康乾政策的伟大成果,《红楼梦》是当时清朝文教政策的反动。王元化、陆谷孙、葛剑雄、李零、高王凌、郑也夫、陈来诸先生取得卓越的学术成就,并不是现在的文化学术政策支持、鼓励的结果,毋宁说是几位先生继承先贤的学术传统,排除政治和经济的干扰,坚守独立人格和思想自由的结果。

能忍心看着复旦大学一直衰落下去吗?学界对复旦怀有殷切期待,但感情不能代替理性。既然上海百年文化史,它的大学都有面向工商社会培养技术人才的传统,所以,也就不便强复旦大学之所难。复旦真还是比较适合设立一些实用技术专业。这不但不是复旦的短处,毋宁说这反倒是它的优长。一所大学应该有高度的文化自觉,应明了自己的优长和短处,应注意发挥它的历史文化传统,这样一来,大学才能发挥最大的功用。一所大学长期忍受政治化的安排,突然有一天很快接受了市场化的安排,对此,也不要大惊小怪,理应保持一份平常心。既然复旦大学是在政治的安排之下,才造成了"繁荣"的局面,随着政治安排力量的减弱和经济安排力量的增强,大学的格局自然会出现有趣的变化。

复旦大学想要增加经济效益,当然无可厚非。一所大学通过产学研相结合,产生更大的经济效益,也并不是一件坏事。可怕的是,时贤总想让能够发挥社会效益的大学,全面产生经济效益,反倒强人所难,让只能产生经济效益的大学,去生产社会效益。经济效益可以成为"有用之用",社会效益可以被认为是"无用之用"。一所大学涌现陶渊明、杜甫、苏东坡中的任何一位,已经难能可贵了。

问题在于,有哪一所大学具有思接千载、视通万里的文化胸襟?具有守先待后、文化自觉的理念?具有独立的人格、自由的思想?这才是真正值得忧思的。大学若只想到经济效益——创收、赚钱,那它改成股份有限公司好了,在国家工商总局注册,党委书记成为董事长,校长成为总经理,岂不妙哉?

学人、教授不断变换自己的面孔,把社会一时一地的喜好作为自己言论的宗旨,那么,怎么会具有纯正的学术理念和坚定的人格操守?一个纯正的学人在言论转变的背后，往往具有深厚的学理的支持，否则其观点是不会轻易改变的。有学问的思想家王元化先生就是这么做的，复旦大学陆谷孙、周振鹤、葛剑雄三位先生也是如此，陆先生为当代中国英语文学研究界的少数通人，周振鹤、葛剑雄两位先生是中国历史地理学界的前沿人物。笔者甚至觉得他们应该在北京搞学问，上海保持纯正学术理念的学人也就那么十来位，难以形成浓厚的学术空气，也无法与上海的过度商业化相抗衡。

北京是中国的政治中心和文化中心，上海是中国的经济中心。生长在政治和文化中心的大学必然与政治、文化互动，设置在经济中心的大学必然与经济互动。大学与政治、经济、文化的互动理应是双向的，而不应是单向的。但没有尊严的大学，似乎总是为时代而奔波。大学原来为政治服务，现在又委身于市场，成为政治和经济的双重奴婢，这倒是当代中国大学的共同特点。

在北京做学问易受政治的干扰，在上海做学问易受经济的侵袭，使得文化双城的学人教授总是难以保持平常心。北京被安排了大量的院校，表面上做学问的教授远多于上海，其实并不是文化的力量在左右着学人。上海的学人完全没有必要妄自菲薄，上海做学问的教授是少了一些，真正专注于学问的更少。但是王元化、陆谷孙、葛剑雄、周振鹤、江晓原诸先生都做着坚实的学问，王元化先生更以其学思并重、知行双修，成为当代中国有学问的思想家，是当代学术史上实至名归的学术领袖。

关于北京大学和复旦大学文史哲三系学术水准的下降，也有一个辩证看待的问题。王元化先生、陆谷孙先生、葛剑雄先生的学术成就，在我看来，放在百年中国学术史上，都是非常出色的。

北京大学的人文学者同样老成凋谢。北京大学文史哲三系学术水准和复旦大学一样，呈现下降趋势。目前北京大学还很难说涌现胡适、钱穆这样的经典学人，现在的大学教授多是上山下乡的"知识青年"，学术理念具有时代的特点。北京大学的显学"经济学"、"法学"的学术水准在一片繁荣的背后，依然存在着巨大的危机，这种危机依然是学术理念的危机、学术精神的危机。

文化双城的"文化现在时"并不美妙，许多大学校长在把大学市场化的同时，把学术理念、学术精神也给市场化了，这简直是可怕的事情。当代中国的学术制度，值得深入反思——学术理念非常不纯正，学术境界不高尚，学术体制（包括学术竞争机制、学术激励机制、学术约束机制）处在政治力量和经济力量的双重挤压之中。大学失去健全的学术理念，失去内在的神韵，那么，必然失去自己的"文化身份证"。

北京、上海——失去神韵的文化双城，它们的面目极难为人所体认，它们共同的特色，也许就是没有文化特色。北京的大学文化问题就是上海的大学文化问题，上海的大学文化问题就是北京的大学文化问题。文化双城的大学问题其实就是当代中国的大学文化问题。

2010 年 7 月 30 日定稿

回眸梁任公 ///

一

咱们今天呢，聊一聊梁任公——梁启超老先生。

百年中国历史人物，有一个有趣的现象，就是中国这一百年的历史人物，很多人都深深打上了政治的烙印。也就是说，很多学术人物、文化人物，如果他们在政治中没有地位，那么他们的价值就很容易被低估，处境也很尴尬。

这种情形的出现，原因并不复杂。20世纪上半叶，革命是主旋律，20世纪下半叶，开国三十年，阶级斗争是关键词。

《百年中国历史人物》，这个课是我的兴趣所在，于我而言是比较好玩的一件事情。这一学期讲课，越讲体会越深，有时候，竟至于有点惆怅。讲一些现代人物的时候，觉得自己好像博物馆里面的讲解员。这一百年，如此鲜活的人物，学友们没有听说过，怎么办？就要闪转腾挪，聊一聊他的左邻右舍，但是，部分学友，对他的左邻右舍，也没有印象。因为，学友们真的没有听说过这个人，这就难了。给人的感觉，就好像这个人没有生活在民国,而是生活在很久很久以前,遇到一两位这样的人物,学友们无语,我也蔫了。

前段时间我讲到梁漱溟先生,一个班里知道梁漱溟名字的,很少,在历史上对得上号的,就没有。这是为什么呢?梁漱溟先生在 50 年代,在政治上是挂号的符号,被毛泽东批成反动文人,被认为思想非常反动,他是很挂号的。现在有一个非政治化的取向,只要没有被政治课提及的人物,大家就不知道这个人。

只有那些板上钉钉的人物,比如康梁,大众知名度才不低。为什么呢?因为他们搞维新变法——这是百年中国历史的一大关键。百年中国人物里头,特别鲜活的人物,亦学亦政,在学政之间游弋。既是学术的,其实也是政治的,有人在政治和学术之间穿梭,好像钟摆似的。

百年中国史,这样的人物非常多。事实上,不管何种人物,只有被政治承认,具有政治价值,才能天下闻名。我们看,政治已经成为一种尺度,然后,用它来衡量各色人等。这就说明一个问题:我们的社会,依然高度政治化。

在改革的时代,高度政治化的教育固然不够成功,但是,政治式的教育,依然拥有很强的资源。百年中国历史人物,一旦被写进《中国近现代史纲要》,这个人就可能被大家所知晓。如果没被写进《中国近现代史纲要》,这个人物好像就失去了被大家知晓的机缘。

同样是老梁家的人,一个是梁任公,一个是梁漱溟,在 20 世纪 50 年代,两位的知名度大体是相当的。梁漱溟搞乡村建设,参与民盟的创建,办《光明报》。在其一生的岁月中,梁漱溟不仅是一位新儒家,还是一位政治活动家。最关键的是,梁漱溟被写进《毛泽东选集》(五卷本),是一位曾被毛润之严厉批判的"反动文人"。伟大领袖批判过,这就形成了"天下谁人不识君"。

梁任公梁启超老先生就几乎没人不知道,了解梁启超成为一种常识;梁漱溟的名字,给我们感觉好像还需要进行普及。一说起梁漱溟,让人觉得曲高和寡。实际上梁漱溟也参与了很多的政治活动,只不过没有被写入政治史而已。如果1949年以后的事要写进历史的话，梁漱溟绝对是一位不容忽略的、浓笔重彩的人物。在"一化三改"时候，他对当时主事者、对毛主席的主张，并不是那么认同，而且还有很尖锐的批评。工人生活在"九天"以上，农民生活在"九地"以下，农民和工人的境遇，天差地别。毛润之发现梁漱溟为农民说话，就认为梁漱溟很坏，就要发动政治攻势，批倒批臭。从50年代过来的人，都听过梁漱溟的大名。

实际上，如果说找这么两个人，能够对百年中国有一个全程的关照，我觉得前半段的代表，梁启超先生很适合，很具典型性；1949年以后梁漱溟先生则可以作为这后半段的代表。

从文化取向来看，梁漱溟和梁任公，可以有得一比，都是亦学亦政，但梁漱溟给人的一种感觉就是他逐渐淡出了政治。梁漱溟淡出，在这里有特定的含义。爱读书的学友，也许注意到，其实梁漱溟的书非常多。梁漱溟先生全集，由山东人民出版社出版。梁漱溟原籍广西桂林，入籍河南开封，从老辈开始就一直生活在北京。梁漱溟先生的墓地，在山东邹平县黄山，这是对梁先生早年在山东搞乡村建设的一种纪念。

百年人物全集的出版，也有值得回味、值得思考、值得体会的东西。有的地方，实际上还保持着类似地方志的传统。唐代诗人，如果不是特别有名，当时没有来得及编辑诗集，那么他的诗文有可能藏在哪？有可能在地方志里面有收藏，这是老家人对诗人的一个关怀。在整个中国不是那么有名的，但放在地方志中，也许就成为个头很大的人物。地方志，充溢乡土气息，保存了一代文献，起到了资治、存史、教化的独特功用。

鲁迅说过一句话：无穷的远方，无数的人们，都和我有关。实际上，你走得再远，也走不出家乡人的视线。风筝没有断线，依然有人牵着你。古人的话呢，就牵到地方志里面了。这是很有意思的。

随着时代转换，这种传统看起来不是那么凸显了，但实际上依然还在延续，可以说不绝如缕。梁漱溟生于1893年，2013年是其120周年诞辰。梁漱溟先生诞辰之前，《河北青年报》记者来采访我。我以前曾写过与梁漱溟先生有关的小稿，但因课业忙，当时没有更多话要说，就婉拒了。

冯友兰先生，实际上就差梁漱溟两岁，在北大，梁漱溟是老师，冯友兰是学生。冯友兰因为老家是河南唐河，书香传家，冯友兰的弟弟，冯景兰是地质学家，妹妹冯沅君是中国文学史家。冯友兰一家，成材率百分之百。

冯友兰既然是河南的，河南人民出版社，就当仁不让。冯友兰全集却不叫"冯友兰全集"。他在北大燕南园的住所，有三棵松树，起名叫三松堂。冯友兰先生的全集，就叫《三松堂全集》。

延聘梁漱溟进北大的伯乐是蔡元培先生。蔡先生是浙江绍兴人，浙江教育出版社，就当仁不让，出版蔡元培先生的全集。浙江海宁是"甲骨四堂"之一——王国维的故乡，《王国维全集》也就由浙江教育出版社出版。蔡元培执掌北大时期，经济学教授马寅初也是浙江人，故浙江人民出版社出版了《马寅初全集》。

鲁迅也是浙江人，但浙江方面没有资格出。因为鲁迅被称誉为"新文化的方向"，所以人民文学出版社才能出版《鲁迅全集》。

河北乡贤，周恩来的入党介绍人——张申府，其弟为著名学者张岱年，河北人民出版社当仁不让，把这哥俩的集子都出了。这就是地方志这种传统在现时代的流风余绪。

梁任公是广东人，那广东方面是不是就出了梁任公的集子呢？没有。梁任公也属于全局性的人物，便由中华书局出版梁任公全集，名为《饮冰室合集》。老先生的书斋名叫"饮冰室"，老爷子是非常热忱的一个人，写着写着文章就特别激动，笔端常带感情，所以希望静下心来。饮冰室，夏日啃着冰块，冰爽透心凉，寓静心笃志之意。

清华国学院的同事——闽人林志钧，敦厚，温和，品行高洁，一向为梁任公喜欢，两人交谊很深。1929年1月19日，任公过世，任公的家人，也信得过林志钧先生。林志钧先生，不负朋友所托，整理《饮冰室合集》，直到现在，这部集子依然显得比较完备。

林志钧先生也是百年中国一个大个头的人物，林志钧先生的公子——林庚，与季羡林老爷子是好朋友，为文史大家，既研究楚辞，也研究唐宋文学。"盛唐气象，少年精神"，这是林庚对唐代文学的一个概括。这个概括，非常精辟到位，大家都接受信服。

二

梁任公老先生身后，出现了一个特别有意思的现象：表面上名望很高，几乎无人不知，无人不晓；实际上，对梁先生的研究并不是特别深入，也不是特别热。这是为什么呢？

我分析，这种现象的出现，与学术和政治两种取向有着很大的关联。第一种取向，现在的学科取向是在院系调整的基础上，通过模仿苏联建立起来的。这条路，跟通才教育对着干。通才教育，吃的是杂食，专才教育，吃的是偏食。

有一句，硕士不硕、博士不博。为什么？"硕士"这个词，应该叫"窄士"，"博士"应该叫"深士"，但绝不是"gentleman"。"深士"们在小胡同里行走，在某一小点上研究得特别深。中国古代，文史哲不分家，学者所求是无所不知，无所不晓。现今的学者，都是专家，弄一门学问，弄一个方面，"铁路警察，各管一段"，分得特别细。在专家看来，梁任公的这种"跨学科"，简直无从下手，无从研究。梁任公，学问淹博，在晚清民国这具有中国风格的文艺复兴时代，都是极其突出的。现今，则不具有深入研究梁启超的学术储备。

第二种取向，研究者多为"红旗下的蛋"，革命已经深入骨髓，融入血液，面对梁启超这种改良主义者，还没开始研究，从心理上就已经认定梁启超保守、落后了——这是第四代学人，面对的天花板。随着"告别革命"，第五代学人，面对梁任公，倒没有了上一代学人心里的纠结。加之第五代学人，"上山下乡"期间，有过无功利读书的经历。当时他们精力那么旺盛，抓到什么看什么，无意之间，谈不上博览群书，也算是有所涉猎，成就了自己的"杂学"。他们中的一些人，对"跨界"的梁任公，尽管判断不一定多么准，但至少有了一种同情的了解。

恩格斯曾经说过，文艺复兴需要巨人，而且需要产生巨人的时代。恩格斯这句话，针对晚清和民国，其实也非常适合。经过器物—制度—文化的演化，晚清民国这一段，很有些文艺复兴的味道。

晚清民国时期的确需要巨人。早生梁启超五十年，近代大个头的人物李合肥——李鸿章，曾经说过，近代中国面临的这个局面，"是三千年未有之大变局"。对李鸿章的评判，言人人殊，仁者见仁，智者见智。总体来说呢，越来越多的人认为，李鸿章是中国近代化的先驱之一。

李鸿章对这个局面的判断是很准的。中国以前是"用夏变夷"，等于说以中国为主体的这么一个中央王朝，在政治经济文化社会诸方面与周边国家周边王朝相比较，很长一段时间内，有一个凸显的优势。所以说，你就发现：越南啊、日本啊、韩国啊，大都属于儒家文化圈，实际上就是中国文化的一种外溢。之所以外溢，很大程度上就是因为中央王朝有着相对强势的文化。周边小朝廷则不断学习、吸收、借鉴。

但是到了晚清七十年，这种局面竟然改变了，"用夏变夷"变成了"用夷变夏"。近代的一些开眼放世界的人，像林则徐，他是怎么样的？他是"师夷长技以制夷"。实际上那个时候已经看到了"夷"有长处，"夷"有长技，我们要向"夷"学习。但林则徐的中国梦是"制夷"。

实际上我们可以看到，曾国藩、左宗棠、李鸿章、张之洞，晚清四个大个头人物——"四大天王"，自强运动，向"夷"学习，"师夷长技"，兴铁路、建公路、造轮船、开矿山、设学堂、立报馆的这些实践，都是自强运动的核心内容。

包括说"向西方学习"，中国什么时候说是"向西方学习"？实际上很多人都觉得这里面，有一个中国文化"优越论"，也就是文化"沙文主义"。

其实呢，文化是一种交流，没有孤立存在的文化。从东汉开始，魏晋南北朝隋唐，对印度佛教文化的吸收，实际上改变了中国中古文化的基本面貌。

什么时候，文化是单独孤立的状态呢？恐怕只有鲁宾逊能理解。在漂流的历程中，尽管是实质上的"无冕之王"，鲁宾逊本人却也不愿意在孤岛上。鲁宾逊心里面，有那种优越感吗？没有。为什么？连"礼拜五"都没见到。有什么优越感？你想想：什么东西都得自己来，都得从头开始，多难啊！是这样吧。

文化从来都是一种交流。中古时期，对印度文化的吸收，与印度文化进行交流，实际上助长了中国文明，形成中国文化的另一种自信。周有光老先生有一个妙论：文化交流当中，语言跟着什么走？语言跟着宗教走。

但在中国中古时期，学习印度，人们并没有丧失对中国文化的自信。为什么？印度文化传来了，中国人也没有说梵语。按说，中国人学了印度以后，玄奘学完以后，玄奘老先生应该怎么样？应该把正规的标准的梵语，水平特别高的梵文传过来，最后中国人说梵语。如果中国文化处于弱势，在中国文化和印度文化相遇以后，中国人应该说梵语。

事实上呢，中国也学了印度佛教文化，但中国并没有说梵语。从这里面，可以看出来什么？中国文化本身是有自信有内涵有分量的。如果没有分量的话，文明交流当中，那是很容易把你淹过去的。可以察见，在中古时期，中国和西方的文化交流中，中国没有丧失这种自信。

所以说，尽管有一个很长的时期，中国对佛教文明处于学习的状态，但这并没使中国文化丧失自信。那个时候中国实际上还是"用夏变夷"。最后，佛教中国化，让外国的理论和中国的具体实践相结合。佛教中国化的推力就很明显，就是中国文明本身的那个力量。

晚清，李鸿章看到了，外国的船坚炮利，和船坚炮利后边所包裹的这个东西，所附带的这个东西——绝对能造成中国文明发展过程中所难以应对的一个局面。

越来越觉得，李鸿章说的这句话，三千年历史未有之大变局，有很深刻的内涵。鲁迅先生曾经写过《中国人失掉自信力了吗》，说自古以来,中国就有埋头苦干的人,拼命硬干的人。

中国人失掉自信力了吗?那个时候,实际上是失掉了自欺力。最早看到的是船坚炮利,技不如人,慢慢会发现,不仅是技不如人,然后你制度还不如人,你文化还不如人。这样想想:一旦认知到文化不如人的程度,那自信力就没有了。儒家文化圈的成员日本就开始脱亚入欧。

在这个时候,这种大局面,中国三千年历史大变局,如何应对?实际上应和了恩格斯所说的,类似于文艺复兴那个局面。所以说呢,中国要恢复中国文明的自信。中国文明通过学习西方文明,能够建构一个新的自信——这就是时代的一个任务。所以说,梁启超老先生这些人,作为时代之子应运而生。为什么说,梁启超是应运而生呢?等于说,时代的浪潮,推展到了这一步,梁启超呱呱落地,然后成为这个时代所能够呼唤、而且应和这个时代、然后应付这个局面的文化上的一个巨子。

李鸿章,包括他的师父曾国藩,开辟了近代的自强运动。我们就可以看,按照梁启超的说法,那是器物的。梁启超老先生说,中国近代三部曲:器物只是第一步,第二步呢?第二步就是制度的,第三步呢?第三步就是文化的。器物的这一步,梁启超没赶上,洋务运动他就没赶上。制度和文化,这两步变革,等于三部曲后两部,梁启超都踩到了历史的节点上。制度的还有文化的后两步变革,他都处于中山的位置。

梁启超为什么是文化巨子?实际上,中国的新文化运动,并不是从1915年开始的。1915年那个新文化,只是"新文化"的一部分。有一种说法,中国近代史,不自1840年开始,明代徐光启那个时候,中国近代史就已经开始了,实际上中外之间的交流,中国和西方的交流,很早就已经开始了。

依照梁任公的说法,中国的近代史,就是从晚明开始的。但是,我们现在所理解的近代史,从1840年开始,这样,就把有清一代"腰斩"了。

很多人没有看到,传教士开启了中外之间的那种文化的交流。只不过,在晚明,还有文化自信。在晚清,中国丧失了这种自信。当然,这种论断属于"事后诸葛亮"。高王凌先生指出：其实三百年来，东方和西方，都在同一条船上。中国在鸦片战争后，被拖入近代史的说法，从一开头，就把清朝低估了。

舍弃晚明，选择晚清，作为中国近代史的开篇，这里面，其实有一个价值判断。很长时间，也没有注意到，近代史，其实是晚清史。我们对清朝，对它的少数民族族性，对它怎么应付这个局面，很长时间，没有注意到。

中国近代史观是如何确立的？2011年，辛亥革命100周年，我写了一篇《碧血绽黄花》。近代史非得从鸦片战争开篇的这个史观，实际上是由范文澜老先生确立的。

范文澜先生既是一个革命家，也是一个学问家。范文澜先生是中国史的权威，他在经学方面、在《文心雕龙》方面，有着深入的研究。五六十年代，范文澜主编的中国通史，可以说风行一时，洛阳纸贵。现在，很多人恐怕不知道这些老夫子（郭沫若大家还知道一点），范文澜、翦伯赞、吕振羽、侯外庐、郭沫若，这几位是"马克思主义史学五老"。

实际上，中国近代史应该往前拉，拉到晚明。这样的话呢，中外之间的这个交流，包括这里边的纠结，就会看得更加清楚了。梁启超老先生就主张，中国的近代史是从晚明开始的。

三

梁启超一生的行事，与他的际遇，有着很大的关联。我们看，一个人物的出现，一个了不起的人物的出现，哪些因素在玉成着这个人物？潘光旦先生是梁任公的清华弟子，卓越的社会学家。潘光旦先生，特别注意人才学，就是研究人才是怎么成长的？

潘光旦，对伶人有着深入的研究，著有《伶人血缘之研究》。伶人，这是传统的说法，依照现在的说法，叫做京剧表演艺术家。梅兰芳他们这些人是怎么来的？嘉兴产生了很多文化大家，耕读传家，一窝一窝的。潘光旦先生对嘉兴的望族，也有很深入的研究。这些人才，到底是怎么产生的？

唱戏是一种行当，最初从事这种行当的，家境都不好，把孩子送到梨园行，也算是找到一条生路，总比饿死冻死要强。投了这一行，就会被族谱除名，也就是说，回不到主流社会了，有点类似没有上户口的黑户。梨园行的要想结婚，只能找梨园行的，这是没有办法的办法。所以梨园世家这个词，有着深厚的历史内涵，现在，夸人便说梨园世家，意思是说，从小就受到熏陶，一招一式，都透露着一种范儿。1949年之前，任何一位伶人绝对不会认为，梨园世家是夸赞的意思。

这种行当被社会所轻贱，一家人只要有一个人在这种行当，后代也得干这个，子承父业。实际上，一个家族只要有一代唱戏，这个家族就很难回归主流社会。

再一个的话，就是家学。比方说嘉兴的一些望族，产生了一个状元，产生了一个进士。一方面，"学而优则仕"；外一方面，子侄辈，包括亲朋好友，顺带在他的带领下，千军万马过独木桥。家学这个作用是非常大的，我们就看陈寅恪，我们就看钱锺书，这个脉络就非常清晰。

家学在这里边，起到很大的作用。像俞平伯这样的大户人家，很早就书香传家，底子厚，与小户人家出身的，真就不一样。我们曾被灌注了无神论，就觉得这个东西，有一点宿命论的色彩。实际我们就可以直言，一个人，现在说拼爹，晚清那个时候，拼老爷爷，这不一样吗？

可见，来自不同家族，那个底儿他就是不一样，要是真正的唯物主义者，客观看待这个世界，发现的也真就不一样。比方说英国，生于贵族之家的小王子，和一个生于平民之家的普通工人的后代，能一样吗？那绝对不一样！但我们很长时间不认可这一点。恍然间，真以为：王侯将相，宁有种乎！

实际上，这里边很有意思的。道理是明摆着的。司马迁老先生的《史记》里边，就有本纪、列传和世家，比如孔子世家。有时候，司马迁弄得有点过了，比方说陈涉世家。陈胜，历代都是扛锄头的，又不能说历代都是搞起义的。但一位农夫，历代扛锄头，司马迁会给他立传吗？

这个也挺有意思的。世家子，某种程度上，就是家族文化的一种传承。为什么？一家之中有人成为进士，或有人中了状元，日积月累，他那底儿就厚。他们的志趣是什么？一边做官，一边弹琴，一边藏书。他们慧眼如炬，走到哪儿收到哪儿，退休以后，得建藏书楼啊！家族的子弟，无形之中，小的时候，耳濡目染。

再一个呢，就是师承。现在对这个师承，不是特别注重，师道尊严，变为师道沦丧。业余描绘学术地图时，我比较注重这个。比方说明清两朝，你要是参加科举，有人看你的考试卷子，这就是师父。最后你考上了，然后怎么样，你得认师去。这叫座师。考上了就认师去，就说师父，谢您关照啊！

就这个样子，这个东西吧，就挺有意思。一个呢，等于是家学，再一个的话呢，师承。这个在古代人才的成长当中，发挥了很大的作用。潘光旦先生说过，一个是共性，共性的话呢，这个时代有本时代的主题。时代的际遇，时代的流行，容易塑造一种共性。同时还有一种个性，这种个性即个人的脾气、禀性。

个性、共性，是两方面。一个人在成长过程中，赶上比较承平的时代，那梁任公老先生，就有可能成为一代大儒。

这是完全可能的，因为他早慧，同时他师父又信奉陆王心学，他便极有可能成为这样的人物。梁任公，如果说，没有那么大的时代际遇，这一辈子极可能被写入儒林传。《宋元学案》，然后明代学案，清代学案，这些东西，很多人都不知道了，是吧？

没有大的时代际遇，那么，梁启超不可能和时代连结得这么紧密。梁启超早生一百年，就一门心思，搞考据学，成为乾嘉学派的一员干将：两耳不闻窗外事，一心只读圣贤书。但是梁启超那个时代呢，给了他不一样的初始值，梁启超遇到了一个大时代，而他本人呢，又有充足的内修，有这种准备。所以说，梁启超就是应运而生，成长为一代文化巨子。

四

上面说到，梁启超应运而生的时代背景和社会生态。梁启超先生和他师父康有为先生，两个人一生的志业，就在变法。

中国近代社会发展的三部曲当中，梁启超先生不是说，有器物的、制度的和文化的三个变革。从制度的变革来看，他和他师父，包括后来另外一个广东老乡——孙中山，他们在这方面都做出了各自的探索。

梁启超在戊戌变法失败之后，流落东京。梁启超先生和孙中山的手下，包括胡汉民、汪精卫，有过很多争论。改良派的阵地是《新民丛报》，革命党的阵地是《民报》。梁任公，一个人唱独角戏，舌战革命党。

当时争论的焦点，就是中国应不应该有皇帝？应不应该有君主立宪？梁启超从保皇的角度出发。但是他的一个老乡，离他老家新会不远的香山县老乡——孙逸仙，却认为中国不应该有皇帝，中国有的应该是民有、民治、民享，民族、民权和民生。没有这些而有皇帝，那像什么话。

百年中国这段历史，已经尘埃落定。但是不是说，这一段就应该被彻底尘封，让它成为过去呢？其实不然。我们依然走在改革的道路上。现代社会的进步，现代社会的变革，不容许、也不可能采取革命的路径。穿过历史的云烟，回眸往事，回顾所来径，康有为梁启超作为中国改革的两位先贤，依然有一些值得我们深入探究的东西。

康梁的志业，在我1985—1989年于中国人民大学党史系读书的时候，好多先生讲过。其中有一位女老师，讲中国近代宪政史，令我印象深刻，难以忘怀，她就是经常对我耳提面命的刘炼老师。刘炼老师的丈夫，正是中共党史第一人——何干之先生。

何干之先生是中国人民大学中共党史系的创系主任。据说，在延安，毛润之先生准备聘何干之为自己的秘书。这个老先生，很有性格，志趣就在于研究学术，教书育人。回绝了毛润之。"大秘"就变成了陈伯达。

"大秘"陈伯达,"中秘"胡乔木,"小秘"田家英,哪个不是大个头的才子?陈伯达九大成为政治局常委啊,"文化大革命"中绝对的风云人物。

何干之的夫人——刘炼老师呢,讲中国近代民主宪政史。刘炼老师有一个特别的主旨,也就是意识形态的区别。也就说呢,在她心中呢,有一个非常精准的价值评判标准:慈禧他们这些人,包括光绪,再怎么闹,也不如康有为和梁启超等变法派;梁启超和他师父康有为再怎么闹,也比不过他俩的老乡——孙中山;孙中山再怎么闹,也比不过湘潭的毛润之。

这就等于说:朝廷比不过改良,改良比不过革命,革命之中,资产阶级革命比不过无产阶级革命,这就是刘炼老师信奉的"主旋律"。刘炼老师是真信,不是假信,课堂上的刘炼老师,精神焕发,逸兴遄飞,慷慨激昂,激浊扬清。尽管并不赞同刘炼老师的理念,但刘老师的人格为我所敬重。大学四年,我的不同意见是最多的,但内心深处,对刘炼老师没有一丝一毫的不满。

在这个课上,我很用心,同时也反省老太太的这个说法。我便到图书馆找了些书看,也就不断地引发了我的思考。其实梁先生一生的志业,也涉及这个方面——改良和革命。

范文澜确立的近代史观,其中一个比较核心的观点,就是关于改良与革命之间的关系。这个近代史观有三大革命高潮。其中第一次,洪秀全农民起义。农民起义为以后的革命,奠定了其中一个基础。以后的话呢,我们就可以看,包括1900年的义和团。现在对义和团,也有多面的判断。但是无论如何变,它有一个民族主义的主旨。它是反对帝国主义的,展现了民族的自豪感、民族自尊心。心里只剩下民族自豪感、民族自尊心,当然有些过了;但是,完全没有民族自豪感和民族自尊心,还真不行。

不妨从整个世界文明史来看:五百年来,西方人通过地理大发现、海外贸易、文艺复兴、宗教改革、启蒙运动、资产阶级革命、争夺殖民地,建构了这样一个全球化、世界经济贸易一体化的格局。

这么一个世界格局,很大程度上呢,来自于欧洲文明的扩张。陈乐民先生认为,这个近代世界,或者说当代世界的建构、形成,完全可以说,是由欧洲文明扩张、扩展所致。陈乐民先生呢,他对这个欧洲文明的扩张、扩展给予了一个高度的评价。我曾经从陈乐民先生那里汲取思想滋养。但现在,我对陈乐民先生这个判断也有一个反省的态度。

中国五百年来,在整个世界经济贸易一体化的格局当中,从明到清,很长一段时间,不能说属于中心地位,但也不能说在边缘。

中国从晚清开始渐渐处于一种边缘状态。在这种情形之下,欧洲文明进行扩张,扩张到东方,扩张到亚洲,扩张到中国。这实际上就是欧洲对殖民地的占领和征服。说破天,谁也不能说占领和征服是一种文明的行径。

哪里有压迫,哪里就有反抗!哪里有侵略,哪里就有抗争!与欧洲对殖民地的占领和征服相伴随的,是殖民地民族意识的觉醒。这包括了20世纪50年代,亚非拉殖民地民众的民族独立运动。为什么亚非拉会有一个风起云涌的民族独立运动潮流?实际上,这都是殖民地民众长期以来积郁在内心深处的呐喊。

也就是说,你们这些洋人到我们地盘上来了,然后开矿、修路、设厂、建教堂、开学校、办报馆,你们难道真的就是"活雷锋"吗?难道没有利益诉求吗?难道不是为了产品倾销吗?难道不是为了原料供给吗?

直到现在,包括人类学家,对这个方面呢,都有一个比较清醒的态度,实际上就是殖民、霸权:文化霸权、政治霸权、经济霸权、军事霸权,然后这样一个霸权在全球范围的扩展。在这个扩张之中,就涉及殖民地的民众。我们属于"后发"阵容,这些欧洲国家是"先发"阵容。海外殖民和全球霸权,成就了他们的"先发优势"。

上帝要是平等的,欧洲国家就应该替"后发"国家想一想,不能总让亚非拉国家呈现"后发劣势"。难道只有具有"先发优势"的欧洲国家,才是上帝的选民?"后发劣势"的国家,难道只配成为上帝的弃民?

殖民占领的时候,处心积虑,绞尽脑汁,无所不用其极,看到"后发"国家的劣势,种族优越感油然而生。此种境况,让人情何以堪。最看不上的,是那种殖民主义者的强词夺理:多亏我们及时占领你们,给你们带去了先进文明。

如果人家是"先发优势",我们是"后发劣势",那我们岂不是永远追不上人家?人家先进国家,心里都有一本小九九:既不能让落后国家落后到都不愿意出口原材料的地步;同时,绝对不能容忍落后国家超过先进国家。先进奉行的原则是:遛。让落后国家总是疲于奔命。

毛润之指出:一万年太久,只争朝夕。为什么?我们要奋起直追,要追赶他们。我们是第三世界。日本,法国,德国是第二世界,比较强悍的强权国家。二战以后的美国,是第一世界。一战以前,英国号称"日不落帝国",绝对的第一世界。但是现在英国已经由第一世界降落到这个第二世界,霸权已然成为往昔。可以看到,霸权有一个洲际的转移,由欧洲转移到北美。

现代世界的霸权,与古代的霸权,有不大一样的东西。古代世界的霸权,往往由游牧民族掌控,多诉诸蛮力。世界历史上,无论东方和西方,都有一个关键环节——蛮族入侵。

现代世界进行侵略的国家,出现一种新情况:一方面,在对外侵略和扩张上,与历史上的蛮族异曲同工;另一方面,它的很多东西又是非常先进的:市场经济、民主政治、多元文化、发达的社会。也就是说,在反侵略斗争中,还要"师夷长技",将"后发劣势"转化成"后发优势"。这就是林则徐所说的,曾国藩、李鸿章、左宗棠、张之洞这晚清"四大天王"所做的,即"师夷长技以制夷"。

在这个情况之下,这种大的格局之下,我们怎样崛起?我们怎样发展?我们如何跨越式地、很快速地发展起来?按照梁家的一位大思想家——梁漱溟先生的说法,中国要是不起来的话,实际上无形之中,会受到人家的宰制。没法反制人家,只能任人宰割。假如受到人家宰割的话,我们能够迅速地学习他的东西,转而成为一个强国,那我们就可以说是将"后发劣势"转化成了"后发优势"——比方说日本。

在这种情况之下,怎么办?能不能像日本那样?美国佩里将军到日本去，到横须贺这个地方去，然后日本开始迅速地转型、转向。也就是说，日本这个国家何以兴？它的兴起，与中国的衰落，是互为表里的。日本失之于美国，便要得之于亚洲或东亚，实际上是这样一个情况。日本在亚洲，要补足以前曾经受过的种种屈辱。但是，它又无形之中把这个屈辱，加到中国，加到亚洲很多国家头上去。

中国要想起来的话，要成为日本那样的国家，就得走变革之路。中国向西方学习。西方兴起比较早的国家呢，有荷兰。更早的是葡萄牙、西班牙。英国、瑞典、法国、德国、意大利，这都是后起之秀。北美还有北美十三州。这么多国家，我们到底向谁学习？这就很有意思。我觉得这个社会体制不是铁板一块。

对社会体制进行判断的时候，如果说觉得这个社会体制不行了，也就是说这个社会体制没有希望了，大家觉得它不可能获得正常的发展。那么在这种情况之下，就有一个心理趋向：采取革命的办法。革命不是目的，革命本身是手段。

既然这个社会不行了，那就完全可以取而代之，完全可以搞革命。但是我觉得，从现在来看，以孙中山和以前的康梁相比较的话，我认为：革命的确代价很高。

整个社会，如果说有一种共识，改革在某种程度上，代价最小，利益最大，也可以说收获很大。这就是为什么康有为梁启超先搞改革。怎么能要求康有为梁启超，成为孙中山那样的人物，一上来就搞革命呢？

不要以为主事者特别专断，什么也听不进去。主事儿的并不是不了解当时的形势，中国在整个亚洲整个世界所处的位置，他们并不是不明白啊。但就是说呢，得寻找一个办法去突破。拿破仑说过：中国是一头睡狮。潜台词是说，中国一旦崛起，一定震惊世界。

中国这头"睡狮"怎么崛起？实际上，近代中国，部分人心中，就有一种时不我与的心态。"俟河之清，人寿几何？"不正是孙中山的心声吗？

政府再怎么努力，也摆脱不了中国被人家"夷"所制的这种生态格局——况且朝廷还不大努力。在这种情况之下,实际上有些人,就有一种比较急躁的心态。这种心态的具体表现就是革命。

这种革命史观,某种程度上,是对近代历史很深刻的一种概括。中国近代有些人,非常着急:既然我们器物上不如人,既然我们制度上不如人,既然我们文化上不如人,那我们为什么不迅速起来呢?我们为什么不去改弦更张呢,一下子就来个革命性的变革呢?

革命性的变革,我认为,属于浪漫主义。革命家为什么都是浪漫的?他们觉得,这个社会应经历一种疾风暴雨式的洗礼,也就是革命,按照毛润之先生的说法:革命不是请客吃饭,革命不是温良恭俭让。革命是一个阶级要起来拿起锄头,去推翻另外一个阶级,它是暴力的。

这样的革命,对这个社会的洗礼很大。那是不是会洗得很深呢?其实未必。孙中山领导的辛亥革命已经过去百年,回顾历史,至少应该有个反省的态度。我们现在,看得更清晰,实际上,改良对于社会,就等于说是——宁可十年不将军,不可一日不拱卒。我认为这个状态的话呢,比革命,实际上要稳妥得多,相对稳妥得多。

既然改良这么稳妥,那为什么康梁就没有成功呢?为什么比较不稳妥、比较浪漫、比较理想的孙中山,就成功了呢?这里面有很多社会因素。

就从康梁本身来看,他们的改良,我认为某种程度上,其实也有挺多的理想和浪漫的成分,别看他们不是革命家。不要以为只有革命家,才是理想和浪漫的,实际上这些改良派,也是相当理想和浪漫的。

现在梳理历史,我们可以站着说话不腰疼。如果当时我们是康梁,或是康梁身边的人,我们看得未必比他们更清楚。但一百年过去了,站在"高山"之上,我们看得更加清晰,这才能体现历史的进步。

列宁说过,看一个人在历史上的地位,就要看他对历史添加了什么东西。不能总是看他比起后代有哪些方面的欠缺。你如果看欠缺的话,那么康有为梁启超比起孙中山来说,他们不如孙中山;慈禧老太太比起康梁来说,不如康梁。评点这些前辈的时候,应该具有同情的理解与温情的敬意。

按说革命家对社会的复杂性注意不到，但人家是革命的那种心态。康有为梁启超老先生，作为改良主义者，对社会的复杂性，怎么也没有估计得那么充分呢？我觉得这个首先要从康梁本身来看。康有为开办万木草堂，机缘巧合，梁启超就结识了师傅康有为。师徒俩有一个职志，要"正途"出身。一起投考，却都没考上。

我们就说，中国改革家，从历史上来看，包括商鞅，包括王安石，包括康有为、梁启超这些人。你看王安石，给人感觉是"正途"出身，但王安石的理念，就和很多当时的其他知识分子，包括司马光，非常对立。别看司马光是一个保守派，但在当时，赞成司马光的人，反倒多一些。王安石，难怪大家给他个外号——拗相公。"一根筋"、"轴子"，都是拗相公的注脚。

王安石变法为什么失败了呢？因为变法触犯了大地主阶级的利益。司马光他们这些保守派太多，变革的力量太少，正能量不够，最后，胳膊拧不过大腿。可见变法失败，那是自然的了。

我们现在，可以从另外一个角度来看。变法家他不搞革命，不搞农民起义，为什么都失败了？实际上，王安石们没有注意到社会的复杂性，没有注意到社会的中层。还有一点，改革应该从增量启动。做加法，千万别一上来，就做减法。

五

自下而上的革命完全可以不用考虑中层，为什么？底层人起来以后，他们对这个社会秩序是一个重构，完全可以不用顾虑上层中层。如果顾虑了，那反而只能拿着锄头，接着干活。

要是顾虑上层中层，那情形就会变成——陈胜在梦游时说了这么一句话："苟富贵勿相忘。"等梦游回来以后，拿起锄头接着干活，接着种地。最后陈胜成为种田能手。

革命是这社会强行进行重构，那么，原来的社会，必然解体。革命的破坏力量为什么这么强？既然上层中层没有顾虑到我，一时半会儿，又没有办法通过"正途"，达到上层中层、大富大贵这种状态。我为什么要顾虑到你们？从这里，就可以看出，革命的成本高在哪里——高在原来的社会秩序被破坏。

西方社会理论认为，一个橄榄型社会才比较稳定。上边像比尔·盖茨、索罗斯、巴菲特这样的富人很少，穷人也比较少，中产阶级数量众多。这样，这个社会才能稳定。中国没有像西方那样成熟稳健的中产阶级，但中国社会要想稳健，也应该培育庞大的中层。非贫即富，没有大量的中产阶级，那么，社会就变成哑铃型的了。

中国历史上，沟通大传统与小传统，担当中层职能的，是士绅。历史步入近代社会以前，传统社会的重心，无论东方与西方，都在乡村。中国士绅，西方贵族，从数量上来说，多乎哉？不多也。但他们具有公共视野和公共精神，一乡有一善士，一方便得以教化。

有的人看不到乡村老师的力量。乡村老师在中国传统社会，属于最稳健的中层。其实像"孔乙己"这样的士人，即使有几分落魄，往往也有几亩薄田的。

在江南沿海，往往七山二水一分田，你有几亩薄田，有可能就是大地主。为什么？别人才几分，你就几亩，关键是看这几亩地在哪个地区。要在东北有几亩，那你就是贫下中农。

传统中国，所信守的是耕读传家。头悬梁，锥刺股，考中进士，鲤鱼跳龙门。朝为田舍郎，暮登天子堂，成为上层社会的一员。

看似"草根"、"底层"的士子，纵使没有考上，也有几亩薄田。一边脚踏实地，"晨兴理荒秽，带月荷锄归"；一边仰望星空，读圣贤书，所为何事？中国隋朝所发明的科举制度，造就了社会当中具有价值归属的中层，使得中国社会具有稳健的特质。

乡村知识分子就是"上访"，告御状，那也有自己的特权。他们击鼓鸣冤，一般人不能阻拦。再一个，在大堂里边，白面书生不需跪，有一定的特权。

至于为什么要讲"耕读传家"?"耕"是物质生活,"读"是精神生活。耕读传家,汇集物质与生活,观照现实和理想。

现在的知识分子,比起古代知识分子,存在不少差异。现在的知识分子,表面是白领,实际上是"贫下中农",距离古代的中层,无论在物质上,还是在精神上,都有一段距离。古代的知识分子有田有地,进可以攻,退可以守,进退有据。耕读传家,既有物质保障,又有精神追求。

我觉得,康梁变法当中呢,有很多东西值得我们注意。康梁何以败?败在什么地方?我觉得,他们太有些自以为是,没有联络中层。即使联络上层,也充满着浪漫和天真的想象,而光绪皇帝也不是真正有力量的人。康梁真要变法,也应该到颐和园找慈禧。康梁失败了,"六君子"被推上改革的祭坛,可笑的是,多数人还在搬弄帝党和后党之间的是非。谁说慈禧反对改革?慈禧从西安回銮,一桩桩,一件件,不都在推动改革吗?有人说,慈禧改革是迫不得已。这就奇怪了,历史上,古今中外,哪一次改革,不是问题导向?有人说,慈禧改革是为了维护统治阶级的利益。这也怪了,改革既然是主事者的自我完善,哪一次改革,主事者是为了让自己离开历史舞台呀?话说回来,历史上遭逢革命的朝代,主事者倒是想保住江山,遗憾的是,这个时候往往连小命都难保。

实际上就是这个中层,容易成为瓶颈。我们不妨贯通到现在。从1978年开始的改革,要持续深入进行,其中需特别值得注意的,就是中层。

管理一个省,相对中央来说,这就是中层;管理一个市,相对省来说,这就是中层;管理一个县,对乡镇来说,这就是中层。中层可包括:省治、市治、县治。所谓"治",也就是社会治理,特别需要关注。

这个社会要革命,那就没有办法;如果要改良、改革、改进、改善,那么应怎么办?其中关键就是中层。中层觉得应该稳定,中层有一个稳定的心理机制,中层觉得这个社会有希望,才能从县治、市治、省治等方面进行社会治理。

改革的下一步，就是啃硬骨头。以前是在外围作战，现在要攻坚了。如何规划中央、省、市、县的权限，理顺中国社会的这些中间层次，至为关键。

不管什么情况，首先要面对。我们需要面对的情况和康梁需要面对的情况，把时代背景抽出来后，谛视改革本身的生态，就可以看到，有惊人的相似之处。

首先，要注意到中层利益。中央和省之间，有一个中央和地方权力的分割：一个是事权，一个是财权。地方政府往往干更多的活，等于说有更多的事权。但如果没有更多的财权和它相匹配，那会怎么样呢？比方说省里面，没有很好的财权，没有很好的财政，这样的话，它就必然向下游的市伸手；市里面没有更多的财权，它必然向县伸手；县里面没有更多的财权，必然向乡伸手；乡里面没有更多的财权，它必然向村伸手。

中国的乡镇，家庭联产承包以后，可不像以前的人民公社。人民公社对村庄的控制，那是一竿子插到底的——在改革开放以前，中国社会呈现非常典型的垂直型。

家庭联产承包责任制，加之取消农业税，没有合适的理由，乡里面这些人，是不能随便到村里面去的。乡镇这些人，不在上面待着，到村里去干什么？

我认识一位副乡长，经常给我说起乡里面的情况。乡村社会治理的生态格局，他感同身受：二十四小时不能关机，心里面老纠结着，身体处于亚健康状态。晚上不来电话，这本来是好事，但就怕凌晨来电话。

我问他这个乡政府有多少人，他回答一百零八人。我问：管计划生育的多少人？他答：管计划生育的，至少六十人。可见这个乡村治理，主要任务是落实计划生育罚款，名曰"社会抚养费"。这是很大的一个问题。

在一个社会建构当中，上情下达、下情上达，必须通过中层。改革的话，如果不注意到中层，就不知道有多少难处，不仅解决不了，而且，弄到最后，中层本身的存在，就是难处之一。

中层如若空心化，很多事情就干不了。不给它相应的财权，那么它的财权和事权不能够相匹配，那会怎么样？极容易把底下的问题往上面传导。问题不易解决，即便能解决也颇费周折。

就可以看，康梁的改革当中，为什么改到一定程度，捅了娄子。上上下下，左左右右，都不满意。弄到最后，慈禧把康梁主导的改革给腰斩了。

1902年回銮以后，还是那个腰斩戊戌变法的慈禧老佛爷，启动变革。现在学术界，越来越多地看到1901年到1911年这晚清十年，历史在提速。

晚清七十年，有很长一段时间，历史似乎在停滞着。为什么？因为那个加速度啊，好像很慢。中国这个船啊，没有成为"泰坦尼克号"，因为中国毕竟没有成为西方的殖民地。但中国这艘船人多，也是汪洋中的一条大船，行驶在狂风巨浪之中。

船大好破浪啊！但是大船得启动，而小船好调头。所以说，你看小船，你看一些小国，为什么很强悍？它特别容易调头，左冲右突，闪转腾挪，空间蛮大。但是大船，大船就不容易调头。大船启动的时候实际上很难，但一旦启动了，它本身有那个加速度了，就可以破浪了。

改革时要注意：改革、发展和稳定之间的关系。以前，总有一个疑问：改革还得强调稳定？那怎么改啊？

实际上，没有最基本的稳定，就可能越改越乱，越改心理预期越差，大家的心理承受能力越弱。那么，改革就会越来越接近革命的临界状态。届时，即便同舟共济，也难以挽救将要沉默的泰坦尼克号。

六

中国改革中一些有趣的地方，让我觉得特别有意思。大家所公认的

"改革符号",往往年龄都很大。中国改革的总设计师——邓小平,1904年出生;中国农村改革的"参谋长"——杜润生,1913年出生;改革先贤——习仲勋,1913年出生;万里,1916年出生。十一届三中全会时,邓小平七十四岁,杜润生六十五岁,习仲勋六十五岁,万里六十二岁。无论如何,也不能说他们是年轻人,但从心态看,确实很年轻。

有一些著名的经济学家,属于"八〇后"。"八〇后"原来是指20世纪80年代出生的一代,这里是另外一种说法:1930年前后出生的,八十多岁的老先生,学术界把他们这一代称为"八〇后",比如,"吴市场"——吴敬琏,1930年出生。"厉股份"——厉以宁,1930年出生。

"老夫聊发少年狂。"都是八十多岁了,依然高举改革大旗:中国要国际化,中国要世界化,要全球化,要民主化,要市场化,要多元化。高举这个大旗的,居然还有1906年出生的周有光先生。周有光后面有一些九十多岁的老人,像李锐;八十多岁的老人,像吴敬琏;还有一个老太太资中筠,这是挺有意思的景观。

怎么说呢,一百多岁的老爷子,召集九十多岁的老爷子和七八十岁的老爷子,去探讨改革。那请问:四十岁五十岁六十岁的这些人都在哪里?这些人,弄课题、建基地、搞项目、带研究生,忙得很。

好多改革家,年纪都在八十岁以上,八十岁以下的改革家屈指可数。有必要问一句:改革是否已经到了老气横秋的程度了?如若不是,那么改革的大旗,怎么也得传下去,传到"改二代"(改革的第二代)和"改三代"(改革的第三代)手中。

改革有必要注意中层。中层反映事物的复杂性。事物的复杂性,其中一个是地方性。回顾所来径,改革的冲动,改革的动力,在基层。随着时间的推移,改革的增量,也在由基层往中层转移。"差异化改革"这一新的提法,就体现了改革的地方性。

晚清改革,也是摸着石子过河,从公车上书开始,算是在顶层设计开了个头。在以前,朝廷被洋人牵着鼻子走,人算不如天算,总是被洋人所设计。北洋、南洋,体现了改革的地方性。

晚清七十年，曾国藩、左宗棠、李鸿章、张之洞四位改革名臣，无一不是主政一方，推动改革。这使得晚清的改革，体现着强烈的地方色彩。张之洞主张中学为体，西学为用，这是很多人都知道的，可以说是改革的总纲领。有人甚至往反对改革那一面进行解读。但张之洞担任湖广总督，办自强学堂，搞汉阳铁厂，桩桩件件，切实有力，落地生根。

改革不是用来说着玩的，改革必须拿出切实可行的办法，自不待言，张之洞推动了两湖地区的近代化。张之洞在中央时，作为"清流派"的代表，可没少找李鸿章的麻烦。一旦主政一方，此一时彼一时，便大刀阔斧，向改革的纵深处前行。

张之洞是一位特别有意思的老先生。孙中山后来对张之洞有一个评判，孙中山说：张之洞是"不言革命的革命家"。

为什么这么说呢？辛亥革命，武昌首义。武昌首义的参与者，是新军，谁是新军的培育者？武昌的新军，当然是由张之洞老先生编练的。张之洞在湖北进行了深广的社会建设。

毛润之曾经说过，近代中国有四个不能忘记：重工业不能忘记张之洞；交通运输业不能忘记卢作孚（民生船运公司的董事长）；化学工业不能忘记范旭东（天津永利碱厂的创办人）；轻工业不能忘记张謇，这位状元公，在老家南通大搞市政建设，利在乡梓，功在千秋。

这四个人，张謇是状元实业家。后来，张謇和汤寿潜有着很高的社会地位，对地方公共事务有着强烈的关怀。这样的人，可以说是地方预备立宪的最佳人选。

张謇，因缘际会，考了第六十名，应和了慈禧的六十大寿，一举成为恩科状元，可谓皇恩浩荡。立宪派这些人，他们明白时代大势：浩浩荡荡，顺之者昌，逆之者亡。张謇这位状元公，回到家乡，秉着"天地之大德曰生"的精神，创办大生纱厂。

立宪派进退都相对比较有据，进也不是进得特别远，退也不是退得特别厉害，可以说是社会的中流砥柱，对时代的推动作用非常之大。

蚂蚁要和大象决斗。蚂蚁找到大象说：大象，我要跟你决斗。大象说：好吧，到我耳朵眼儿里面来吧，给我挠挠痒吧。大象不好意思把蚂蚁踩死。如果这样，就显得大象有点不仁不义。你说咱们俩怎么决斗？比什么？实际上，强势力量，就是那个大象：哪怕清朝不行了，瘦死的骆驼比马大。康梁力量很弱，和蚂蚁差不多。而地方实力派，既不是大象，也不是蚂蚁——他们是老虎。

康梁变法，有点病急乱投医。康有为，明了朝廷的生态，就应该到颐和园，拜见老佛爷。老佛爷又不是顽冥不化，自强运动，人家也没有反对。

康梁这对师徒，只注意给光绪皇帝做工作：皇帝啊，您当皇帝还滋润吗？您要不变，恐怕连皇位都难保。您要是变通一下，大清会如何如何。其实，康有为的高论，多是"空头支票"。

皇帝要变法，光绪怎么着也得疏通老佛爷。但他趁着老佛爷不在宫里，竟然私自做主。光绪这招棋，不高明。听了康有为的忽悠，到头来，皇帝不仅没有摆脱窝囊的境遇，而且，更加窝囊，囚禁瀛台，更没有尊严。

再说了，皇帝要变，手下怎么也得有三四个总督呀，这时候，和地方实力派，牵手起来，就有力量了。皇帝似乎，也不大看得上张謇这些在地方上很有影响力的人物。皇帝身边没有基干民兵，全是些热血沸腾的知识分子，不是瞎忙活吗？

既然是改革，就要在增量改革上下功夫。有了增量，改革就有了基本面。没有看好的情况下，改革不能随便破。即使要突破，也要先进行可行性分析，风险太大，不妨先放在一边。否则，改革本身，极容易"出轨"和"翻车"。20世纪80年代的农村改革之所以成功，就在于，他是一种增量改革。如果当时稍有不慎，有人出主意，先取消人民公社体制，杜润生告诫这样做会导致大问题，绝非危言耸听。弄到最后，改革就会走入死胡同。先在生产力上做文章，包产到户，最后，大家尝到甜头，无声无息，人民公社的牌子，就摘下来了。这是世界历史上，一次伟大的静悄悄的革命。

改革是为了"活人",可不是为了"死人"。康梁的改革,还没怎么着呢,就要砸饭碗,失去了"官心",人家能干吗?不到颐和园找老佛爷哭诉才怪呢。从反面来说,戊戌变法,当时的一些作为,没有注意到官员后备群体的情绪变化——这些人不高兴了。

比方说考公务员。有的学友,从大二就准备某项公务员考试。到了大四,备考期间,突然接到一个通知,不从学生里面选拔此类公务员了。必须有几年以上的基层工作经验,才有资格参考某项公务员。

提前预知,让这些从大二就开始准备的学友,有一个心理准备。如果你提前不告知的话,某年某月某一天,一下子发个通知,这些人就被甩到"二股道"去了。转眼间,这些人就会成为改革新政的反对者。

回首八十年代,最稳健的改革,就是家庭联产承包责任制,这一政策,使千万农民翻身得解放。现在看来,它还有待完善和深化之处。但这一政策的基本面绝对是正面的。

我是八十年代之子,深受八十年代文化思潮的影响。往事回眸,一切都那么美好:政治那么清明,经济体制在变革,文化上"诸子百家"。从社会上而言,大家都觉得改革对自己来说是一个正相关,都觉得改革失去的是锁链,获得的将是整个世界——充满了浓厚的浪漫主义气息。

某种程度上,20世纪80年代的改革,与康梁的变法,实质上是相呼应的,同样有着很强的浪漫主义气息。

康梁没有考虑到中层以后怎么办,没有考虑到准备考科举的这些人。为什么?这与康梁不是"正途"出身有很大的关系。他们要是"正途"出身,就会多少顾及这些人的心思。戊戌变法,把这些人都甩到"二股道"上去,人家能干吗?他们当然要找慈禧老佛爷诉苦。抛开其他因素不论,慈禧在这个问题上,比光绪和康有为考虑得周全。

康有为,梁启超,要是"正途"出身,他就会考量:如何满足这些人的心理期待,顾及他们的出路;再有一个,就是地方官员、封疆大吏的一个期待;同时也考虑张謇这样"正途"出身的地方实力派。

康有为、梁启超变法失败了。这么不靠谱的改革,如果真正推行下去，会造成多大的震荡？这个问题，似乎不在康有为思考范围之内。

人们只是一味地"秋后算账"：慈禧老佛爷，属于保守派；光绪皇帝，属于改革派。帝党和后党之争，帝党多么先进，多么新潮，多么改革；后党多么保守，多么庸懦，多么颟顸，多么埋汰，多么肮脏。纯属小心眼子，不进行深刻的反省，实际上无助于对这一段改革认识的深化。

为什么这么说？因为没法解释：既然后党是一个很保守的力量，那为什么1902年以后，慈禧老佛爷，大刀阔斧地进行改革？大刀阔斧到海外避难的康有为、梁启超都始料不及，大吃一惊。为什么改革的步伐会这么快？不是我不明白，是这个世界变化快。形势比人强，一点不差的。

再一个是改革的主导权，在那个时代，垂帘听政的慈禧，具有最终决定权。要改革，能绕过慈禧吗？不要轻易把她说成是保守派，也不要轻易把她说成是变革派。从本质上说，最高主事者属于维稳派。古今中外，哪一个最高主事者主导的改革，是为了加速自己的垮台？主事者主体地位的稳定，可以说，是其进行改革的目标和追求。

那应该怎么办？在保持权力架构，保持整个社会基本稳定的情况之下，将改革往前推进。历史是一种合力，多兵种合成作战，不可能拥有更多浪漫和理想的气息。因为，改革实际上是一个社会进步运动，从英国、美国的历史中，我们可以受到启发。

君主立宪有没有合理的因素？当然有合理的因素。日本的近代化，尽管有畸形的军国主义的一面，但通过改革，天皇地位大大巩固。

世界文明史上第一个比较成熟的宪政国家是英国。这个国家的宪政历程，有很多值得省思的历史经验。

英国的宪政体制是各种力量博弈的结果，国王、贵族和新兴资产阶级的利益得到兼顾。这是一种严重的妥协——一贯说法，这正是英国革命不彻底的地方。但为何非要弄到血流成河、流血漂橹的地步呢？不懂得妥协，败坏了改革的胃口，也败坏了改革的进程。最终，必然败坏改革。

一百多年前康梁变法这份宝贵的精神遗产，可以作为当下改革的借鉴。改革不是一两个人的事,而是千千万万人的事。既然是大家的事,就有一个底线的问题。整个社会,有了共同的底线,那么这个社会才可能有共识。然后,在共识的基础之上,建构一个比较稳健的间架结构。最后,往前推进——宁可十年不将军,不可一日不拱卒。

2013 年 11 月 17 日
科大南门白丁书吧录制,感念马君奇涛

碧血绽黄花 ///

引子

晚清重臣李鸿章氏,深切感受西洋的船坚炮利,内心深知,此种局面,何止大清不是对手,就是放在历朝历代中,实乃三千年未有之大变局。应对亡种灭国危局的,前有林则徐、魏源,后有曾国藩、李鸿章、左宗棠、张之洞,纵使具有林公"苟利国家生死以,岂因祸福避趋之"的伟大情怀,在艰难万分的形势面前,如何驾驭着曾经威震四海的"泰坦尼克号",穿过急流险滩,进而跨越"历史的三峡",实在是生命中不能承受之重。

也就是说,大清能否跨越"历史的三峡",就成为清朝能否与时俱进,进而挽狂澜于既倒的存亡绝续的历史关头。

晚清四大名臣——曾国藩、李鸿章、左宗棠、张之洞,高举林则徐"师夷长技以制夷"的伟大旗帜,开启了器物—制度—文化的变革三部曲。

洋务运动的领袖、晚清重臣李鸿章,"一生功夫糊裱匠",却落得

"李二先生是汉奸"的骂名。前一句话，还承认洋务运动的工作，属于事实论断；后一句话，追究李氏签订割地赔款条约，属于价值判断。

这里，暂且不论李氏的见识和胸怀，也不论李氏的操守和境界，只需进行公正的评判。洋务运动确实破产，但是，清朝已经开启了迈向近代化的步伐。这个过程，步履蹒跚，诚然是痛苦的，但，近代化的基础工作，晚清一直没有放弃。

汤因比氏所言"文明的挑战与应战模式"，委实有道理。中国历史的演变，清朝不能不抬头看看：到底生活在什么样的世界中？

一

既然中国已经开启了近代化的步伐，那么近代史学就已经滥觞。梁启超先生作为中国近代史上的卓越人物，以深切的历史意识，论述近代史，精彩纷呈，启人心扉。百年之后，在《饮冰室合集》里面，依然可以感受到来自历史的滚滚惊雷。

梁启超先生不仅通过《李鸿章传》和《清代学术概论》，梳理近代政治史和学术史，而且，更加难能可贵的是，老先生所具有的全球视野：中国经历中国之中国、亚洲之中国、世界之中国三大历史阶段，从晚明开始，中国开始进入世界之中国的历史，而晚清，只不过更加深切而已。

梁启超先生之后，吕思勉和蒋廷黻两位先生，出于史家的自觉，对于中国近代史，都具有开拓性的贡献，体现在《吕著中国近代史》和《中国近代史》（蒋廷黻著）两部著作里面。

蒋廷黻先生，中国近代史学的拓荒者，是近代编撰《海国图志》的大家——魏源的邵阳老乡。此种偶然的巧合，实在有趣！

蒋廷黻从长沙教会学校毕业之后，1912年，来到美国奥柏林学院和哥伦比亚大学，受教于海斯先生。1923年归国，任教于南开大学，1929—1935年，任教于清华大学，担任"西洋史""欧洲势力扩张史"

的课程讲授。

蒋廷黻先生，传统文史的功底不够强，积累了很多近代外交史的材料，很自然走上了中国近代史的路径。这在当时，不能说石破天惊，也是特立独行的。清华渊源于1909年的游美学务处，是一所留美预备学校。清华自从设立国学研究院，由吴宓主持，聘请梁启超、王国维、陈寅恪、赵元任担任导师，慢慢形成古今贯通、中西会通、文理融通的学术传统。这就不难理解，诗人闻一多、散文家朱自清，在清华国文系，都要苦读传统经典。因为，国文系有刘文典那样的国学大家。蒋廷黻先生很早就在教会学校，国学基础差，一时半会儿，也没有办法补课。

指出这一点，不是为了指摘蒋廷黻先生，只是为了说明，那时候，在文化古城北平，讲近代史，是要冒着一点风险的。其实，当代学术界依然存在着这种偏见，那就是：搞古代史的看不起搞近代史的，搞近代史的看不起搞现代史的，搞现代史的看不起搞当代史的。更何况八十年前的学术界？

正因为蒋廷黻先生是搞世界史出身，先天具有开辟中国近代史学科的优势。无奈，从1935年始，蒋廷黻跟着翁文灏先生从政，1936—1938年担任驻苏大使，战后曾任善后救济总署署长，中国驻联合国首席代表，国民政府驻美大使。

1938年蒋先生卸任驻苏大使，在汉口有几个月"赋闲"，在抗战的隆隆炮声中，专心撰写《中国近代史》。五万字的篇幅，这在现在的学者看来，恐怕连一章的篇幅都不够，蒋先生认为，这只是一个大纲，搭起了一个架子，还是轮廓而已，一直希望在此基础上，写一本翔实的中国近代史，无奈，成为遗愿。

蒋先生具有世界史的素养和视野，能够克制民族主义的强烈感情冲动，理性客观地观察近代以来的中国与世界。在蒋先生看来，不只中国，包括亚非拉，不管是部落还是朝廷，都会遇到亡国灭种的危机，尽管不是"情所必然"，但终究属于"势所必至"。欧洲文明的扩张，不以亚非拉的意志为转移。愤怒谴责帝国主义的侵略，于事无补。蒋廷黻先生见识深刻:中国所处的世界,已经不属于"天朝大国"的生态。以前,中国蔑视西洋人,把他们看得低人一等;现在,乾坤倒转,西洋人蔑视清朝,把中国人看得低人一等。以前,"用夏变夷",现在,"用夷变夏"。蒋廷黻先生只问:中国能否适应这个变化?

"近百年的中华民族只有一个问题,那就是:中国人能近代化吗?能赶上西洋人吗?能利用科学和机械吗?能废除我们家族和家乡观念而组织一个近代的民族国家吗?能的话,我们民族的前途是光明的;不能的话,我们这个民族是没有前途的。因为在世界上,一切的国家能接受近代文化者必致富强,不能者必遭惨败,毫无例外。并且接受得愈早愈速就愈好。日本就是一个好例子。"

蒋先生写于1938年的话语,现在阅读,依然那么激越,那么慷慨!唐德刚先生把中国近代化的过程,形容为"历史的三峡"。那是在"照着说",而非"接着说",不是说唐先生的学养和境界不够,而是说,中国人跨越"历史的三峡"的任务,尚未完成。

在蒋廷黻先生看来,洋务运动、戊戌变法、辛亥革命,都是在追寻现代化的努力,都是为了赶上西洋人。

吕思勉先生是和陈垣、陈寅恪、钱穆相媲美的史学大家,遗憾的是,有一段时间,被后学所淡忘了。这种淡忘,不是偶然的,而是有着深刻因缘的。跟跟跄跄,步履蹒跚,意识形态的威力,限制了后学的视野和胸襟。如果说故意遗忘蒋廷黻,那么,对于吕思勉,则是不自觉地淡忘。

吕思勉先生(1884年2月27日—1957年10月9日),字诚之。长期任教于上海光华大学,院系调整之后,被调整到华东师范大学。从百年学术地图的角度,吕思勉和小自己十一岁的蒋廷黻,大体上属于第二代学人。老先生没有出洋,踏踏实实阅读二十四史三遍,表面上属于典型的老派学者。

吕思勉先生著史,不仅诚恳真挚,而且具有远见卓识,老先生完成了《先秦史》《秦汉史》《两晋南北朝史》《隋唐五代史》,对于宋元明清史,也具有同情的了解和温情的敬意,老辈的文化胸怀,令人景仰。读

《吕著中国近代史》(华东师范大学1997年版),得以窥见一代史学通才缜密的思考和通达的识见。

吕思勉先生将中国文化史分为三个历史时期:中国文化独立发展时期、中国文化受印度影响时期中国文化受欧洲影响时期。如果说蒋廷黻注重从世界生态理解中国近代史,那么,吕思勉先生则侧重从中国心态体贴中国近代史。吕思勉先生治史,何止是史料丰富,何止是融会贯通,关键是把握社会变迁的内在肌理和节奏。

吕思勉先生在讲解中国近代史时,深情地说:转变,伟大的转变。是啊!中国近代的主题实在是转变,伟大的转变!中国近代史的研究,由吕思勉和蒋廷黻两位开山,这才符合中国近代史学的实际。

二

1938年,武进吕思勉先生在上海孤岛,坚持民族气节;宝庆蒋廷黻先生在武汉撰写《中国近代史》;绍兴范文澜先生,随河南大学辗转来到鸡公山,在遂平创办抗战训练班,仆仆奔走于桐柏山区,1940年1月,到达陕北延安。

范文澜1917年毕业于国立北京大学,曾从黄侃先生学习《文心雕龙》,在平津任教于多所学府,是一位远近闻名的"红色教授"。这位国学根底深厚的红色教授,来到延安,用红色的观点,撰写《中国通史简编》。近代部分,尽管仅写到义和团,但伴随着1949年的鼎革,形成了大陆长期奉行的中国近代史的书写范式,影响中国近代史的研究,既深且远。

当然,胡绳《从鸦片战争到五四运动》,刘大年《中国近代史稿》,对形成中国近代史的书写范式,也都有极大的贡献。

笔者1985年入中国人民大学中共党史系,刘炼、桑咸之等老师,运用"范文澜范式",可谓驾轻就熟,游刃有余。尽管自大学始,就开始对这种范式有些"水土不服",并于大三时开始进行初步的反省,但笔者吸收的精神滋养,长期以来,都源于"范文澜范式"。

这种范式,最终形成"一条线索,两个过程,三次高潮,八大事件"。这里的"一条线索",指的是阶级斗争;"两个过程",指的是帝国主义把中国变成半殖民地和殖民地的过程,以及中国人民反抗帝国主义及其走狗的过程;"三次高潮"指的是太平天国运动、义和团运动、辛亥革命;"八大事件",是指鸦片战争、第二次鸦片战争、太平天国运动、中法战争、中日战争、戊戌变法、义和团运动、辛亥革命。

20世纪90年代,随着社会史和文化史的兴起,"范文澜范式"凸显自身理路的内在缺失。近代史学者进行了社会史和文化史的开拓,由于意识形态的支撑,"范文澜范式",跨越时光隧道,来到21世纪,依然流淌在《中国近现代史纲要》的课本中,占据主流地位。

1949年之后,国民党退往台湾,郭廷以先生带着蒋廷黻先生的理念,主持台湾"中央研究院"近代史研究所,弟子张朋园(1926—),曾任台湾"中央研究院"近代史研究所研究员、所长,台湾师范大学历史系教授等,著有《梁启超与清季革命》《立宪派与辛亥革命》《梁启超与民国政治》《中国现代化的区域研究:湖南省》《知识分子与近代中国的现代化》《中国民主政治的困境,1909—1949年:晚清以来历届议会选举述论》,对于推进台湾的近代史研究,做出了切实的贡献。

中国科学院近代史研究所,1977年5月之后,转制成为中国社会科学研究院近代史研究所,刘大年长期主持近代史所,坚守"范文澜范式",便成为这个所的第一要务。两岸近代史研究人员,理念各异,方法不同,但是,都对辛亥革命持肯定态度。只不过,在很长时期之内,台湾地区遵奉孙中山先生为"国父"。大陆方面则称孙中山为伟大的革命先行者。每年五一、十一,都要把孙中山的画像摆放在天安门广场,各地城市均有"中山路",寄予着对孙中山先生的怀念之情。

辛亥革命,作为中国近代史的有机组成部分,尽管符合历史潮流,但也遇到了尴尬:固然,台湾地区把孙中山遵奉为"国父",但是,台湾地区的学人，很长时期之内，神化孙中山，遮蔽黄兴等革命家的贡献。大陆盛行"范文澜范式"，辛亥革命属于旧民主主义革命的范畴，辛亥革命即使被高估，也不可能与以后的革命相提并论。

1955年，华东师范大学陈旭麓出版《辛亥革命》的小册子。华中师范学院章开沅大胆提议，1961年在武汉举办纪念辛亥革命五十周年学术研讨会。当时，纪念辛亥革命的动静很大，董必武、何香凝、宋庆龄、周恩来都在纪念大会上讲话，朱德、吴玉章开始回忆辛亥革命。随着"四清"和"社教"的来临，更随着"文化大革命"的爆发，学者惶惶然，大陆之大，哪里有一张平静的书桌，可供研究辛亥革命？

机缘巧合，富有趣味的是，"文化大革命"中，华中师范学院的章开沅，居然与末代皇帝——溥仪，成为牛棚的战友，一起拔草。无形之中，辛亥革命史，在章开沅心中开始发酵。1979年，拨乱反正，章开沅走出国门，进行辛亥革命的学术交流，海外史家根本不承认，大陆还存在辛亥革命史的研究！章开沅，如芒在背，如刺在喉。

回国之后，章开沅倡议撰写《辛亥革命史》，得到了多位学者的响应，与老朋友林增平同心同德，同舟共济，共同成就了一百二十万字的《辛亥革命史》，成为中国近代史学术研究中著名的"林章配"，不争名、不争利，得益于林、章二人谦虚的品质。

章开沅先生著有《辛亥革命与近代社会》（天津人民出版社1985年）、《开拓者的足迹——张謇传稿》（中华书局1986年版）、《辛亥前后史事论丛》（华中师范大学出版社1990年版）、《辛亥前后史事论丛续编》（华中师范大学出版社1996年版）、《张謇与近代社会》（华中师范大学出版社2001年版）。

林增平（1923年12月31日—1992年12月27日），出生于江西萍乡。1947年毕业于胡先骕先生主持的中正大学文史系。毕业之后，担任中正大学助教，院系调整，被安置到南昌大学，1954年往湖南师范学院，从事近代史教学。章开沅（1926年7月8日—）小林增平三岁，1948年金陵大学肄业，前往中原解放区，随军南下，最后到中南师范学院。要不是林增平先生1992年遽然离世，那么中国近代史的湖湘学派，必然成为近代史研究的大本营，蔚为大观。

　　章开沅先生大气磅礴，林增平先生平实朴素；章开沅先生酣畅淋漓，林增平先生绵密细致，二人可谓学术研究的"绝配"。为了修订《辛亥革命史》，林增平先生曾在北京，句斟字酌，整齐润饰，达三年之久。但是，提到对《辛亥革命史》一书所作的贡献，林先生谦虚地说：襄助章开沅同志。至于林先生自己撰写的那本《中国近代史》，责任编辑写"林增平著"，林先生提笔勾掉"著"，改称"编"，最后，编辑妥协为"编著"。老辈学人的道德境界，吾辈望尘莫及！

　　1949年之后，中国近代史研究的重镇，多为第四代学人。这一代学人，遭逢时代转型，赶上了内战，遭遇政权鼎革。章开沅，主动投奔中原解放区，至少具有主动适应历史潮流的"自觉"，在意识形态的漩涡中，也会有所不适。中国近代史的主流范式，就是建立在浓厚意识形态的基准之上。

　　但在双重困难的境遇之下，林增平、李时岳、陈旭麓、章开沅先生，迎来拨乱反正的大时代，开始进行深切的反省，本着梁启超先生"以今日之我战昨日之我"的精神，呕心沥血，在反省的基础上，重新移动自己的基准，开始了中国近代史研究的再出发。这是何等的情怀！此情此景，怎不令人奋发！

　　第四代学者，由于意识形态的熏陶和浸润，真正可以留在史册上的学术，不是特别多，但他们并没有就此消沉。陈旭麓、林增平、章开沅、李时岳诸位先生，感召着第五代学者。事实证明，中国近代史研究的第五代学者，并没有让老辈失望，茅海建、熊月之、郭世佑、马敏、朱英、桑兵、雷颐，成为中国近代史研究的翘楚，绝非偶然。

　　陈旭麓先生为湖南湘乡人，与近代史上大名鼎鼎的中兴名臣——曾国藩，是老乡。1938年，陈氏入西迁贵阳的大夏大学历史社会学系就读。1946年始，担任大夏大学、圣约翰大学教职，1951年院系调整，来到新组建的华东师范大学。陈旭麓先生是从中国通史转到近代史的，在近代史研究中,具有难得的通识意识;同时,陈旭麓与哲学家冯契友善,经常探讨哲学,可见陈先生又具有历史哲学的高度与视野。

陈旭麓先生著有《辛亥革命》(上海人民出版社 1955 年版)、《近代史思辨录》(广东人民出版社 1984 年版)、《浮想录》(重庆出版社 1991 年版)、《近代中国社会的新陈代谢》(上海人民出版社 1992 年版),后来经过家属整理,形成《陈旭麓文集》(四卷本,华东师范大学出版社 1997 年版)。

《近代中国社会的新陈代谢》实在是对中国近代史研究旧范式的突破,具有学术转型的重大意义。陈先生对于自己信从多年的范式,进行深入的反省,这并不是一件简单的事情。时移势转,斗转星移,陈先生去世二十年,而意识形态的惯性,依然渗透在众多学者的内心深处。不难窥见,陈先生在 20 世纪 80 年代,进行学术和思想的突破,何等勇敢,何等可贵!

辛亥革命之后,何以是袁世凯,而不是孙中山成为大总统?特别是袁世凯又有复辟那一出——这段历史让人刻骨铭心。不少学人,以情感直觉取代理性分析,故而得不出令人信服的结论。陈先生则具备社会学素养和反省的态度,从社会心理学视角出发,拨云见日,耳目一新。

陈先生娓娓道来:袁世凯有过开明的形象,有过保境安民的举措,有过被满清贵族压制的情形,同时,也是通过选举上来的;更主要的是,社会大多数人相信,袁世凯可以带来安定,而革命家孙中山却不能带来。中国走向共和,确实经历艰难险阻,但是,前辈确实往这条路走过。不能因为袁世凯后来复辟,非要说当时选举袁世凯就是一个错误。袁世凯北洋军阀执掌政柄,思想界也存在相对自由的空间,整个社会向市民社会迈进的态势,尽管是初步的,却难能可贵。

辛亥革命属于资产阶级革命,孙中山自然是民族资产阶级的代表,这在"范文澜范式"里面,属于约定俗成,也可以说是"先验判断"。而林增平、章开沅主编的《辛亥革命史》,势必就要梳理近代中国资产阶级的生长历程。这可难为了朴素细致的林增平先生。

三

　　林先生给湖南师范学院历史系78级学生开设《中国近代史》，班上有位两次高考成绩偏高却连遭冷落，最后侥幸来到岳麓山的郭世佑，竟然被林增平先生平实的讲课风格所吸引，摆脱了"本是河中一破舟，人生何必苦相求"的心理，对市民社会的问题，进行深入的阅读，发现林增平先生的破绽。

　　倔强的郭世佑，想不通，直接到林先生府上，当面向林先生说出自己的疑问：《辛亥革命史》上册第一章里，您说近代以前的中国社会已经产生市民阶级；但您随后不久发表的《近代中国资产阶级论略》一文中，又阐明还没有产生市民等级。您对这个问题究竟怎么看？衡量中国市民等级产生与否的标准是什么？面对如此咄咄逼人的问话，林先生却笑着回答说："你问得不错。这个问题我还没考虑好，你可以继续思考。"

　　在林先生的鼓舞之下，郭世佑对近代中国革命进行了深入的思考，思考成果主要集中在《晚清政治革命新论》（湖南人民出版社1997年版）一书中。郭世佑的书最可贵的地方，就是摆脱了中国近代史研究的"范文澜范式"，而将梁启超、张謇立宪派纳入政治革命的视线，摒弃狭隘的革命等同于暴力的思维惯性，拓宽了政治革命的研究视野，革新了近代史书写的范式。

　　当代中国学术地图，章开沅带出了很好的团队。学术团队的掌门人，具有学术魅力还不够，还须有人格魅力，散发人性的光芒。师生之间聚合在一起，切磋琢磨，才能够产生氛围和能量。章开沅先生不仅具有学术和人格的魅力，难能可贵的是，章开沅先生具有陈寅恪先生所说的"学术预流"能力，富有学科的想象力，对学术发展的大趋势，具有预见性，且还极具学术组织能力。

　　近代史家章开沅先生精心作育人才，朱英、马敏两位在近代经济史的研究中，创获极多。义理、考据组合得非常巧妙，不露痕迹，水乳交融，有望成为近代经济史学中祭酒之人物。朱英、马敏都是章开沅先生所领导的学术团队中的骨干，深切体悟章先生的学术理念与史学兴寄，有团队精神，长期合作整理苏州商会档案，达十年之久。朱英、马敏近代经济史研究之创获，皆非偶然。在章先生循循善诱之下，具有宽广的学术视野，切入中观研究的维度，视角独特，学理尤高，亦不失扎实贴切。

朱英出版《辛亥革命时期新式商人社团研究》（中国人民大学出版社1991年版）、《中国早期资产阶级概论》（河南大学出版社1992年版）、《晚清经济政策与改革措施》（华中师范大学出版社1996年版）。马敏出版《过渡形态：中国早期资产阶级构成之谜》（中国社会科学出版社1993年3月版）。两人合著《传统与近代的二重变奏——晚清苏州商会个案研究》（巴蜀书社1993年版）。章开沅、朱英、马敏合作主编的《中国近代的官商绅学》，极有趣味。朱英、马敏通过对苏州商会档案的整理，掌握一手的资料，不仅可以体悟商人的文化性格，进而通盘思考市民社会的方方面面。中国社会经济史研究的华中学派，就呼之欲出了。

中山大学历史学系的桑兵，本科在四川大学、研究生在中山大学，博士毕业于华中师范大学，很少谈论自己的师承。桑兵师从章开沅先生，章先生的主张"史学的参与，参与的史学"，不可能不影响桑兵。在华中师范大学，桑兵与唐文权先生合编《戴季陶集》，对于桑兵的学术路径，具有直接的影响。桑兵著有《清末新知识界的社团与活动》《国学与汉学》《晚清民国的国学研究》《孙中山的活动与思想》《庚子勤王与晚清政局》。桑兵在近代史研究的第五代学者里面，向以功力深厚、材料翔实见长。章开沅先生给《清末新知识界的社团与活动》的评语是：抉剔爬梳，条分缕析，于缜密考订功夫中驰骋宏观思维，精深而不流于繁琐，博大而不失之空疏，体现了严谨而又深沉的治学风格，识见精辟独到，为时下不多见的史学力作。桑兵希望通过自己的努力，能够重现历史，实在不是一桩易事。

茅海建和熊月之属于华东师范大学陈旭麓先生的得意门生。陈先生由于历史的误会，生前不甚得志，没有指导博士的资格；陈先生的门生，都很有志气，硕士毕业于"陈门"，师傅既然已经领进门，那么，修行全靠个人，何必再考取博士！

茅海建著有《天朝的崩溃——鸦片战争再研究》《戊戌变法史事考》，都是蹲档案馆的实打实的材料。茅氏著述极为严谨，对于重构中国近代史，贡献极大。

陈门另一位弟子——熊月之，写有《中国近代民主思想史》《西学东渐与晚清社会》，都是大部头，且能给人以启发。熊月之主编的《上海通史》，实乃中国近代城市史研究的集大成之作。上海的发端，在近代化的意义上来说，实在是中国近代化的发端。

雷颐师从近代史名家李时岳先生。郭世佑认为，李时岳实乃近代史学界少有的才情、史识俱佳的第一流大家。李先生对洋务运动的重新思考，在那个时代，属于难得的突破。雷颐1985年吉林大学毕业之后，分配到中国社科院近代史所，这里，可谓近代史学传统范式的大本营，雷颐先生本着独立的人格，以求索的精神，进行着艰苦的思考。雷颐著有《取静集》《时空游走：历史与现实的对话》《被延误的现代化》《历史的进退》《历史的裂缝》《李鸿章与晚清四十年》（山西人民出版社2008年版）、《历史：何以至此？》（山西人民出版社2010年版）。

雷颐先生在近代史学界，特立独行，这是人所共知的；雷颐先生具有公共知识分子的情怀，研究近代史，存在深切的问题意识。中国人民大学的张鸣先生，与雷颐一样，具有问题意识，对当代社会，有着强烈的人文关怀。不同的是，雷颐对近代史的研究，比较冷峻；而张鸣，这位曾经的兽医和拖拉机手，异常奇崛。张鸣著有《乡土心路八十年》《武夫治国梦》《历史的坏脾气》《历史的底稿》《再说戊戌变法》等等。

遥想20世纪80年代，那是一个具有文艺复兴气象的时代。在20世纪50年代美学大辩论中应运而生的李泽厚，堪称20世纪80年代的思想领袖，《中国近代思想史论》（人民出版社1979年版）、《中国现代思想史论》(东方出版社1987年版),每出一书,都会引发学界热烈的讨论,先生清通的文笔,通达的思考,令人过目难忘。而贯穿在李先生两部书中的启蒙与救亡的双重变奏,深深镌刻在读者的心中,挥之不去。

载《品位·经典》,2011年第1期

清华

> 谁在这里留下
> 斑驳的印
> 是幻觉?
> 抑或灵上的足迹

清华国学研究院的雪泥鸿爪

一

随着船坚炮利打开国门，浸染欧风美雨的晚清民国，形成三千年历史之大变局，开启了波澜壮阔、云蒸霞蔚的文艺复兴运动。

"旧学商量加邃密，新学培养转深沉"，古老国度每天都书写着新文化的传奇，清华就是国耻中开出的一朵灿烂花朵，国学研究院，更是百年文化史的一朵奇葩，梁启超、王国维、赵元任、陈寅恪、李济、吴宓六位先生，机缘巧合，风云际会，倾情演绎着一段绝唱，令人低回不已。

1924年，曹云祥校长大刀阔斧，率领清华人，向大学迈进。国学研究院的设立，在这位哈佛工商管理硕士看来，是"改大"的一个有机组成部分。也就是说，按照曹云祥先生的设计，有朝一日，清华"改大"成功，国学研究院必然转型成为现代分科的研究所。这样看来，清华国学研究院，不是一个永久性机构，而是一个过渡机构；清华国学研究院从一出生，便注定是"短寿"的，这更加增添了它的传奇色彩。

胡适先生作为清华"改大"的筹备顾问，曾被邀请出任国学研究院导师。适之先生十分谦虚地表示："非第一流学者不配做研究院导师，我实在不敢当。你最好请梁任公、王静安、章太炎三位大师，方能把研究院办好。"从这里可以看出，北大与清华的通家之好。

胡适先生的建议，奠定了清华国学研究院的生态格局。遗憾的是，特立独行、具有魏晋风度的章太炎先生，宁肯自己开设国学学校，也断然不会担任导师，老先生还在守着师道尊严的礼数。

谁是担任国学研究院主任的合适人选呢？曹云祥校长也是动了一番心思的。具有文化保守主义理念，对梁任公、王国维具有理解和敬意的年轻学人，比较合适。这样，曾经在哈佛大学师从白璧德、主持《学衡》的吴宓，历史性地成为国学研究院主任的最佳人选。1924年尚在东北大学任教的吴宓，得悉可以回到母校清华，自然是欣慰不已。吴宓于1925年2月5日抵达北京，当晚拜访老友袁同礼，次日上午便来到水木清华。

八年了，吴宓眼前的一切，竟是那样亲切，令人喜爱。当然甜蜜之中，也有一丝忧伤，见到马约翰先生，难免尴尬。1916年，原本应与洪深、陈达一起赴美留洋的吴宓，因为体检不合格，推迟"放洋"，自然心情纠结。经过一年的体育锻炼和配合治疗，1917年得以与挚友汤用彤一起"放洋"。

1918年从弗吉尼亚州立大学转学哈佛大学的吴宓，师从新人文主义大师白璧德。吴宓与汤用彤共居一室，关系友善。1919年初，陈寅恪由上海赴美，在哈佛大学习梵文、希腊文。吴宓与陈寅恪，特别投缘，课余时间，彻夜长谈，乐而忘倦。陈寅恪见解精辟，妙语解颐，令吴宓佩服不已。1919年3月26日，两人结识不久，吴宓便在日记中写到："陈君学问渊博，识力精到。远非侪辈所能及。而又性气和爽，志行高洁，深为倾倒。新得此友，殊自得也。"

吴宓来到清华，校方已经决定礼聘梁启超、王国维、赵元任，陈寅恪这个名额，得益于吴宓的鼎力推荐。要是吴宓与陈寅恪的人生轨迹没有在哈佛大学交汇，那国学研究院的历史，恐怕就是另一番景象了。

至于坊间流传的梁任公为陈寅恪，向曹云祥校长说项的故事，说是任公报答前辈湖南巡抚陈宝箴的知遇之恩，符合任公为人处事的风格，也为国学研究院添加更加传奇的一笔。

时光流转，随着新文化运动的展开，文化更新的速率加快了，思想界时刻添加着新鲜的血液，很有一帮"中国少年"，厌弃中国文化和传统，对于"国故"，既不愿进行同情的了解，更欠缺温情的敬意。平心而论，中国的文艺复兴，具有属于自己的一个中心、两个基本点：以创造新文化为中心，以解释中国何以为中国、欧美之所以为欧美作为两个基本点。

也就是说，新文化的创造，实在是中国文化的创造性转化，这就要求，对待中国文化，应当具有理性和温情。

1921年回国之后，吴宓和朋友们一起创办《学衡》杂志，而王国维先生，就是《学衡》有影响力的作者。也就是说，吴宓在见王国维先生之前，就已经心意相通。如果没有这点因缘，1925年2月13日，吴宓持曹云祥校长的聘书，到地安门内织染局10号王国维先生寓所，就是给王国维先生跪下来，也未必能打动先生。话说回来，吴宓并没有给王国维先生下跪，而是恭恭敬敬鞠了三个躬，然后说明来意。王国维老先生，这位末代皇帝的南书房行走，因为冯玉祥主导的北京政变，已经不可能到故宫面见"皇帝"了，得到"皇帝"的恩准，王国维先生心情愉快地接受了聘书，并于4月18日搬来清华园，居住在西院十八号。天真的老先生，原来以为十七号、十八号两个院落应该紧邻，没有料到，两院还有一大段距离，经过一番周折，换成了十六号、十八号，十六号是老先生的书房。这里需要提及的是，清华曾有意聘请王国维先生担任国学研究院院长，老先生一门心思扑在学问上，坚决不肯当。

任公先生与清华，有着殊胜的因缘。1914年，老先生倦游政界，曾在清华工字厅赁屋著述，名曰"还读轩"。当年11月5日，老先生应邀发表题为《君子》的演讲，勉励清华学子作中流砥柱，出膺大任，"自强不息，厚德载物"，能够成为清华校训，得益于梁先生的这次演讲。任公与清华的渊源，实在深厚，两个儿子梁思成、梁思永，都是清华毕业生。

吴宓在拜谒王国维先生十天之后，1925年2月22日，前往天津饮冰室，拜访梁启超先生，任公自然是愉快地接受了礼聘，并在北院二号居住。

赵元任是第三位报到的导师。这里说一下，清华国学研究院与哈佛大学，具有深厚的渊源。吴宓、陈寅恪、赵元任、李济，都是哈佛大学校友。赵元任最具有文艺复兴风味。1910年，赵元任作为游美学务处第二届幼年生，与竺可桢、胡适赴美游学，可谓清华"史前期"的学友，1920年哈佛大学博士毕业，回到清华任教，曾任罗素翻译，"1921年6月1日下午3点，东经百二十度平均太阳标准时在北京自主结婚"，新娘是杨步伟医生，好友胡适乃证婚人之一，这对"新人物之新式婚姻"，可谓轰动一时。

1925年6月8日，赵元任到京。次日，梅贻琦、张彭春接赵元任一家到清华园，住在南院一号。陈寅恪是国学研究院第四位报到的导师，直到1926年8月，这位夫子才姗姗来迟，寓所与好友赵元任挨着——南院二号。8月28日，赵元任夫妇陪同陈寅恪进城，购置家具。赵夫人古道热肠，陈寅恪多在赵元任家吃饭，而陈寅恪则把自己住房的一半出让给赵元任搁书。陈氏1928年结婚之后，两家形成通家之好。

1926年10月3日，赵元任夫妇和陈寅恪，一起进城到北海参加徐志摩的婚礼。正是在那次空前绝后的婚礼上，梁启超老先生，十分动情地告诫徐志摩和陆小曼：一个使君有妇，一个罗敷有夫，希望这是你们最后一次结婚。

应该承认，清华主事者对国学的理解是很开阔的，否则，不会聘请赵元任这位中国科学社的骨干，担任国学研究院导师，更不会聘任李济这位哈佛人类学博士，担任国学研究院的特约讲师。

坊间流传着国学研究院到底是四位导师还是五位导师的议论。其实，徒费口舌。1925年3月，毕士博来信邀请李济参加弗利尔艺术馆中国馆的考古工作，李济提出两个条件："必须与中国学术团体合作"、"出土古物必须留在中国"。毕士博同意，开始了双方的合作。同年4月，李济应聘母校清华，商定在新成立的国学研究院担任特约讲师。

大幕已经拉开，国学研究院的先生和学友们，元气淋漓、大气磅礴地演绎着一出绝唱。

二

蓝文徵曰：国学研究院，自成立至结束，历时仅四年，虽似昙花一现，但其逸事嘉话，却最耐人回忆。

1925年3月，国学研究院刊出招生广告，4月23日，梁启超、王国维两位老先生，一同商定招生试题，8月1日，公布新生录取名单。9月9日，研究院举行开学典礼。国学研究院主任吴宓，发表《清华开办研究院之旨趣及经过》的演讲，指出研究院的性质为"研究高深学术"、"注重个人指导"。与此相匹配，研究院导师的工作，分为"专门指导"和"普通演讲"。

王国维先生指导经学、小学、上古史和中国文学，梁启超先生指导诸子、中国佛学史、宋元明学术史、清代学术史，陈寅恪指导年代学、古代碑志与外族有关系者之研究等，赵元任指导现代方言学、中国音韵学、普通语言学，李济指导中国人种考。

清华园花木扶疏，宛如世外桃源。国学研究院，让人不自觉地联想起古代的书院，难怪梁启超先生在9月9日下午的茶话会上，热情奔放地做了"旧日书院之情形"的演讲，引起学友的强烈共鸣。

清华研究院第一级学友，共计三十三名，刘盼遂、杨鸿烈等十位学友，考取研究院之前，已有著述；诸位学友多属于性情温厚、酷嗜学问之辈。国学研究院有着师生的良好互动，浓厚的学术氛围，学友之间，情同兄弟，亲如手足。可以想见，经过耆学硕儒的点拨，名师出高徒，那是再自然不过了。

研究院1929届毕业生蓝文徵，在《清华校友通讯》发表《谈陈寅恪》，深有感触地说："研究院的特点，是治学与做人并重，各位先生传业态度的庄严恳挚，诸同学问道心志的诚敬殷切，穆然有鹅湖、鹿洞遗风。"

国学研究院仅存四年，只有七十四名毕业生，绝大多数没有辜负导师的良苦用心，成长为文史大家。吴其昌、高亨、周传儒、徐中舒、姚名达、刘盼遂、王力、吴金鼎、姜亮夫、陆侃如、杨鸿烈、卫聚贤、谢国桢、戴家祥、刘节、蒋天枢、罗根泽，皆个中翘楚。

国学研究院学友，除了接受专题指导，还要听先生进行普通演讲。1925年9月14日，王国维先生开讲《古史新证》，是为普通演讲的第一课。老先生言辞恳切："吾辈生于今日，幸于纸上之材料外，更得地下之新材料。"

1926年，姜亮夫经过补录考试，进入国学研究院，一丝不苟，刻苦用功。除了李济先生的课听不进去，其他课程，姜亮夫都听得津津有味，难以忘怀。王国维先生讲课，非常细腻，也不大看同学们。冷静的头脑、平和的性格、浓厚的感情，是先生所独具之风格。

梁启超先生讲课，姜亮夫觉得最受益。梁先生讲解，从多角度打量先秦典籍，并且给以总结。陈寅恪广博深邃的学问，一度让姜亮夫异常苦恼，无论如何追赶陈先生，也是望尘莫及。陈先生最大的特点，是每种研究，都有思想作指导。

赵元任先生讲课的材料，往往都是生活中的方言，这让姜亮夫知晓描写语言学和声韵考古学的区别与联系。具有很高悟性的赵先生，凭借语言学方面的兴趣，成为中国现代语言学之父。

当时，清华每周都有一个同乐会，师生一起联欢。唱戏、唱歌、背书、讲笑话，都是国学研究院师生的业余消遣。

任公和静安两位先生讲课都很严肃，但是，同乐会的即兴表演，令学友们耳目一新。有一回，任公先生背诵一段《桃花扇》，而静安先生则背诵《两京赋》。最能解颐的则是赵元任先生，把大家的茶杯收去，调正音调，用茶杯演奏一曲，四座皆惊。有一回赵先生表演全国旅行，从北京出发,然后西安、兰州、成都、重庆、昆明、广州、上海,各地方言惟妙惟肖。1938年先生去国,用纯正的英语讲课,竟有人向先生打探,是否伦敦土著。

陈寅恪先生在同乐会这种场合,从不肯为大家说笑,其实在私下谈话中,别具幽默。陈寅恪先生曾给国学研究院学友们说,你们太厉害了,堪称"南海圣人再传弟子,大清皇帝同学少年",令人拍案叫绝!

国学研究院学友们,有国学根底,绝大多数人冲着梁启超、王国维两位老先生去的。真正理解和体悟赵元任和李济两位先生学问的,并不多见。因为,那时一般人心目中,赵元任的描写语言学和李济的考古学,和传统"国学"不大搭界。两位先生的学生,寥寥无几。

王力的导师是梁启超、赵元任两位先生。梁任公对王力的毕业论文,评价很高,但是赵元任却很严厉,指出"言有易、言无难",这令王力非常受用。王氏日后赴法国留学,并进行语言学研究。李济先生,只有一位弟子——吴金鼎,日后发现了城子崖遗址。

赵元任和李济两位,一学期,上课时间很少,大部分时间风尘仆仆,奔走于各地,进行田野调查。回到北京,赵元任不是和刘半农、钱玄同等"数人会"的朋友聚谈,就是进行歌曲创作——《教我如何不想她》就是这时期的杰作。

赵元任夫人杨步伟,除了热忱地宣传节制生育,还在清华园大门前,开办小桥食社,成为一道独特的风景。

赵元任和李济,学问的作业方式,与梁启超、王国维迥然不同。1926年2月5日至3月底,李济在山西汾河流域做田野调查,染上伤寒,李家老爷子听信中医,病情危殆,侠义心肠的赵元任夫人杨步伟,为了治病救人,自作主张,将李济紧急送往协和医院,挽救了李济一条性命。李老爷子命儿媳妇给杨步伟磕三个响头,感谢救命之恩。从此,赵元任和李济成为通家之好。

1927年6月2日,王国维先生在颐和园自沉;1929年1月19日,梁启超先生病逝于北平协和医院。老成凋谢,情何以堪?

1928 年底，李济在广州晤傅斯年，答应担任中央研究院史语所研究员兼考古组主任，赵元任担任语言组主任，李济和赵元任，从此离开清华园；陈寅恪先生，则留在清华，担任历史系与中文系合聘教授。风云际会的清华国学研究院，正式于 1929 年终结。

1929 年 6 月 2 日，王国维先生逝世两周年之际，国学研究院师生集资，在工字厅东南土坡下，立"海宁王静安先生纪念碑"，梁思成设计碑式，陈寅恪撰文，林志钧书丹，马衡篆额。

纪念碑文开头有**"士之读书治学，盖将以脱心志于俗谛之桎梏，真理因得以发扬"**之句，既是对王国维先生的褒扬，也是清华国学研究院"院格"的真实写照。

载《新京报》2011 年 4 月 21 日，清华百年特刊

吾爱吾庐梅贻琦

打开记忆的闸门,回眸清华百年,温习一所学府的成长,就会发现历史的沧海桑田,从而有一丝的伤心叹惋,涌上心头。也许,只有进行"选择性遗忘"和"选择性记忆",才可以在情感和理智两个方向,进行"维稳"。

比起北大,清华百年有着特殊的幸运。追寻百年历史,这所学府,第一个幸运之处,就是它有着稳固的地理坐标,一直环绕着清华园进行延展;北大则没有这种幸运,老北大的符号——红楼,成为国家文物局的办公场所。北大现在的校园,乃燕京大学的旧物,院系调整之后,北京大学鸠占鹊巢。

清华的第二个幸运之处在于,1978年之后,历任主事者没有蛮横到重定校训和校歌的地步,恍惚之间,还以为清华没有经历文化浩劫,一直秉承着"自强不息,厚德载物"的精神呢!不过,眼见大陆多少学府已将老校训和老校歌废弃,就可以明了,清华的文化积淀,较旁的学府为多。

清华的第三个幸运之处,也最能引起深切感怀的,是清华有一位终生的校长——梅贻琦先生。自从梅校长1948年12月21日登机南下后，再也没有能够回到生斯长斯、吾爱吾庐的水木清华；新清华的历史，也从这时开启。20世纪50年代，梅先生从美国来到台湾，并将清华的精神和传统，扎根于新竹，台湾"清华大学"，从这里启航。

百年中国大学校长，蔡元培先生可谓魅力型的代表，竺可桢先生可谓学问型的代表，胡适先生兼有魅力和学问的双重因素。平心而论，梅贻琦先生，既不属于魅力型，也不属于学问型，但老成持重、沉默寡言的梅贻琦先生，以其坚忍不拔的努力和持之以恒的精神，驾驭着清华这条汪洋中的学术之船，躲过多少急流险滩，书写着中国大学史和属于清华的光荣与梦想。

那么，梅贻琦先生属于哪种类型呢？笔者以为，梅先生无形之中，创造了一种类型——绅士型。梅先生所具有的崇高德操，在民国老校长群体中，其实并不罕见，只是时移势转，在大学校长群体中，杳无踪迹，从而成为一种稀缺的道德品质。

梅先生的绅士风度，流淌着一种包容的气度和民主的气质，令人刮目相看。回眸清华百年，探讨梅校长独特的民主气质，就成为一桩不仅有趣，而且有益的事体了。

坊间注意到梅先生属于"寡言君子"，除了开学典礼必须的"公文"外，梅先生既不喜欢多言，也不喜欢写文章，就连黄延复先生整理刊布的《梅贻琦日记》(1941—1946年)，也是简朴得很，以至于很多人不知道这位"闷葫芦"心里到底是怎么想的。

梅贻琦先生作为游美学务处出身的"清华史前期"学友，学历并不高，吴士脱工学院本科毕业生。梅贻琦是家中长子，弟妹甚多，需要养家，以至于牺牲了学业。但学士出身的梅贻琦，在博士、硕士如林的清华名家面前，是否会有一种自卑心理？这种自卑心理，使得梅先生在担任校长长达十七年期间，谨言慎行，从而具有一种"吾从众"的民主风度？

上面的猜测当然是皮相之论。梅先生执掌清华，绅士风度的形成，存在客观和主观两个方面的因素。

从客观上来说，清华大学相对于其他学府，有着特异之处。首先清华由美国返还庚子赔款而建，早期属于一所高水平的留美预备学校，清华人耳濡目染，无形之中，流淌民主的气氛；校长独裁和专断，在旁的学校，也许遇不到有效的抵抗，但在清华就吃不开。

典型的例子，就是1928—1930年担任校长的罗家伦。这位北大新文化运动的种子选手，原本是学生运动领袖。罗家伦治理清华，大刀阔斧，大破大立，对清华有着重大的贡献，曾经破格录取钱锺书。遗憾的是，清华教授会和清华学生自治会，不大习惯、甚至有些讨厌这位强势的校长，最后，利用中原大战的机会，将罗家伦赶走。

其次，清华人奉行"清华是清华人的清华"的理念。金岳霖、叶企孙、闻一多、潘光旦、陈岱孙、顾毓琇，这些清华名教授，都是清华校友。清华百年校庆，举办庆典的花费，很大一部分来源于清华校友的捐赠。清华独特的校友文化，由此可窥一斑！当然，校友的捐赠，也不应该浪费，要是更多地用到清华学子身上，岂不更好！

经受了"美洲新大陆"熏陶的清华校友，对于母校有着高度的认同和热爱，既然清华属于所有的清华人，那么，清华的校务，也要由诸位教授平均分配。旁的学府，可以奉行"学者治学、校长治校"，而在清华教授看来，就不大合适了。

梅先生之所以成为清华人公认的好校长，首先来源于梅先生的智慧，其次得益于梅先生的心性。1909年，梅贻琦以第六名的成绩，考取游美学务处，成为"清华史前期"的首级学生，预示着梅先生一生与清华的渊源。梅先生人生一大因缘，就是终生服务于清华，冥冥之中，梅贻琦先生就是为清华而生的。

梅贻琦吴士脱工学院毕业后，于1915年春回国，在天津基督教青年会服务半年，当年9月，应聘成为清华教员，开启了生斯长斯、吾爱吾庐的人生历程。梅贻琦作为"史前期校友"，和其他校友一样，对这里的一切充满着热爱和眷顾。作为"清华老人"，梅贻琦具有忠心耿耿、任劳任怨的品质，1926年，成为首位"民选"教务长。继吴宓之后，主持清华国学研究院，两年的时间虽短，但在与王国维、梁启超、赵元任、陈寅恪、李济的交往中，对于学术大师的风范，多有体贴和温情，梅先生1931年就任清华校长，相继提出"大师论"、"从游论"，不难见出清华国学研究院的影子。

老辈学者，在自由的氛围中，多有真性情。清华的教授，自然也不例外，甚至可以说更加突出。如果清华校长，比如罗家伦，也具有真性情，不懂得克制和谦抑，那么在治校过程中，双方的冲突便势所难免，清华这方面的教训可以说不少。可贵的是，梅先生具有雍容的气度，执掌清华，贴切地诠释了清华校训中的"厚德载物"。

清华百年校庆，这位性情温良、慢言斯语的老校长——梅贻琦先生，并不在乎是否能得到晚辈那一份同情的理解与温情的敬意。因为，对具有绅士风度的梅贻琦先生来说，恪守现代大学精神，那是上帝赋予的光荣使命。

端正刚直刘仙洲

刘仙洲先生一辈子读书、教书、购书、写书,可谓典型的"四书"先生,似乎与其他学者没有什么不同。但是,先生信从"外方内方",一生把"人"字写得格外端正,行事之刚直,令人肃然起敬。刘仙洲先生,无论相貌,还是内心,都有一股子慷慨悲歌。先生的故事,更可谓荡气回肠。

1890年1月27日,先生出生于直隶完县唐兴店村,1908—1912年,入保定育德中学,加入同盟会。武昌起义之后,育德中学成为华北地区革命运动的指挥部,刘仙洲参加石家庄等地的暴动,并带领学友试制炸弹,密谋炸京汉铁路唐河大桥。刘仙洲先生一身的热血豪情,可以从这里找到答案。

辛亥革命大潮过后,刘仙洲依然循着科学救国、教育救国的信念,恢复学业。1914年,赴香港大学学习机械工程,专心致志的刘仙洲,努力书写长达六十年的机械生涯。

刘仙洲毕业之后,就显示出了刚直的性格,婉拒河北省立高等工业学校月薪一百五十块大洋的礼聘,毅然回到母校育德中学,甘愿拿四十块大洋,担任勤工俭学预备班机械教员,李富春、李维汉、刘少奇,都曾经是刘仙洲的门生。

刘仙洲月薪少了一百一十块大洋,照样一丝不苟,认真教书。从中可以窥见,刘仙洲身上流淌着侠义精神。难怪育德中学的王国光校长夸赞:"遇有必须牺牲个人利益时,就不能不仿效刘仙洲先生为成就勤工俭学事业而抛弃个人比较高级的地位和待遇的牺牲精神。"

育德中学的教书生涯,可谓刘仙洲一生事业的开始。在这里,虽然每月少挣一百一十块大洋,但其实也在成就着刘仙洲。日后,刘仙洲主张"工读协作制",仔细想来,其实萌芽于育德中学。"巧心劳手成器物曰工",在刘仙洲看来,这是"工"最贴切的定义。"巧心"属于学理,"劳手"属于操作。"巧心"与"劳手"相结合,才是理论与实践结合,学理与实验并重。

刘仙洲在育德中学服务三年之后,曾在保定河北大学担任三年教员,1924—1928年,受聘担任北洋大学的校长。北洋大学属于中国老字号学府,1895年由洋务派盛宣怀创办。刘仙洲礼聘茅以升、侯德榜担任教授,立志造就东方的麻省理工学院。无奈,当时政府内外交困,经常克扣经费,刘仙洲率先少拿甚至不拿薪金,也无力回天。因为有着沉痛的记忆,所以抗战胜利后,无论国民政府教育部长朱家骅怎么劝进,刘仙洲就是顶牛,坚拒不就北洋大学校长。

1928—1931年,老先生在东北大学担任机械系主任,无奈,遇上了"九·一八"事变。1932年刘仙洲受聘担任清华大学机械工程系教授,把自己的后半生,都奉献给了清华。刘先生将自己端正刚直的品行,通过薪火相传,在学子心中深深扎根。老先生对于教学严阵以待,呕心沥血。谆谆告诫学友:差之毫厘,谬以千里。先生的课堂,堪称机械工程领域的楷模。

刘仙洲先生天一亮,就起床备课。需要画图,提前赶往教室画好,有时候,甚至上课前一天晚上就画好。为了层次分明,使用各种颜色的粉笔。板书工整端正,令人称奇!老先生讲课,重点突出,逻辑严密,条理清晰，晓畅易懂，深入浅出。课堂上的老先生，无异于一个庄严的战士，神圣、肃穆、威严。

老先生认为，工程师的基本素质就是严格的作风，所以，对学生的要求特别严格。无论画图，还是测验，必须严格遵守规范，绝对不打马虎眼。

据黎诣远先生记述，有位学生计算飞轮的半径，把小数点错移一位，1.2英尺变成12英尺，刘先生发现后，立即把学生叫起来问道：这间教室有多高？你设计的机器在一般厂房能否搁得下？接着，老先生用十五分钟的工夫，强调严格、严谨的重要性。

刘仙洲生活在规则的世界中，绝对不允许潜规则横行。考试准时交卷，很多先生也是这么说的，可一旦遇到晚交的学友，往往高抬贵手。但是，在刘仙洲先生监考的教室，丁是丁，卯是卯，谁敢这么干，后果很严重。有一次考试，一位学友迟迟不交卷，刘仙洲已经跨出教室，这位才追上先生，您猜怎么着？刘先生当场把卷子撕了，丢进废纸篓。

冯友兰先生有言：清华的成长大体上反映中国学术独立的历程。刘仙洲先生具有高度的文化自觉："中国人教中国人，恒用外文课本，有时更用外国语讲解，长此不易，我国学术永无独立之期。国将不国。"刘仙洲和陈岱孙一样，都是坚持用汉语上课，难能可贵的是，刘仙洲先生发奋编写中文教材。千里之行，始于足下。老先生教一门，就编一本，刘仙洲是最早用中文编写大学教材的国内学者。

刘先生不抽烟，不喝酒，爱书如命，逛旧书摊可说是最大的业余爱好，生前藏有古书近万卷。先生编译中文教科书，特别注意添加中国的材料。先生的两部著作——《中国机械工程发明史》《中国古代农业机械发明史》，既可以说是一位机械工程学专家阅读古籍的读书札记，同时又是中国科学史的早期创获。

刘仙洲先生令人难以忘怀的一大贡献，是受中国工程师学会的委托，编订《英汉对照机械工程名词》。机械工程的名词，属于西学东渐的产物，直到20世纪30年代，五花八门的译法和称呼，阻碍着中国工程教育和机械工业的进步,例如,那时候弹簧叫做"司不令",机车前的排障器叫做"猪拱嘴"。社会各界已经意识到这个问题的严重性,但是如果欠缺中西文化的深厚根底,且没有一定的奉献精神,是不可能完成这个工作的。可以这么说,找到一位像刘仙洲先生这么合适的人选,确实不容易。

在编订工作中,刘先生广搜博采,按照"从宜"、"从熟"、"从简"、"从俗"的四大原则,从中选定一个。"恒升机"确定为"泵","油壶子"改为"化油器"。历时一年多,编成一万一千多个词汇,1934 年由商务印书馆出版。热工学的重要名词"熵"、"焓"就是刘仙洲先生创造的,从此,机械工程的名词,逐步统一。

刘仙洲先生的一生,总是把"人"字写得格外端正。难怪门生弟子,每当谈起老先生,总会肃然起敬。

载《新京报》2011 年 4 月 21 日,清华百年特刊

故国乔木梁思成

1949年1月31日,清华老教授、"中央研究院"总干事萨本栋先生,怀着故国之思,不幸在旧金山逝世;此时此刻,清华大学建筑工程学系主任梁思成先生,却因见证了一个历史性的时刻——北平和平解放,而心潮起伏,感慨不已。

梁思成日夜担心的文化古城,终于免除了一场战争的灾难,先生的欣慰之情,可以说溢于言表。因为,在攻城之前,张奚若先生带领有关人员,来到清华园新林院八号,向梁思成先生咨询,希望能够让古建筑尽量避免损失。鼎革之际,将来主事者所具有的胸怀和眼光,正好应和了梁思成先生对"故国乔木"的挚爱,这给疾病缠身的梁思成、林徽因夫妇,传递着一份特别的温暖。

善良的人们啊,对这一切,是那么欢欣鼓舞!"更没有想到和平建设中人们付出的牺牲与代价并不亚于战争年代。"笔者每当读到林洙女士所写的这句话时,都禁不住潜然泪下,扼腕叹息:中国古建筑的"保护神"——梁思成先生,对文化古迹的那种缠绵悱恻的热爱,竟然不能感动主事者;试想,如果主事者对古建筑没有刻骨的仇恨,那么,彻底拆毁北京古城墙的愚蠢行为，就不大可能发生了。

直到现在，还认为拆除北京古城墙没有错的，可以说只是很小的一部分人了；但是，为20世纪60年代主事者进行袒护的错误观念，倒是所见多有。比方说，"主事者认识不足啊！"打仗的时候，反倒认识到古建筑的价值；和平年代却没有认识到，真是匪夷所思！

其实，张奚若先生在1957年5月15日，批评政府工作中的"四大偏差"，就已经痛快淋漓地指出问题之所在了，老先生所指出的四大偏差是：好大喜功、急功近利、鄙视既往、迷信将来。张奚若老先生倒是没有被打成右派，但是，老先生的意见，主事者不仅没有虚心接受，而且，变本加厉，我行我素。

主事者为了证明自己出活，割断了历史的脐带，不承认历史的继承性，别出心裁地对历史进行妖魔化，应验了胡风的那句诗："时间开始了！"既然要铲除历史记忆，那么，必然殃及作为历史记忆的载体——北京古城墙。

历史上随着王朝鼎革，城墙往往会遭到大规模的破坏，这是令人伤心的地方。但是，后出的王朝，理应积累更多的智慧。从这个意义上来说，满清来到北京，直接继承前代都城，表现了一种政治智慧。

如何完整保护具有历史人文特征的北京，正是梁思成先生的心思。梁思成和陈占祥两位先生的设想是，中央人民政府行政中心的位置，应该是月坛以西公主坟以东。现在回过头看，此乃保全古都北京的最具理性的方案。主事者不听也就罢了，可以一笑置之嘛！非要扣上好大的帽子，污蔑"梁陈方案"与苏联专家分庭抗礼，结果陈占祥被划为右派，而梁思成由于彭真力保，侥幸未成为右派。

这是很明显的信号，北京城墙既然已经回到人民手中，主事者怎么处置，其他人等无庸置喙。是否保留城墙，就要看主事者的意思了！"文化大革命"中，主事者通过红卫兵小将给梁思成传话："中南海皇帝住得，我为什么住不得？"由此可见，"梁陈方案"的症结，在于忤逆了主事者的心思，哪里是与苏联专家分庭抗礼呢？

这时节，不由得暗暗为林徽因欣幸，至少可以体面地离开这个世界。才华横溢的林徽因，红颜薄命，多愁多病，在病床上勉力完成国徽和人民英雄纪念碑的创作后，已然是油尽灯枯。北京拆毁城楼，已经让"林小姐"对老熟人——北京市副市长吴晗怒目相向。1955年2月开始的"批判以梁思成为代表的资产阶级唯美主义的复古主义建筑思想"的活动，更是让人心生寒意。1955年4月1日，一代才女林徽因，离开了爱着她的人们，离开了不平静的世界。

梁思成先生却没有这样的幸运。梁思成在林徽因走后，七年之内，过着青灯独对的孤寂生活。这一段时间，梁思成忙碌，但记忆的闸门，依然打开，多少往事还是不可遏止地涌上心头，历历在目，宛在眼前。

梁思成的父亲，立宪派巨擘梁任公，实乃难得的开明父亲，永远充满着乐观主义精神。父亲给予自己的，是对生活的热爱，是对事业的执着。梁思成的诙谐风趣，那是远近闻名的。20世纪50年代，梁思成先生身边的很多学友都知道，先生除了正规的职务之外，还有两个民间的职务——"瘦协主席"和"废协主席"。"瘦协主席"是指体重而言，夏衍体重44公斤，荣膺"瘦协主席"，梁思成和夏鼐45公斤和47公斤，荣膺"副主席"；朋友们抬杠聊天，很少有能够说得过老舍的，所以，"废协主席"，非老舍莫属，华罗庚和梁思成紧随其后。

冲破层层阻隔，与一代才女林徽因结婚，既有甜蜜的幸福，又有感伤的记忆，可谓悲欣交集。爱好广泛的梁思成，与林徽因在一起，受尽了"压抑"。尽管才女多愁多病，但是，流淌着十足的文艺复兴的"风味"，令人神往的同时，也不免令人苦恼。林徽因在"太太的客厅"，与徐志摩谈论诗歌、与金岳霖谈论哲学，学界友朋出席太太客厅的沙龙，只听见林徽因议论风生，谈笑自若。

梁思成之所以选择学习建筑，也是驾驶摩托车遭遇车祸后，在协和医院养病期间，受到林徽因的影响。梁思成的职业生涯是在爱神的感召之下进行的选择。老父梁任公对于儿子的选择一向开明，这让梁思成十分宽慰。

从宾西法尼亚大学毕业之后,爱情也瓜熟蒂落,梁思成和林徽因前往加拿大,婚礼是在姐姐和姐夫的祝福声中完成的。一对新人遵照梁任公的嘱咐,前往欧洲参观古建筑。

回到故国,梁思成、林徽因并没有进入建筑公司,而是前往东北大学,创建建筑学系,培养了中国一代建筑人才。1931—1945年,参加民间社团——中国营造学社,踏遍青山,勘察中国古建筑,蓟县独乐寺、正定隆兴寺、赵县安济桥、五台山佛光寺,处处可见"林中美人"和"梁上君子"的身影。

保护古建筑,给历史人文续命,就是梁思成先生的人生使命。难怪老先生喃喃自语:我就是辽代的一块木头啊!

历史的残酷之处在于,八百年人文历史底蕴的北京,只有遭受大规模的破坏之后,人们才恢复理性的清明。梁思成在20世纪50年代对北京主事者说:"五十年后,有人会后悔的。"

古都的厄运,不仅损害了梁思成的理智,而且,扭曲了梁思成的性格,那个曾经诙谐幽默的梁思成先生,在人生的晚岁,形容枯槁,了无生趣。因为,心之所系古都北京的文脉,已经被彻底摧毁。

梁思成、林徽因的爱子——梁从诫,曾经说过令人惊心动魄的话:梁家三代薪火相传,无一不是失败者!

痛哉斯言!

清风明月顾毓琇

"周随旧邦,其命维新",肇始于晚清的文化革新溪流,终于酿成新文化浪潮,风起云涌,惊涛拍岸,具有鲜明的"文艺复兴"特征。一代通才顾毓琇,追随文化巨人梁启超,与赵元任、林徽因一起,贯通传统与现代,融通人文与理工,成长为最具有文艺复兴风味的一流人物。

无锡顾氏乃东林书社领袖顾宪成的后裔,顾毓琇祖母乃秦观的后裔,母亲为王羲之的后裔,按照陈寅恪先生的说法,具有极优美之家风。令人赞叹不已的是,顾赓明老先生早逝,夫人王诵芬精打细算,教育有方,使得七个子女皆上大学,顾毓琦、顾毓琇、顾毓瑔、顾毓珍、顾毓瑞兄弟,一门五博士,实在是百年中国家族史之奇迹,令人叹为观止!建议望子成龙、望女成凤的家长,得暇就带着孩子前往无锡顾毓琇故居,感受老太太那无言之教。

顾毓琇与四弟顾毓珍,都曾在清华园读书,在激情燃烧的岁月,人生梦想,发轫于宿舍和社团,一生的光荣,也在课堂内外起步。时代的风潮,吹皱一池春水,水木清华,自然也会产生涟漪。顾毓琇总结清华求学岁月,"以参加新文化运动、五四运动为最有意义。有机会拜梁任公先生为师，不胜欣幸！"

20世纪20年代，校园文学所达到的水准，令人称奇！酷嗜文艺的顾毓琇，写小说，编戏剧，而成为文学研究会会员。顾氏担任清华戏剧社社长，1922年创作的《孤鸿》四幕剧，发表于《小说月报》。大家熟知南开对中国话剧的贡献，其实，清华盛产戏剧方面的人才，洪深、顾毓琇、曹禺、李健吾、杨绛、英若诚，都是个中翘楚。

1923年毕业之前，顾毓琇编完三幕剧《张约翰》，6月17日，由本级学友公演，为顾氏八年清华时光画上圆满的句号。值得一提的是，好友梁实秋、吴文藻反串女演员，梁实秋穿着高跟鞋在舞台上婀娜多姿的身影，令人喷饭！

1923年8月17日，顾毓琇与舍友梁实秋、王化成、吴景超等八十位清华学友，另有燕京谢婉莹（冰心）、许地山等三位同学，乘坐杰克逊号邮轮赴美。这一船上承载着中国多少希望之星：吴文藻（社会学家、冰心丈夫）、施嘉炀（顾毓琇之后的清华工学院院长）、邓叔群（微生物学家）、孙立人（抗日英雄）。顺便说一句，通过在邮轮上办"海啸"壁报，顾毓琇、梁实秋、冰心结为好友，而书呆子吴文藻，也得以结识矜持的冰心，来到美国，还是顾毓琇牵线搭桥，使得吴文藻、谢冰心收获爱情。

在麻省理工学院学习科学的顾毓琇，依然保持着对话剧的浓厚兴趣，1925年顾毓琇编剧、闻一多置景的《琵琶记》在波士顿公演。蔡中郎由梁实秋扮演、赵五娘由谢文秋扮演，牛丞相由顾毓琇扮演，牛丞相之女由冰心扮演，轰动一时。顾氏回国后，编有《白娘娘》《项羽》《荆轲》《古城烽火》《岳飞》《西施》，《古城烽火》《岳飞》由国立剧专上演，在中国话剧史中，占据重要席位。

文艺复兴风味的人物，最突出的特质是精力充沛，兴趣广泛，几乎在所有感兴趣的领域，都能够取得杰出的成就。顾毓琇的一生，充分展示了这一特质。对于顾氏而言，一切皆有可能，小说、戏剧、音乐、诗词曲赋、佛学史、电机，从顾毓琇百岁生命中，流淌出来，一切都似清风明月，那么恰如其分，那么自然天成。

顾氏忙于编排戏剧的同时，并没有荒疏学业，二十六岁，发明"顾氏变数"，成为国际电机权威，并于1972年获得电机工程界"兰姆"金质奖；追随哥哥就读麻省理工学院的四弟顾毓珍，有"顾氏公式"。兄弟的成就，皆为国际学术界所承认，令人叹服。

1929年2月顾毓琇回国之后，与才女王婉靖结婚，夫妻互敬互爱，举案齐眉，可谓模范家庭。夫妻心胸开阔，心态平和，书画娱情，顾毓琇得享百岁高龄，夫人一百零五岁，堪称人瑞。

1932年秋，顾毓琇从中央大学回到母校，担任电机系主任，次年初，成为清华工学院院长，住西院十六号，与杨武之、郑之蕃、陈寅恪、闻一多为邻。顾毓琇在清华任教的五年，正好是文化古城时期，也是顾毓琇收获颇丰的光荣岁月。在这五年里，顾毓琇除了教书育人，还出版了《电机工程名词》，参与创设中国电机工程师学会；代表梅校长，参与营救文学院院长冯友兰先生，还要应对学生运动的复杂局面，可谓"风雨如晦，鸡鸣不已"。

就清华校史而言，工学院在清华建立的时间，并不算早。但是，由于具有多学科的综合优势，汇集施嘉炀、陶葆楷、蔡方荫、张泽熙、庄前鼎、刘仙洲、殷祖澜、章名涛、任之恭、李郁荣等一批名师，具有很好的生长态势。至于清华工科一枝独秀，那是因为"院系调整"——将文、理、法、农科彻底切割出去——而形成的无言结局。

有位名叫"古城"的人士，曾于1936年发表《谈谈清华的工学院》，认为工学院教授的教学方法，可说完全是注入式的、填鸭式的，尽管有失偏颇，但也不能否认工学院的教授是严格认真的，工学院的学友在埋头苦干。但是，"古城"的结语，却异常中肯："没有与国家民族的经济政治脱离关系的独立教育，也就没有与国家民族的经济政治脱离关系的专门技术人才。"

工程技术的发展，与民生福祉、国家利益和社会进步关涉甚大，这一点，以顾毓琇为代表的清华老辈先生，看得极为清楚。

1933年春，顾毓琇组织清华师生代北平军分会张学良研制防毒面具八千具。中国以前的防毒面具由意大利进口，但是橡皮在寒冷气候下容易开裂，长城抗战前线，急需自制防毒面具。顾毓琇等清华师生用橡皮布及洋铁罐，壮我士气。后其又为绥远傅作义将军制一万具，为百灵庙大捷贡献殊多。

顾毓琇先生创设无线电研究所和航空研究所，着眼点在学术独立。并陪同冯·卡门博士和华敦德教授赴庐山，面见国家领袖蒋介石，商议中国航空事业，可谓中国航空之里程碑事件。

"七七事变"之后，顾毓琇为国难而奔走，兼任国立音乐院院长期间，确证三四八频率为黄钟的标准音，并将贝多芬"第九交响曲"第四乐章歌词部分（席勒《欢乐颂》）翻译为中文，先生深厚的人文底蕴，可窥一斑。先生编剧的豪情，自抗战开始，代之以吟诗赋曲的雅好，数量之巨，直追陆游，获得"国际桂冠诗人"称号。

顾毓琇的后半生，在美国度过。先生每天都是那么充实，丝毫没有"寓公"的哀婉凄凉，而是与维纳一起，向自动控制理论发起进攻，永远是那么"新潮"，即使到了晚岁，也是如此。

顾毓琇曾以"清风"、"明月"、"劲松"自许。而面对顾毓琇波澜壮阔的一生，时贤赞曰：电机权威、教育专家、文坛耆宿、桂冠诗人、话坛先驱、古乐泰斗、爱国老翁。

载《新京报》2011年4月21日，清华百年特刊

坚忍不拔陶葆楷

老清华各个学院的院长都能够享有高寿：理学院院长叶企孙七十九岁，文学院院长冯友兰九十五岁，法商学院院长陈岱孙九十七岁，农学院院长汤佩松九十八岁，工学院首任院长顾毓琇一百岁，继任院长施嘉炀九十九岁，代理院长陶葆楷八十六岁。由此可以见出，自强不息的清华人有着坚忍不拔的生命意志。

老清华的一大特色为，大部分教授都曾经是清华的学子。生于无锡的陶葆楷，很早就跟从父亲到天津上学，1920年考取清华。清华之所以出人才，与这所学府的特质密切相关。清华有优秀的师资配置，有独特的校园文化。陶葆楷参加中英文辩论会，并曾在东单三条协和医院演过英语话剧，陶先生回忆说，自己扮演一个洗衣女工。陶葆楷的英语水平，在清华就已经崭露头角，就是日后在土木系执教，口语之纯熟，也是有口皆碑的。所以，有理由推想，陶先生或许说梦话都是用英语说的吧！

1926年，陶葆楷与任之恭、林同济、贺麟等六十九位学友，踏上美洲新大陆。林同济在40年代成为"战国策派"的盟主，贺麟为黑格尔研究权威，而任之恭更是国际公认的无线电权威。这里需要提及的是，任之恭日后任教于清华，喜欢上了好友陶葆楷的妹妹——陶葆柽，并于1937年喜结连理。任氏为山西沁源人，素喜面食，在清华餐厅吃饭，几乎必吃面条，配以正宗的山西陈醋，佐以葱花、姜末，味道鲜美——这吃面的事迹广为流传，最后，清华餐厅菜单居然有"任先生面"，不禁令人莞尔！

陶葆楷赴美留学，先后在密歇根大学、麻省理工学院、哈佛大学学习，研习土木工程和卫生工程。清华学人，接受通才教育，通过学分制、自由转学转系，自然具有优美的常识。

陶先生通过参观纽约、华盛顿、芝加哥等城市的给排水工程，燃起培养中国市政人才的梦想，一路走来，却并不容易。

1931年，二十五岁的陶葆楷受聘清华，担任母校土木工程系教授，可以说创造了年轻教授的一个记录。陶先生有感于中国市政之落后，主持创建了土木系的市政与卫生工程组。中国市政建设，民生关涉极大。而其之所以长期落后，也不是偶然的。当时，国内著名学府，都没有设置这方面的系科。总有人觉得，搞下水道这玩意儿，怎么能登大雅之堂！何需本科专业，有一个中专或者技校，就足够了。城市满城挖，市民出行不便，生活设施不配套，交通拥堵，公共厕所稀少，这是摆在大伙面前的客观事实。所以，人口众多、规模宏大的都市，依靠整日开挖的"劳手"，怎么可以呢？必须有市政的"巧心"。

不能不承认，陶葆楷先生的市政思想，实在先进。不难想象，陶先生会遇到多少艰难险阻。社会需求推动学术研究，这是平常的道理；但是在社会还没有将某事提上议事日程的时候，也必须有学者高屋建瓴，进行前瞻性研究。因为，凡事预则立，不预则废。陈寅恪先生特别讲究学术研究的"预流"。客观而论，陶葆楷先生一生从事的事业，都属于"学术预流"。没有对学术充分的热爱，没有坚忍不拔的精神，是断然不会做的。在很长时间里，先生都处在寂寞的生涯。令人感怀不已的是，陶先生自身所具有的宁静品格。

学问可以分为"有用之用"和"无用之用"，很多人理解工程技术属于"有用之用",人文学科属于"无用之用"。其实不然,20世纪30年代,北平的市政设施之落后,可以说是惊人的,此时,陶先生发愿发展北平的卫生工程,无异于痴人说梦!但陶先生本着平常心,通过各种机缘,力所能及地做些卫生工程的实际工作。先生与协和医学院合作,在北平东城区建立公共卫生事务所,水井改良、厕所改建、垃圾处理、食品卫生,均由清华大学主持。即使被讥讽为"厕所工程师",先生也甘之如饴。

陶葆楷先生温文尔雅,待人亲切,常面带微笑。讲课生动有趣,层次分明,很受学友欢迎。美中不足的,就是先生的粉笔字非常细小,不少学友抄笔记时,有些苦恼。

陶先生与刘仙洲、陈岱孙先生一样,具有文化自觉的理念。在老辈看来,运用汉语讲课,用中文编写教材,就是学术独立的有机组成部分。1935年陶先生编写的《给水工程》,就是中国给水工程领域最早的一本教科书,这样的翻译工作,也只有一流水准的学者,才能胜任。

自从清华老校长梅贻琦先生提出"生斯长斯,吾爱吾庐",感召不少清华人爱校如家。但是,文、理、法学院好多先生,在院系调整之后,只能离开水木清华。而陶葆楷先生,反倒因为院系调整,得以重回清华园。老先生自然喜出望外,一家人搬出城内史家胡同,来到清华,曾居胜因院一号。陶葆楷夫妇侄子、外甥总共有十位,来到清华读书,家里面也少不了这些孩子的身影。先生的弟子钱易等人,经常在陶夫人装饰典雅的客厅向先生问学。清华建筑系的学友,则以陶先生的院子和客厅作为写生的对象。

陶先生与青年们在一起,心态永远都是那么年轻,思想也总是站在时代的前沿。陶先生是中国环境工程教育事业的先驱和创始人之一。经先生倡议,1977年清华首创环境工程专业。1981年,经过先生奔波游说,清华和国家环保局合作设立环境工程研究所——难怪其弟子那么钦佩先生的"眼光远大"!

陶先生觉得,学术事业,需要薪火相传,所以不遗余力奖掖后进。

出国开会以及进行学术交流的机会,陶先生主动让给年轻教师参加,这里需要说明的是,如此崇高的境界,可不是一般人能够做到的。但对陶先生而言,这一切都是很自然的。这就是门生所称誉的"胸襟宽广"。

在陶先生百年诞辰纪念会上,先生的得意门生钱易说:"陶先生如果看到环境工程学科今天的发展,一定会含笑九泉;但他如果看到我国江河仍受到严重的污染和蹂躏,人民健康受到威胁,一定会忧心如焚,到处奔走。所有从事环境学的学者、学生应该向陶先生学习,意识到肩上的责任。"

载《新京报》2011 年 4 月 21 日,清华百年特刊

玉汝于成华罗庚

上苍并不是那么眷顾华罗庚，家贫而失学，伤寒致腿疾。但是华罗庚却能扼住命运的咽喉，进行顽强抗争。老辈清华学人，爱心护天才，最终使得华罗庚，艰难困苦，玉汝于成。可见，上苍在为华罗庚关闭一扇门的同时，也为华罗庚开启了一扇窗。

华罗庚先生之所以成为一个传奇，很大程度上得益于那个孕育传奇的时代。自学成才是华罗庚独特的人生路径，但是这条路要想走到底，谈何容易！华老爷子家境不佳，没有条件供养华罗庚就读大学，所以，能够在黄炎培先生主持的上海中华职业学校就读，已经难能可贵了。

华罗庚作为自学成才的楷模和榜样，令人景仰。走在自学的小道，曲径通幽，绝非易事，这让很多年轻人知难而退。凡夫俗子生活在环境之中，而伟大的人物，才生活在希望里。在爸爸开设的杂货铺记账，手头只有一本《代数》、一本《几何》以及一本残缺不全的《微积分》，这就是华罗庚伟大数学生涯开始时的全部家当。但嘈杂的市井并不能压抑华氏对数学的痴迷。经常光顾杂货铺的老乡们，看到这位"账房先生"举止乖张，只能以"罗呆子"视之。

有心人，终不负。华罗庚的论文《苏家驹之代数的五次方程式解法不能成立之理由》，在1930年12月出版的《科学》杂志发表，并引起清华算学系主任熊庆来先生的密切关注。熊庆来认定华罗庚具有数学禀赋，向系里的人打听，华罗庚是哪里人。唐培经回答，华罗庚是自己老乡，刻苦自学，甚是难得。

自学成才者，只要意志坚定，可以克服常人难以想象的困难；但是，有一件事情，自学者绝对办不到——所谓"千里马常有，而伯乐不常有"。如果没有熊庆来先生慧眼识英才，则可以断定，就不会诞生伟大的数学家华罗庚。

华罗庚来到清华，被熊先生安排担任图书馆助理馆员。英文不好，熊先生安排华罗庚系统进修大学课程。华氏在清华园，随时可以向算学系郑之蕃、杨武之、孙光远先生请益。华氏的勤奋，引起清华算学首位研究生陈省身的注意。华氏暗下决心，不能辜负老辈先生的殷切期望。1931—1936年，华罗庚在清华的六年，可谓收获颇丰，既受到正规的教育，又有学术上的心得，而这一切，都是开明、大度的清华学人所赐。

这里需要提及的是，清华算学系的先生，心性淳厚，乐于成人之美。郑之蕃先生属于老牌清华学人，待人以诚，敬业乐业；杨武之先生乃杨振宁的尊人，与孙光远先生都是芝加哥大学的博士，经过杨武之老先生牵线，陈省身得以与郑之蕃教授的女儿郑士宁缔结美好姻缘。

熊庆来先生则是云南弥勒人，曾经留学比利时、法国，1921年学成回国，受到东南大学校长郭秉文先生的信任，负责创办算学系。在30年代初，利用休假期间，再次来到法国，并完成博士论文，所定之"无穷级"研究成果，被国际学术界称为"熊氏无穷级"。

熊庆来先生面貌方正，行事持重，为人平实、诚笃，早在东南大学任教时，就有资助严济慈出国留学的佳话。熊先生几十年如一日，爱重人才，其所具有的高贵品格和宽阔胸襟令人动容！1936年华罗庚负笈剑桥，就是熊庆来先生在中英庚款委员会担任审查委员时推荐的。华氏在剑桥，深得哈达玛和维纳的器重。1938年华氏回国，就受聘担任西南联合大学的教授。而此时，恩重如山的熊庆来先生则离开清华，就任云南大学校长。

1949年正参加联合国教科文会议的熊庆来先生，由于鼎革，滞留法国。1957年回到大陆，并入中国科学院数学所，从事学术研究，此时，熊先生慧眼识英才——华罗庚，担任数学所所长，历史真是有趣！师恩难以忘怀——深受清华熏陶的华罗庚，直到1962年，还住在清华新林院。

1983年12月，正在美国访问的华罗庚先生，出席加州理工学院清华校友聚会，说了一番旧话，专门谈论旧人旧事，借以表达对老清华学人的怀念之情。华氏感慨地说："我不是清华毕业生，没有清华文凭，但我是清华同学，不只是大学同学，也许还是清华中学同学。"

"熊庆来对我来讲，当然是知遇之恩，是说不尽的。他对我的影响，至少是一点，就是他工作到老，工作到死，工作到最后一息。我今年七十三岁，还能在理论、应用方面坚持工作，这都是他的榜样作用。"

这一番发自内心的话语，令人动容，同时，似乎也一语成谶，1985年6月12日，华罗庚先生在东京大学发表学术演讲，接受鲜花的一刹那，猝然离世。

华罗庚和陈省身，属于百年中国数学史上一流的人物；相对于陈省身，华罗庚却有着太多的艰辛。仔细观察，不难发现，这些成就，充分展示了华罗庚的个人风格。因为学问的根基依托于自学，所以华罗庚所涉及的领域非常宽广——所谓几何与代数兼容，学理与应用并重。

华罗庚不辞辛劳，大江南北，长城内外，推广统筹法和优选法的热忱和执着，确实在数学家里显得特立独行。这方面的故事，已经有口皆碑。但是，华罗庚与钱三强，对于推进中国计算机研究，贡献独多，遗憾的是，了解的人却不是太多。

华罗庚执着于数学事业的同时，亦有生活的情趣：阅读武侠小说，也是华氏的乐趣所在；同时，华氏对于传统诗词，也有着独到的理解和感受。

1953年春，钱三强领衔中国科学院代表团访问苏联，团员有华罗庚、赵九章、张钰哲等。得闲，华罗庚出一上联："三强韩赵魏。"见诸位想不出来，华氏又说出下联："九章勾股弦。"洵为妙联，众人不禁莞尔。大数学家休息的方式，很是独到。

当代数学大家丘成桐先生，堪称先生的知音，追怀华罗庚一生志业："家国飘零，关山难越，剑桥归处。翠老春湖，滇池絮落，豪杰知几许？克难时节，干云意气，任他暴风横雨。照灵光、飞扬怒马，文章独擅俦侣。神州再造，飞回头雁，子弟得教七五。复变多元，堆垒难绝，矻矻求新路。东游憔悴，高谈未尽，忍乘黄鹤归去。而今算、星沉素数，难忘隽语。"

载《新京报》2011年4月21日，清华百年特刊

耿介孤忠黄万里

清华大学在"反右派"运动中，曾经涌现571名"右派"，而在222名教职员"右派"里面，又有三大"右派""标兵"——钱伟长、孟昭英、黄万里。1978年之后，钱伟长、孟昭英两位先生被改正后，受到主事者的重视，得以发挥余热。而黄万里先生却没有那样的幸运。但是耿介孤忠的先生正气凛然，谱写了一曲可歌可泣的壮歌！

黄万里先生（1911年8月20日—2001年8月27日）和清华大学，一起迎来了百岁华诞。犹记风吹水上鳞：黄万里早岁在唐山土木工程学院，习土木工程，毕业后在杭江铁路公司工作，只要踏实肯干，原本是不难在这个行当做出一番成绩的。只是1931年的长江大水，七万百姓被大水淹没，如此惨重的创伤，给黄万里留下了很深的心理阴影。所以他远赴重洋，习水文，就是为了追"李冰"之足迹，造福百姓。

但在冥冥之中，黄万里被一只巨手操纵着，使得先生生前寂寞，身后冷清。这种时节，清华土木水利学院，对黄万里进行选择性遗忘；而由于选择性记忆，时人依然把光华聚焦在那位1912年出生的"水利泰斗"身上，大张旗鼓地庆祝张光斗的百岁诞辰。

当然，谁也不能阻止清华主事者保持政治正确。张光斗确实有"大作"——三门峡、三峡；黄万里没有工程不说，还要反对三门峡和三峡，这对一个工程学家来说，的的确确是一出悲剧。这在功利主义者看来，黄万里的一生的成就，当然比不上人家张光斗。

黄万里与张光斗，清华水利系的两位"名家"，实在有点不是冤家不聚头的味道，且两位的"缘分"颇深。说起来，1912年5月1日，常熟鹿苑镇出生的张光斗，与1911年在上海川沙县出生的黄万里，可谓同乡。黄万里1932年毕业于唐山土木工程学院，张光斗1934年毕业于上海交通大学，这在当时，都属于交通大学校友，可谓同学。1934年两位往美国留学，都于1937年回国，黄万里获得伊利诺伊大学香槟分院工程博士学位，张光斗得到了加州伯克利分校、哈佛大学两个工程硕士学位。1937年不约而同在国民政府资源委员会水利部门工作，可谓同行。张光斗1949年担任清华教授，黄万里1952年底从唐山铁道学院带领十三位学友，集体转往清华大学，可谓同事。

历史真是妙啊！按照常理推断，随着大规模建设高潮的到来，两位分别或者联袂承担大型水利项目，乐何如哉！可无厘头的政治运动，随时会干扰学者的生活，无奈，只能在运动的间隙，见缝插针地进行研究。但谁也没有想到，政治会以一种别具一格的方式，切入水利教授的内心。

记得1986年，万里先生在全国软科学研究工作座谈会上，提出《决策民主化和科学化是政治体制改革的一个重要课题》，这篇富有新意的文稿，承载着沉重的历史教训。全能政治，既不弘扬民主，也不可能发展科学。迄今为止，主事者想做一件事，依然习惯于"三拍"——上级拍脑瓜，火速决策；下级拍胸脯，保证完成任务；上级和下级一起拍大腿：唉，又干错了，交学费了。

1955年4月，三门峡大坝已经开工，水利部才召集学者和工程师进行"讨论"。所谓的"讨论"，其实，一边热烈地鼓掌，一边喜笑颜开，甚而喜极而泣：这种大工程，太及时了，好得很。国民党统治那么多年，动不动就决口，民不聊生啊。三门峡大坝的动工，充分证明社会主义的优越性。

当时参与讨论的"儒生",正好与孔夫子出活的弟子数量相匹配,七十多人,分析三门峡动工的理由,竟然是子虚乌有的"圣人出,黄河清"。可见,谁能说这七十多位是具有科学理性的现代学者呢?只能认其为充斥着个人迷信的江湖术士。

坦诚耿直的黄万里先生,不忍心见到如此荒谬、荒诞、荒唐的闹剧出场,本着一片赤胆忠心,与七十位知识分子论辩,七天之内,舌战群儒,指出三门峡的修建,将会形成翘尾巴的结局,纯属以邻为壑,殃及关中平原,加以泥沙沉积,最终造成不可挽回的灾难性后果。

由于政治环境和自身性格的双重因素,更由于耿介孤忠的道德操守,使得黄万里先生的抱负未能发抒。但旁人不必为先生遗憾,因为先生已然拯救了自己的灵魂。

在政治已经走上正常轨道的国家,多具自由质朴的文化原生态——学者忠于科学,追求真理,那是再自然不过的事情。而在极权社会,可以说,很少有道德完善之人。这是什么道理呢?极权社会吞噬人的良心。

三门峡水库上马的时候,苏联专家非常吃香。而这些专家哪里能够想到黄河的泥沙如此严重呢?黄万里先生眼见着三门峡水库木已成舟,拼死力争,强烈建议千万要保留清淤涵洞,苏联专家没有听进去,中国学者也还沉迷在"圣人出,黄河清"的憧憬中不能自拔,将八个导流底孔全部用混凝土堵死。后不得已,每个以一千万的造价打开。

1958年11月25日,三门峡工程完成对黄河的截流,很短的光景,就出现了黄万里先生所预言的灾难性情景。泥沙淤积,淹没良田八十万亩,四十万民众流离失所,十五万移民甚至搬移多达十几次,有些老百姓迫不得已,竟然开始了长达五十年的马拉松式的上访。面对此情此景,禁不住潸然泪下,浩叹不已:时日曷丧,吾与汝偕亡。

面对如此令人震惊的巨大灾难,有良知的万里副总理,迫切希望加速决策的民主化和科学化。但是,在决策民主化和科学化尚未到来的时候,政绩工程是绝不会主动停下来的。

三峡专家组的侯学煜和马世骏先生，竟然在1991年，不到六十天之内，相继离世。这样，在1992年七届人大五次会议上，三峡工程在177票反对、664票弃权的情形下，主事者决定上马。

1993年5月，张光斗被国务院三峡工程建设委员会聘任为《长江三峡水利枢纽初步设计报告》审查核心专家组组长，主持三峡工程初步设计的审查。张氏竭尽全力帮助主事者实现"高峡出平湖"的浪漫想象。三峡工程开工之后，张光斗每年都到三峡工地两次，眼睛看不到，就用手摸，以此来保障三峡质量。

黄万里先生为三峡问题，先后六次致信主事者，希望当局给三十分钟的时间，讲解三峡问题的要害，皆石沉大海。老先生如同大战风车的唐·吉诃德一样，弥留之际依然呼喊着：三峡，三峡，三峡千万不能上。2001年8月27日，黄万里先生走完了人生最后一段旅程。

黄万里留有遗嘱，绝口不谈一句家事，而是牵挂着长江和汉口的安危，认为治江大事，绝对不能轻忽。

子规夜半犹啼血，不信东风唤不回！

一言难尽蒋南翔

回首清华百年，有一个有趣的方面，可能还没有引起关注，那就是这所学府"盛产"校长。老清华时代，熊庆来先生出任云南大学校长，萨本栋先生出任厦门大学校长，顾毓琇、吴有训先生担任中央大学校长。梅贻琦先生游美学务处的校友：胡适担任北大校长，竺可桢担任浙江大学校长。这些老辈，谱写了民国大学史的光荣。

1952年的院系调整中，清华经过"瘦身"，成为工科学府。"一二·九"运动的发起组织者——蒋南翔，踏遍青山，兜了一个大圈子之后，于1952年12月31日，回到水木清华，并发表"就职演说"："清华大学当前迫切任务就是要深入教育改革，破除英美资产阶级的旧教育传统，逐步地把自己改造成为社会主义新型工业大学。""党的领导是胜利完成教育改革的关键。"

中央主事者任命蒋南翔为新清华的"舵手"，可谓匠心独运，意味深长。破除旧教育传统，对于清华而言，潜台词就是批判并且抛弃梅贻琦老校长的自由理念和民主气质。而清华逐步被改造成为社会主义新型大学的过程，也就是蒋南翔教育思想的确立过程。

历史的作业面实在狭小，蒋南翔要与老校长叫板了。聪明的蒋南翔，尽管早已经厌弃梅贻琦老校长的理念和风格。但要与自己早年在水木清华所受教育彻底决裂，必有雷霆万钧之力，才能脱胎换骨。出手不狠，存有小资产阶级的温情，是绝对不可以的。而割断历史，无异于割断记忆，谈何容易！

回首当年，1932年出生于江苏宜兴高塍镇的蒋南翔，考取清华大学中文系。此时，北平正处于文化古城时期的"黄金时代"，上年的"九·一八"事变引发的学生运动已经平息，"一二·九"运动尚未来临，华北之大，尚能安放得下一张平静的书桌。清华老图书馆已经于1931年11月扩建完工，一代书法名家于右任题写馆名。在窗明几净的图书馆里读书，可谓赏心乐事。

中文系学友旷璧城、孙作云、董同和，都是典型的读书种子。中文系的诸位先生，杨树达、刘文典、陈寅恪、闻一多、俞平伯、朱自清，春风化雨，薪火相传。

陈寅恪受刘文典委托，出1932年国文招生命题，还闹出了一场不小的风波。原来，陈先生喜好做对子，趁着这回出题的机会，在作文题目《梦游清华园记》之外，加上对对子，其中有"孙行者"，引来议论纷纷。有位名叫周祖谟的考生，心里想到"祖冲之"，最后填写的答案是——"胡适之"，也颇为有趣。但是，周祖谟嫌清华学费贵，选择北大，经过努力，成为魏建功先生的姑爷，并成长为一代语言学名家。

笔者感兴趣的是，蒋南翔是否想出了答案？蒋氏在作文《梦游清华园记》里面，会梦到二十年之后，入主清华大学吗？可见，人生宛如一梦。大概，老校长梅贻琦，做梦也没有想到，历史选择了蒋南翔，这位整天策划学潮的职业学生，系统摧毁清华的传统和精神。

读书氛围浓厚的清华园，并没有让蒋南翔成为"书呆子"，而是成为浪漫的理想主义者，"华北之大，已经安放不得一张平静的书桌了"——正是出自蒋南翔的手笔。既然，教育不可能独立于政治之外，那么校园政治就轰轰烈烈地展开了。蒋南翔参与的清华学潮，就构成了很大的一盘棋，清华出产高位者的传统，大概就是通过姚克广、宋平、蒋南翔这些学子建立起来的吧。

如果说国民党控制学校的愿望落空了，那么，共产党继承了国民党的"遗志"，并完成了国民党的心愿。通过蒋南翔这样的种子选手，完全彻底地实现了，在学府安营扎寨。有百分百的理由说：没有共产党就没有新清华。通过20世纪50年代的院系调整，已经从制度安排上，建立了与政治相匹配的间架结构。随着强人蒋南翔的到来，政治辅导员制度的建立、反右、拔白旗，创造性地、集大成地完成了这一配置，蒋氏主持高等教育部，将清华的"配置"向全国扩展。

如果2111年到来，回眸两百年清华，那么历史会给蒋南翔一个定位，这位老清华中文系的学生，书写了浓墨重彩的两笔：将京张铁路东移了八百米；把清华乃至大陆所有学府都变成了党校。

为了响应清华主事者的号召，笔者这位"自封"的"清华编外学友"，也愿意加入到反思的队伍里来，无奈见识短浅，提不出"为什么六十年来不出大师"这样深刻的问题，只是希望清华以及所有关心大学的朋友们，回答笔者肤浅的提问：何以高等学府会变成党校？

追忆

- 魂荒歌处
- 故人将要归来
- 点滴里的晶莹
- 不再漂泊

就像带走每条河流

百年中国史上的五代学人，指的是：第一代严复、康有为、蔡元培、章太炎、梁启超、王国维，导夫先路；第二代陈寅恪、胡适、赵元任、金岳霖、冯友兰，发凡启例；第三代张岱年、费孝通、钱锺书、季羡林、金克木，承上启下；第四代王元化、李泽厚、张光直、李亦园，沉郁顿挫；第五代李零、葛兆光、郑也夫、龚鹏程，百炼成钢。百年中国学术地图，五代学人薪火相传，做出了令人难以忘怀的贡献。

大体说来，前两代学人在民国时期，已经完成了自己的学术著述；第三代学者，民国时期完成了部分学术工作，1949年之后完成剩余部分。

第四代、第五代学人生长在1949年以后，李亦园、张光直、龚鹏程三位是在台湾成长起来的。1949年在百年中国学术地图中，具有重要意义。随着新异社会结构的确立，学术共同体进行重新配置，学术生态圈发生了历史性的转换，民国时期学人，鲜明的学术个性被"格式化"了。

百年学术地图的第二代学者，因为已经完成了自己主要的学术工作，下一步的工作，主要是批判与自我批判。当然，这项工作一点都不轻松，因为伟大领袖已经有过指示：革命不是请客吃饭，不是温良恭俭让。金岳霖、潘光旦先生，检讨不够深刻，那是过不了关的。能够熬过"反右"、"文化大革命"，都已经不易了。1978年之后，沐浴新时期的阳光雨露，绝大多数学者已经到了"负暄琐话"的年纪。老先生往往还没有恢复学术自信，就已经前往八宝山报到。

也许是大家忙于"四化"，也许是老辈学者尚多，反正，老辈学者在20世纪80年代并不稀缺，老夫子的离世并没有引起更多的注意。那时，老辈学者去世，大多在《光明日报》发布讣告，追悼会也很朴素，甚至有些寒酸。不知道为什么，对老辈学者的报道，有些吝啬，也从来不称呼他们为国学大师，更不会想到：大师之死会带走一个时代。

时代的喜好，可以称得上：天地有大美而不言。按照李零先生的说法，那时候，国学并不是一个时髦的东西，甚至可以说是有那么一点的忌讳——与"反封建主义"的时代风尚相违。梁漱溟、冯友兰生前，都没有人称誉他们为国学家。因为，老先生心里跟明镜似的，"国学家"可不是一句好听的话，那时候的国学也远没有现在这么香。不过，王了一、梁漱溟、冯友兰老先生九泉之下有知的话，听到季羡林、任继愈也被人赞誉为国学家，再死一回的心都有。

第二代学者，大多出生在1890—1900年之间，按照正常的生理年龄，1980—1990年之间，寿终正寝，已经是耄耋之年。这一时间段先后去世的第二代学者，不完全统计有：顾颉刚（1893年5月8日—1980年12月25日）、郭绍虞（1893—1984年6月22日）、吴文藻（1901年12月20日—1985年9月24日）、朱光潜（1897年9月19日—1986年3月6日）、王了一（1900年8月10日—1986年5月3日）、夏承焘（1900年2月10日—1986年5月11日）、宗白华（1897—1986年12月20日）、梁漱溟（1893年10月18日—1988年6月23日）、钱穆（1895年7月30日—1990年8月30日）、俞平伯（1900年1月8日—1990年10月15日）、冯友兰（1895年12月4日—1990年11月26日）、周谷城（1898年9月13日—1996年11月10日）。

八九十年代，大陆的社会文化生态，有着很大的不同。朱学勤先生，着眼于学者理路的变迁，认为 80 年代思想凸现，90 年代学问凸现。在《有学问的思想家——王元化》一文里，笔者对此也曾有所议论。

问题不在于学者理念的发展，而在于"中国特色"一种自然的延伸和添加，不少有趣的学者，从中国传统里面，不仅发现了古人的精神，而且预言：这种精神，正是全人类都需要的，如果"鬼子"不知道中国伟大的传统，那么，我们就有责任实行"送去主义"。季羡林先生，正是主张"送去主义"的灵魂人物。任继愈先生是一位有意思的人物，特别强调时代的需要，言外之意，时代不喜欢的东西，任凭个人再努力，也难获得。季羡林、任继愈两位顺应时势，成为标志性的人物。季羡林专业研究是极其生僻的，但不影响季羡林成为一个公众知识分子，这里面可不全是散文创作的功劳吧。任继愈长期担任世界宗教研究所所长、国家图书馆馆长，这些都可以看作国家的需要。

其实，国家的需要是一方面，个人的兴趣是一方面。相对而言，科学的发展，更多是靠个人兴趣，需要寂寞与宁静；技术的进步，更多依赖于社会的需要，国家的需要，需要科际整合。否则就不好理解，在国家没有需要的情况下，牛顿、爱因斯坦何以攀登科学的高峰！

"国学"这种东西很有意思，真正有需求的时候，并不高喊；国家没有真正需求的时候，"国学"的名号叫得很响，甚至，谁不高声大嗓喊两声"国学"，谁就没有文化似的。国学到了这种地步，就已经成为一种时尚，谁都可以穿一件叫作"国学"的文化衫，附庸风雅，顾盼自雄。

传统学问的传承，有家学和师承两种路径。第三代学者较第二代学者，已经没有更多家学的优势了。陈寅恪、钱穆、冯友兰、俞平伯这些第二代学者的成长，家学渊源是很强悍的。"发蒙"和"小学"的童子功，在家族里面由私塾完成。第三代学者，大体上出生于 1905—1915 年之间，别看比第二代学者晚生十多年，社会文化生态，已迥然不同。从第二代所具有的童子功角度看，第三代，除了大宅门出生的周一良和钱锺书，普遍比第二代要差。从这个意义上来说，国学的根基，一代不如一代。

20世纪80年代，曾经有过如何做学问的讨论。因为当时就有人觉得李泽厚的基础不扎实，李泽厚回答：一代有一代之学问。谁不想基础扎实，可再怎么扎实，也比不过王国维、章太炎那辈人扎实。无论如何，第五代或以后的第六代、第七代，研究中国传统的学问，根基普遍不如老辈学者，这是没有办法的事情。

1998年到2009年，第三代学者相继离开：邓广铭（1907年3月16日—1998年1月10日）、王利器（1912年1月28日—1998年7月25日）、顾廷龙（1904年11月10日—1998年8月21日）、钱锺书（1910年11月21日—1998年12月19日）、马学良（1913年6月22日—1999年4月4日）、傅振伦（1906年9月25日—1999年5月8日）、白寿彝（1909年2月19日—2000年3月21日）、程千帆（1913年9月21日—2000年6月3日）、金克木（1912年8月14日—2000年8月5日）、林耀华（1910年3月27日—2000年11月27日）、史念海（1912年6月24日—2001年3月27日）、金景芳（1902年6月3日—2001年5月1日）、周一良（1913年1月19日—2001年10月23日）、钟敬文（1903年3月20日—2002年1月10日）、杨志玖（1915年10月1日—2002年5月24日）、施蛰存（1905年12月3日—2003年11月19日）、钱仲联（1908—2003年12月4日）、杨明照（1909年12月5日—2003年12月6日）、张岱年（1909年5月—2004年4月24日）、张政烺（1912年4月15日—2005年1月29日）、费孝通（1910年11月2日—2005年4月24日）、王玉哲（1913年1月—2005年5月6日）、启功（1912年7月26日—2005年6月30日）、张中行（1909年1月7日—2006年2月24日）、林庚（1910年2月22日—2006年10月4日）、王钟翰（1913年5月25日—2007年12月12日）、蔡尚思（1905年11月10日—2008年5月20日）、王永兴（1914年6月—2008年9月15日）、周辅成（1911年6月20日—2009年5月22日）、任继愈（1916年4月15日—2009年7月11日）、季羡林（1911年8月6日—2009年7月11日）。

　　季羡林、任继愈先生离世，并没有彻底带走一个时代，第三代学者还有周有光、吴宗济、何兹全、侯仁之、饶宗颐在世。这些老夫子，堪称传统文史研究的大护法。这些学术耆宿，依然散发着学问的光芒和人性的光芒，照耀着无数后学。

　　笔者对于中国学术的前途，抱有谨慎的乐观。不要忘记，小草也在歌唱，小树也在成长，小溪依然在流淌。

　　第四代学者是非常值得同情的一代。王元化、李泽厚、张光直、李亦园都是佼佼者；第五代学者，身处的学术文化生态，自然要优于第四代，意识形态的桎梏，在第五代学者看来，已经不是真问题。不过，大陆第五代学者遇到的可能是项目、课题、经费的诱惑，谁能够摆脱这些诱惑，谁就能够出活。这里说一句得罪人的话，李零、龚鹏程、葛兆光、杨义都具有大师的风度。时间是磨砺大师最好的酵母，几位先生慢慢历练吧！

　　读书人的一生如同一条奔涌的河流，终究要汇入大海。然而，前辈学人并不希望耗尽生命的涌动，只造就几朵思想的浪花——他们不朽的理想，只能展现在无边汪洋的汹涌澎湃之中。

　　附注：2009年，小稿定稿时，吴宗济（1909年4月—2010年7月30日）、何兹全（1911年9月7日—2011年2月15日）、侯仁之（1911年12月6日—2013年10月22日）三位先生均健在。后三位先生均以高龄仙逝。

2009年7月20日定稿

仁者杜润生　///

杜润生，1913年生于山西太谷，幼年失怙，求学期间，体会到人间疾苦和不平，由学潮而踏上革命道路。新中国成立初期，担任中南局秘书长期间，针对南方的具体情况，提出分阶段土改的主张，剿匪反霸，建立农会，分配土地，为毛主席所肯定。

有了这个因缘，1953年，杜润生调任成立不久的中共中央农村工作部，担任秘书长。农村工作部部长，就是被称为"邓老"的邓子恢，副部长是两位才子：陈伯达和廖鲁言。中央农村工作部的历史使命，就是领导和推动农业的社会主义改造。

机缘巧合，杜润生和邓子恢，观点高度一致，心中都有一个新民主主义经济的图景，那就是针对不平衡的具体"国情"，主张农业社会主义改造，宁肯把步伐放慢一点，路子多元一点。农民可以采用多种过渡形式。

1953年，毛主席提出过渡时期的总路线，认为自新中国成立那一天开始，资本主义就开始了向社会主义的过渡。这样，"新民主主义在桥上"，势如破竹完成"三大改造"，就成为毛主席很大的一盘棋。毛主席无论搞革命还是建设,都具有高度的浪漫主义精神。既然早晚都要过渡,何必婆婆妈妈?何必老牛破车?为什么不可以快马加鞭?

梁漱溟在1953年9月18日,说出工人和农民的待遇是"九天"和"九地",理所当然受到批判。在毛润之看来,这绝对是跟总路线对着干的,梁漱溟仗着自己在民国年间进行过几年乡村建设,居然狂妄到想代表中国农民,是可忍孰不可忍。

党外人士梁漱溟,不理解战略意图也就罢了,党内农民运动的"专家"和农村工作的"专家"——邓子恢和杜润生,居然也不理解。这在毛主席看来,简直不可理喻。农民享有"买卖自由、雇用自由、借贷自由、租佃自由",简称"四大自由",被指责为"言不及义,好行小惠",不言社会主义而企图在小农经济上挣扎,不仅是"小脚女人走路"那么简单,邓子恢的老脑筋,必须用大炮轰。七届六中全会,就是专门为邓子恢和杜润生"量身定做",毛主席在会议结束时所作《农业合作化的一场辩论和当前的阶级斗争》,把农村工作部跟不上时代步伐的做法,定性为"右倾机会主义错误"。

其实,从历史的角度观察,过渡时期总路线的提出,毛主席下着很大的一盘棋,可谓"一个中心,两个基本点"。"一个中心"指的是"总路线",批判"党外人士"梁漱溟的"反动思想",仅仅是一个"基本点",是"引子"和"前奏",重头戏就是批判党内"小脚女人走路"的"右倾思想"。而这个"基本点",指的便是邓子恢和杜润生。

1955年,可以说是当代中国史上,一个很重要的"节点"。"胡风事件"和"中国农村的社会主义高潮",都可圈可点,预示着以后可能的"形态"和"路径"。1956年,社会主义改造提前十一年完成,而在1958年,中国以神奇的速度,建立了"一大二公"的人民公社。

世界文明史上,亚非拉国家进行现代化建设,在全球的"生态格局"中,甩掉落后的帽子,将"后发劣势",转化为"后发优势",是一条很难的路。因为,人家发达国家,具有"先发优势"。超英赶美,岂不是"逆天"?

中国农村社会主义高潮中建立的人民公社，将农民与工业和商业隔绝。实行工农业产品剪刀差，强化和固化了城乡二元化结构，导致农民在政治、教育、文化、社会权益的不平等。通过从农民那里得到的八百亿支持的社会主义建设，其实多是重工业。民众生活必需品，却长期短缺和匮乏，不仅"后发优势"在很长时间没有体现出来，"后发劣势"倒是肆虐中国。

这段历史，因为牵涉四亿以上农民的命运，实在惊心动魄。邓子恢在七届六中全会上，经过"万炮齐轰"，作出了诚恳的检讨。邓子恢和杜润生，都具有开阔的胸怀，挂念的并不是个人的际遇，而是天下苍生，岂是好行小惠！

杜润生，这位中央农村工作部的秘书长，在七届六中全会上，被认定是邓子恢的"参谋"和"军师"，起了很坏的作用，被贬是自然的。遵照毛主席的指示，杜润生要被发配到农村进行锻炼，都已经做好到海南工作的准备。组织部门看到杜润生是个大学生，"量才使用"，分配到国家科学委员会办公厅，担任副主任。顺便说一下，这个科学委员会，级别很高，办公厅主任是中国科学院党委书记张劲夫，另一位副主任是著名报人范长江。杜润生具有难得的平常心，甘当螺丝钉，干一行，爱一行，很快就融入了科学家群体，并且得到老辈学者的肯定，这样就留在了中国科学院。曾任中科院秘书长，党委副书记。

杜润生的性格特点是平易善思，属于典型的"智多星"，担当"军师"和"参谋"，属于本色当行。杜润生幼年失怙，但并不孤僻，加以曾入北平师范大学文史系，具有深厚的学养。在长期的革命生涯中，对人性的复杂性也有很深的体悟，所以，做秘书长，既是人才难得，更是如鱼得水。

杜润生奉命编制中国科学发展规划时，就充分展现了这一特质。笔者业余绘制中国学术地图，对大学史比较熟悉，学者教授里面，有一些"特立独行"的人物，中关村科学院宿舍，也住着不少性格"孤僻"的大师。杜润生，首先做"功课"，深入阅读苏联和欧美科学发展的相关资料，主张"多兵种合成作战"的发展思路，有钱用到刀刃上，提出"以任务为经，以学科为纬"，方方面面、上上下下，都觉得满意。

当这一切成为"过去时"，历史已经掀开新的一页，"邓老"邓子恢，却已经来不及看到这一天了。令人欣慰的是，杜润生先生神清气朗，更具有理性的清明，参与了划时代的"家庭联产承包责任制"的推广与普及。这一幕，可以说具有强烈的象征意义。杜润生成为"三农问题"的泰斗，顺理成章，水到渠成。

1979年，十一届三中全会已经召开，杜润生本人也六十六岁了，其实完全可以退居二线，含饴弄孙，安享晚年。1979年，农委主任王任重，这位中南局的老熟人，提议杜润生担任农委副主任，出自对农民、农业和农村（"三农"）的那种深切关怀，杜润生欣然答应——可谓烈士暮年，壮心不已！

杜润生，1979年"归队"，重回"农口"，1983年担任中央农村政策研究室主任。中央农村政策研究室位于西黄城根南街，中南海西侧，"古朴"、"厚重"的"九号院"，就是中国农村经济改革的"总参谋部"。将"家庭联产承包责任制"的"星星之火"，推动成为燎原之势的"总参谋长"，就是来自"九号院"的杜润生。

往事回眸，农村经济体制改革，成为当代中国波澜壮阔变革的历史原点。杜润生带着年轻人奔走在祖国的大地上，中国所有的"地委"，除了西藏和台湾之外，都走遍了。杜润生主持起草的中央五个"一号文件"，已经成为当代中国的经典文献。有着强烈使命感的杜润生，古稀之年迸发的"激情"和"活力"，深深感染着身边的年轻人，王小强、王岐山、陈锡文、周其仁，"农口"团队老中青相结合，联袂书写着中国的传奇。

具有胸怀和视野的杜润生，从全国一盘棋的角度，关注和思考改革。农村经济体制改革之所以先行一步，是因为"增量改革"要比"存量改革"容易些，"增量"和"存量"之间的互动，是一篇很大的文章。

中国的改革，要想真正深入下去，要想农民获得平等的国民待遇，必须关注农民的"迁徙"和"结社"两项权益，百岁老人杜润生，依然以他的睿智和情怀，深切地关注着这片大地。

2015年10月9日，九号院的灵魂——杜润生先生，溘然长逝。据媒体报道：润生老的门生中，涌现出一批栋梁。照此看来，老辈杜润生牵挂的农民迁徙权和结社权，落地生根，理当为期不远。

读书种子卞孝萱

南京大学中文系，三十年来，古典文学的中兴，依托三位先生：程千帆、卞孝萱、周勋初。笔者已经访求《程千帆全集》和《周勋初文集》，准备购置《卞孝萱文集》，这样南大三先生的文集，就齐备了。只是希望，店家能够在现有的基础上，为读者着想，把价位再往下降一些。

卞孝萱先生实在是当代学术地图中的王勉，尽管生于扬州的大族，但出生仅两个月，人到中年的父亲遽归道山。大字不识的卞母，一边含辛茹苦带孩子，一边向邻居学字，每天四字，学会之后，在家中教会儿子，堪称当代的孟母。卞母的事迹，感动了柳亚子、陈寅恪等多位文人学者，纷纷给卞孝萱题字绘画。

卞氏十分孝顺，在母亲的感召下，从立信会计学校毕业之后，白天在银行工作，晚上苦读不辍，建构了独特且坚实的学问。

这位读书种子，由于在辛亥革命和民国人物碑传的搜集和研究方面，有着独到的贡献，被金毓黻先生相中，推荐给史学巨子范文澜。卞孝萱在范先生二层小楼居住的那段日子，体会到老先生"板凳须坐十年冷，文章不写半字空"的风范。老先生谆谆告诫后生，学问必须"专通坚虚"。这里的"专",是指不能泛滥无归,要有所侧重;"通",与"专"是相对的,除了自己的侧重,还要博览群书,具有通识;"坚",是指做学问的决心要大,信心要足,没有坚定的信心,则有可能半途而废;"虚"是说,要虚心学习,不能自我膨胀。老辈范文澜的点拨和教诲,令卞孝萱受用不尽。

1971年,中央文史馆馆长章士钊老先生,兴会无前,发愿完成《柳文指要》。卞孝萱在图书馆看书的时候,与章先生的秘书王益知相识,王氏向章士钊老先生提起卞孝萱。由于早岁资助毛润之的慈善之举,使得曾被部下鲁迅告上法庭的"老虎总长",得以在新朝受到礼遇。老先生指名要卞孝萱帮助校对文稿。这样,卞氏得以住进史家胡同51号院,襄助章士钊老先生著述。

"文革"到处在"破四旧",空气中硝烟弥漫。但在红卫兵看来十足的"反动老文人"章士钊,却在"文革"岁月,出版了文言版本的《柳文指要》。这是一件很有趣的事情,令人费解猜疑。章士钊,特别给周公去信,表扬卞孝萱在撰述《柳文指要》过程中的踏实努力。

卞孝萱在史家胡同51号院——章士钊四合院,居住的时间,虽然不算太长,但是受益不尽。由于卞孝萱帮助范文澜先生修订《中国通史简编》时,重点是唐代史实,萌生了侧重于中晚唐研究的念头。这次帮助章老先生校对《柳文指要》,卞孝萱围绕着柳宗元,自然下了一番苦功夫。

顺便说一句,章士钊老先生的《柳文指要》刊布后,出版社送给老先生样书一百部。老先生除送给毛润之、周恩来等政要之外,还给学术界送书。老先生并不认识启功,但是,启功的书画造诣和学术研究的名气,已经传到老先生那里。馈赠给启功的那部,就是经卞孝萱之手送达的。据说,老先生还把这部书送给了才子乔冠华,加速了女儿章含之与乔老爷的恋情。如此宝贵的典籍,居然成为独具特色的定情之物,以后的人们,恐怕就不大好理解了。

卞孝萱两度帮助文化老人编书的经历,在民国乃至以往的历史中,不胜枚举。而这种经历居然出现在不可思议的毛泽东时代,可见,即使在意识形态席卷一切的环境中，真正的读书种子，依然具有底线的生存空间。卞孝萱跟着两位老辈编书，无异于读了两个博士学位。

1984年，卞孝萱来到南京大学中文系，受到匡亚明校长的器重，开始襄助匡亚明校长编辑规模宏大的中国思想家评传丛书。到处打杂的卞孝萱先生，终于在六朝古都安营扎寨，设馆授徒。卞先生喜欢在家中与学友们切磋学问，实在大有来头。程千帆先生的弟子，整理出一本《书绅杂录》；周勋初先生的马来西亚弟子余历雄整理出《师门问学记》。期待卞先生的弟子，也整理出一本问学记，让我辈不仅得以窥见先生的音容笑貌，而且进一步体悟师生辩难切磋的意境和神韵。

卞孝萱，一位原本没有机会识字的人，由于伟大而深沉的母爱、艰苦卓绝的努力和三位大人物的器重，终于成长为著名学者。回顾平生，卞先生不禁感慨：自学，在自得其乐的同时，也走了很长的弯路。不管是在银行还是民主建国会，都没有阻止先生读书的志趣，洋溢着纯正的书生本色，确实令人感佩。至于多方面的兴趣，进行了广泛的阅读和思考，又有什么弯路可言呢？

晚岁的卞先生满头银发，神采奕奕，精神矍铄，讲课声如洪钟，中气十足，充满着生命和学术的激情，长寿是必然的。大家对卞先生的身体状况，一向具有信心，所以，先生遽然离世之时，公子卞岐经过长途跋涉，刚刚来到彼得堡，参加文化交流，得此噩耗，悲痛之情，可以想见。

卞孝萱先生2009年9月5日去世后，凤凰出版社启动文集的出版工作。2010年9月，先生去世一周年之际，疏朗大气、印制精美的七卷本《卞孝萱文集》，出版发行。值得一说的是，卞孝萱先生的公子卞岐，不仅作为《卞孝萱文集》编委会成员，搜集整理老父的文稿，而且还担任该书的责任编辑，谱写了一曲文坛佳话。

守先待后涂又光

2012年11月30日,周五,晚七点,文化沙龙开始时,一位学友告诉我:涂又光先生于11月4日逝世了,终年八十六岁。

中国各地的书房里,有很多隐藏的大家。涂又光先生是具有仙风道骨的哲人,与张培刚先生相似,堪称华中科技大学的"传奇"。由于时代的断裂,流淌在他们身上的才情和睿智,多半消磨在残酷的政治运动之中。晚岁的张培刚先生,得益于经济体制改革的"发祥",经济学成为"显学",晚辈这才发现了"出土文物",从而明了张培刚的价值。

涂又光先生,要是像其老师冯友兰先生一样,能够享有"九五之尊",也就是说,要是涂先生能够再活十年,那么晚辈也许可以明了先生的真正价值。

笔者虽非"通人",但喜爱"杂学",这就需要"转益多师"。涂又光和朱九思先生,就是笔者体悟和思索"大学理念"过程中所"私淑"的老先生。笔者依然保存着朱九思老先生给晚辈我的信札,老先生也许不大知道,信札曾经给身处荒僻小城的学子,带来一份持久的温暖。

笔者业余绘制当代中国学术地图,对百年中国学人的出处,不觉陌生；在给学友讲《中外高等教育史》时，又曾受惠于涂又光先生的《中国高等教育史论》。按理说，对涂又光先生的生平、行状，应有详尽的了解。遗憾的是，除了知道涂又光年轻时师从冯友兰老先生，晚年返聘于华中科技大学教科院，其他一概付之阙如。真是对不起涂先生。

坊间有一种说法，涂又光1949年从清华哲学系毕业，恐怕是以讹传讹。华中科技大学讣告中，说涂又光1947年入清华哲学系。纵使涂又光少年颖异，也不可能两年就完成大学学业，可见，涂又光先生，真正属于"隐藏"的大家。涂先生遽归道山，已经成为一个"传说"，涂先生的身世，似乎也是一个谜。

《清华大学史料选编（四）》记载，涂又光1948年入清华外国语文学系，当年入学的，还有陈流求、龚育之、关肇邺。陈流求是陈寅恪先生的大女儿，入生物系医预科，只读了一学期，就因北平战事，于1948年12月15日与家人乘飞机离开古都。陈流求后来在国立上海医学院借读，院系调整后，这所学校成为上海第一医学院。1953年，陈流求毕业后，分配到重庆610纺织厂从事医疗工作。1961年，为解决两地分居，陈流求来到成都，在市第二人民医院工作。龚育之当年入读化学系，既是自然辩证法权威，又是党内难得的秀才，还是南开大学校长龚克的尊人。关肇邺是梁思成、林徽因两位先生的门生，清华大学图书馆新馆和理学院群楼就是由关肇邺先生设计。清华图书馆新馆的设计，以其对老馆的尊重，而成为令人难忘的杰作。1948年，清华外国语文学系大二迎来了资中筠、冯钟璞和梅祖芬等八位转学生。涂又光的三位"学姐"，很有意思，值得一说。资中筠和陈乐民，是大陆著名的"学术夫妻"，国际政治学名家；冯钟璞是冯友兰先生的女儿，以宗璞名世，《南渡记》《东藏记》，流淌着温婉的书卷气息；梅祖芬是清华校长梅贻琦先生的女儿，当年报考清华，不因尊人是清华主事者而加分，只能入读第二志愿——南开。

涂又光和资中筠，属于百年中国学术地图上的第四代，不经意间，他们乘上了一条"泰坦尼克号"，在这条船上载沉载浮，寻觅生命中的

"诺亚方舟"。这艘"诺亚方舟",应该是一个什么样子?

毛润之有言:"它是站在海岸遥望海中已经看得见桅杆尖头了的一只航船;它是立于高山之巅远看东方已见光芒四射喷薄欲出的一轮朝日;它是躁动于母腹中的快要成熟了的一个婴儿。"

1948年,涂又光入读清华,遭遇中国历史的大变局,可谓"千载难逢"。第一学期期末,清华大学老校长梅贻琦先生悄然出走,而清华,由于独特的"地缘优势",成为北平最早"解放"的高等学府。"北平之大,安放不得一张平静的书桌。"这句话原本是1935年"一二·九"运动期间,清华学长蒋南翔提出的口号,但此时此刻,历史有惊人相似的一幕。人们不禁会问:清华园里可读书? 一代清华人,激情洋溢,奋不顾身,勇敢登上新中国这艘"诺亚方舟"。

资中筠,这位读书种子,就是奔着清华图书馆去的。清华是用庚子赔款所建,经费充足,清华图书馆以其丰富的藏书,成为万千学子向往的地方。资中筠经过艰苦的努力,如愿以偿,进入清华。朝气蓬勃的一代青年,为时代潮流所席卷,热衷于参加政治运动,已然失去读书的兴致。资中筠,这位曾经的好学生,热血沸腾,爬到楼顶,宣誓为了新中国而奋斗。时代风潮,让那些热血青年最难将息。笔者思忖,大概涂又光先生也没有能够"免俗",投身到时代的洪流之中,加入新民主主义青年团,踏上南下的征途。查《冯友兰先生年谱初编》,涂又光1949年南下后留湖北工作。

涂又光先生说一生有三个老师,分别为家庭老师、学校老师和社会老师。幼承庭训,造就了坚实的国学根底;清华,由外国语文学系转入哲学系,与"乡贤"冯友兰先生结缘,并于20世纪70年代,致力于整理老师的著述,出版《三松堂全集》,实为冯友兰先生得力的学术助手;在改天换地的年代,将以改造中国文化为己任的毛润之奉为社会导师,尽管艰苦备尝,但是在内心深处,涂又光有着很深的毛泽东情结。

涂又光1987年离休之前,面对的是困顿的环境,不公的境遇。但涂先生具有强大的气场,以读书治学为心灵的寄托,扼住命运的咽喉,成为一代"隐藏"的大家。

涂又光、李泽厚、资中筠、陈乐民、江平这一代学人的际遇,在百年中国学术史上,最值得同情。因为在知识结构将要形成之际,遭遇文化生态的断裂和脱臼,能够摆脱意图伦理和庸俗进化论,挣脱意识形态的羁绊,已经难能可贵了,遑论独立人格,自由思想?

李泽厚、资中筠、陈乐民、江平四位学人,在第四代学人中,相对来说还算是比较幸运的。1956年,北大哲学系刚毕业两年的李泽厚,就赶上了火热的美学大讨论,年轻的李泽厚与朱光潜、宗白华、蔡仪、黄药眠诸位美学名家进行论战,一战成名,奠定了其美学家的地位;1958年,28岁的李泽厚就出版了《康有为、谭嗣同思想研究》,在中国思想史界崭露头角;1978年,历史进入新时代,积累多年的李泽厚,进入了学术喷发期,以其新颖独到的理念,成为1980年代少有的思想家。陈乐民、资中筠告别多年的民间外交职业,双双来到中国社会科学院,担任欧洲所和美国所所长,调动自己的"当身历史"和阅读储备,在国际政治学领域进行深入的探寻。江平也告别曾经的右派生涯,苦尽甘来,在中国政法大学教书育人,感召着万千法学学子,有"中国政法大学终身校长"之誉;同时,江平先生还在各种场合热忱呼吁法治,和郭道晖、李步云一起,成为"法治三老"。李泽厚、资中筠、陈乐民、江平,既能"安身",又能"立命",得其所哉!

同为第四代学人的涂又光先生,则没有李泽厚、资中筠、陈乐民、江平的幸运。涂又光,通过辅助恩师冯友兰先生,已经寻找到自己的天命所在,那就是精神哲学;但中国之大,这位曾经的"南下干部",冯友兰先生的"一号学生",竟很难找到一个地方安身。

说到这里,不能不感念朱九思、杨叔子、文辅相、刘献君诸位先生。他们有着开阔的胸怀,不拘一格,使得涂又光晚年,能够寄寓喻园,散发出更多智慧的光芒。

涂又光先生离休之前,仅有短暂时光,在华中工学院(今华中科技大学)中国语言研究所工作;离休之后,1993年返聘到华中科技大学高教所，有一间独立的研究室，并被认定为"校宝"。其实，老先生的心境是苍凉的。老先生也给硕士生博士生上课，但从不招生，理由是明摆着的：没有人可以与先生的思想对接。

老先生的心思，除了整理、翻译恩师冯友兰的著述，还寄托在《楚国哲学史》《中国高等教育史论》《文明本土化与大学》，以及酣畅淋漓、独具气象的翰墨华章。其实，何止是华中科技大学，放眼中国学术界，老先生依然是独孤而寂寞的。

上下数千年，纵横十万里，思接千载，视通万里。独具机杼，空无依傍的涂又光先生，生活的境界，已经超越了晚辈的思考能力。

单凭著述《楚国哲学史》，翻译《中国哲学简史》，整理《三松堂全集》，其就已经深深镌刻在中国哲学史上。可是，涂先生偏偏又没有任教于哲学系科，怎能入那些肉眼凡胎的"法眼"？返聘于华中科技大学教科院，写出《中国高等教育史论》《文明本土化与大学》这样经典著述的涂先生，逸闻趣事，口耳相传。但是，高等教育学界认定的"大师"，是门生故旧遍布的潘懋元先生，涂又光先生在高等教育学界属于典型的非主流。

涂又光先生，古今贯通，中西汇通，文理融通，如此"跨界"，让晚辈怎能"HOLD"得住？记得初读先生的《中国高等教育史论》，若触电焉。教育史学界，依然是八股体盛行的领域，笔者感兴趣的话题，非要被八股先生写得不忍卒读。先生的《中国高等教育史论》，高屋建瓴，势如破竹，气象万千，浩浩汤汤。先生去粗取精，去伪存真，删繁就简，将中国高等教育史，梳理成私学、太学、书院、大学四种形态。最可贵的是，先生通古今之变，立一家之言。此种境界，此种功夫，环顾宇内，恐怕也只有涂又光先生一人。

2010年3月16日，来自"跨界"的科学史大家吴国盛，在自己的博客中写出《读涂又光先生〈中国高等教育史论〉》（湖北教育出版社1997年版），开宗明义："近偶读涂又光先生《中国高等教育史论》（湖北教育出版社1997年版），深觉其学养深厚、思路明快、语言浅显，一派大家风范。在中国文化的基本特点、当代中国大学的弊端、科学与人文之关系等一系列引人注目的重大问题上,均有独到见解,常令人茅塞顿开。"

涂先生将中国高等教育史分为三大阶段,先秦至清末,为"人文阶段",清末迄今,为"科学阶段",将来为"人文·科学阶段",真是别开生面,独辟蹊径。

先生秉持自己的大学理念,那就是著名的"泡菜说"。我们知道,泡菜的味道,取决于泡菜汤,先生就近譬喻,学友的成色,取决于学校的熏陶。笔者以为,涂先生的"泡菜说"是有所本的,渊源于涂又光母校——清华老校长梅贻琦先生的《大学一解》,"泡菜说"可谓"从游论"的通俗版。

涂又光先生提出"泡菜说"时,脑海里浮现的是梅贻琦老校长的身影,萦绕在心头的必然是中国高等教育科学阶段的经典——《大学一解》里面的"从游论"。让我们重温一下梅贻琦先生的经典言论吧:"学校犹水也,师生犹鱼也,其行动犹游泳也。大鱼前导,小鱼尾随,是从游也。从游既久,其濡染观摩之效,自不求而至,不为而成。"

试想:教育无论是为无产阶级政治服务的昨天,还是为社会主义经济建设服务的今天,只能具有工具的特征,何尝有着独立自洽的逻辑?那些忙于基地、项目、课题的"领军人物",又何曾真正反求诸己,寻找安身立命的乐土?"泡菜说"的本质在于,学者不可不弘毅。我们应建构人文精神的自留地,使得大学成为真正属于知识分子的社区。

涂又光先生,既有"苦口婆心",又有"当头棒喝",流淌在先生身上的人格气象,可谓"望之俨然,即之也温,听其言也厉"。老先生无他,实在是为中国大学调制"泡菜汤"啊!

涂又光先生在清华大学的时间很短暂,也就一年光景,但是母校的"校格"一直流淌在这位校友的身上,镌刻在其心间,鼓舞着他自强不息,厚德载物。

"清华活字典"黄延复先生,认定梅贻琦、潘光旦、陈寅恪、叶企孙先生为"清华四哲"。笔者以为,"清华四哲"实乃酿造清华"泡菜汤"的关键人物。而涂又光的恩师冯友兰先生,长期担任清华文学院院长,与有荣焉。

20世纪中国高等教育史,清华大学贡献了三百个以上的大学校长,其他学府难望其项背。清华为中国大学贡献了"大师论"、"从游论"、"泡菜说",岂偶然哉!

新时期以来,涂又光先生得以在华中工学院栖身,受到朱九思、杨叔子两位校长的推重,杨叔子追思涂又光先生时,很中肯地说:"涂先生是我的第一位文科导师。"

"华工"以后的主事者,并没有忽略先生的存在,还曾经专门研讨先生的"课堂",以为达到了很高的境界。其实,他们疏忽了先生所散发的人格魅力,更应该研讨的是"课堂内外"的涂又光先生。先生的课堂在喻园,而非教室。道理是很浅显的:先生具有完整的人格,散步、吃饭、读书、上课,处处皆是先生的"课堂",随时都在调制"泡菜汤",散发出君子的光辉。

华中科技大学深怕把握不住特立独行的涂先生,所以,有很多事情,主事者不愿让老先生与闻,还不是怕较真的老先生"拍桌子"?别看涂先生耳背,但他内心澄澈,对于时代具有深刻的洞见。

老先生深读毛润之的书,但是,并不迷信"经济基础决定上层建筑",先生认为,政治、经济、文化之间的互动,相克相生,相辅相成,呈现着微妙而复杂的生态。

老先生将政治、经济、文化,换算成中国特色的语言,便是"力、利、理"。"三'LI'"说,是涂又光先生的又一创获。在老先生看来,将"力、利、理"配以"仁、义、诚",那么,就有助于促进世界的和谐,老先生又站在文明研究的前沿了。

三十年来的中国人文有一条"隐线",便是李泽厚—王元化—涂又光,令人感叹的是,三人皆为"楚人",思索的重点,都在"启蒙"。如果李泽厚是"启蒙"的话,那么王元化则是"新启蒙",而涂又光先生则是"新新启蒙"。任何真正有创建的文明,其实都是一种真正的本土化文明。涂老先生,念兹在兹的是文明的自觉;亲手调制"泡菜汤",为的是增强文明的原生动力,不要让大学成为"在中国的大学",而要成为真正的"中国的大学"。

素来孤陋,不晓得涂又光先生2012年8月病重入同济医院。但冥冥之中似有一种感应,2012年9月开学后,上《中外高等教育史》课,恰从涂又光先生的《中国高等教育史论》讲起,希望学友们体悟本学科的经典论著,进一步和学友们一起梳理《大学一解》,也曾说过,"泡菜说"知识产权的原创,就是涂又光先生。

我们这些不肖后生,如果对涂又光先生有一种同情的理解和温情的敬意,那么,理应继承涂先生的遗志,踏着涂先生的足迹,发扬独立人格和自由精神,为中国的文艺复兴,做出无愧于时代的努力。

大学一解,人文科学相激荡。

君子之道,生活哲学共沉潜。

载《岭南师范学院学报》,2015年第2期

杨小凯与林毅夫

一

《杨小凯与茅于轼》初稿，提到第四代学者的一些整体风貌时，不经意中，曾将厉以宁与吴敬琏先生并提，茅于轼先生认为这样不妥当，因为他们根本不是一种类型的学者。我在电脑中敲下"杨小凯与林毅夫"这几个字时，也觉得有些不妥，对小凯真有点儿唐突了。

笔者在《伟大的杨小凯》一文中指出：林毅夫这个人，有趣之处，在于知道谁是真正出活的学者。坊间经常议论林毅夫如何低调，在我看来，这种低调的背后，似乎隐含着某种隐衷。自1988年第七届全国政协始，林毅夫长期担任政协委员，出镜率非常高，就"三农"问题，经常接受采访，配合记者拍照，总是笑容可掬，给人留下很深的印象。

杨小凯于2004年7月7日离开这个世界，林毅夫这位小凯生前的辩论对手，在第一时间召开了追思会，公正地说，林毅夫此举的确动人心弦。小凯这位卓越而无畏的思想者，在林毅夫心中的分量之重，通过这追思会已表露无疑。

小凯晚年提出"后发劣势"概念，具有极强的针对性。忧国怀乡的小凯，早岁就提出"中国向何处去？"的天问，张五常先生断定小凯是纯正的经济学家，曾经提起小凯一天工作十几个小时，全是经济学的思考。

张五常说小凯是纯正的经济学家，这一说法本身无可指摘。但张五常先生只说小凯是纯正的经济学家，就把小凯"低估"了。张五常先生并没有特别体会小凯的心思：小凯确实在经济学上呕心沥血，但小凯的质地是思想家。

苦难激发思考，中国大陆，天然具有培养思想者的土壤。湖南能够产生小凯这样的思想家，也不是偶然的。楚国的屈原，投身汨罗；当代的小凯，葬身澳洲。

林毅夫心中的小凯到底是什么样子的，我们不得而知。但我们知道的是，小凯在林毅夫心中占有很重的分量，"杨小凯是最有能力摘取诺贝尔经济学奖的华人经济学家"，这句评判的"知识产权"，怕是在林毅夫那里。理由是明摆着的：在老外看来，离诺贝尔经济学奖最近的人，无疑是那些已经获得诺贝尔经济学奖的人士；杨小凯去世之前，却没有获得诺贝尔经济学奖。2004年7月7日，杨小凯去世，而诺贝尔奖项不授予已经去世的人。

小凯的伟大之处，并不在于他的超边际分析，也不在于这句口号式的评价——"最有能力摘取诺贝尔经济学奖"。小凯的伟大，全在于他具有穿透力的思想和对故国乔木的忧思。

林毅夫看重的，并不是杨小凯思想的穿透力，恰恰是最皮毛的"距离诺贝尔经济学奖最近的华人经济学家"。据说是因为，这位高层的智囊曾经卜过一卦，说是到2010年，华人可以获得诺贝尔经济学奖。接着就开始将华人经济学家排座次，杨小凯距离诺贝尔经济学奖最近，林毅夫紧随其后。

自从1979年5月16日晚，金门前哨模范先锋连的连长——林正义，泅渡过海，抵达大陆，这位曾经在台湾"又红又专"的十大杰出青年，在大陆政治文化生态圈中，依然如鱼得水，闲庭信步。

从来看不到林毅夫伤心的面容，相反，总是那么乐观，他的底气，到底来自哪里？难道来自"中国2010年会获得诺贝尔经济学奖"、"中国2030年将会成为世界最大经济国家"诸如此类的豪言壮语？

林毅夫明白杨小凯在华人经济学家中的位置和分量。小凯的逝世，凸显"中国2010年会获得诺贝尔经济学奖"巫师似预言的荒唐可笑。自此以后，林毅夫对诺贝尔经济学奖，避而不谈，却向大众大倒苦水：自己这一代经济学家，获得诺贝尔经济学奖是没有指望的了，只能将心血用于经济学教育。林毅夫的使命就是诺贝尔经济学奖获得者的保姆，用他自己的话说：培养可以获得诺贝尔经济学奖的人。

很显然，林毅夫高调悼念小凯的一个目的，就是以中国大陆最有资格获得诺贝尔经济学奖的候补种子身份，追思华人经济学界的种子选手。

最让人深思的，2002年，林毅夫的父亲——林火树老先生离开人世，这位北京大学中国经济研究中心的主任，一方面派自己的太太陈云英女士前往台湾吊唁，一方面在北京大学中国经济研究中心，和女儿一起忙于搭建灵堂，并且利用现代先进技术，网络直播父亲出殡的场景，最后一跪不起。浅浅的海峡，竟然剥夺了林毅夫参加老父葬礼的机会，实乃人伦悲剧。

这里顺便提一下林毅夫的夫人——陈云英女士。林毅夫拥有一位坚韧、执着的太太，自从林毅夫1979年5月16日投奔大陆，因为两岸的信息保密，误传丈夫林正义（"林正义"为林毅夫在台湾的名字，他来到大陆后改名林毅夫；有趣的是，小凯原来是杨曦光的小名，从监狱出来之后，改名杨小凯。林毅夫受到台湾的通缉，杨小凯有十年的牢狱之灾，两人在这一点上有些相似之处）已经牺牲，当代的"王宝钏"守着丈夫的牌位，以泪洗面。直到1983年，才得到林正义在美国芝加哥大学留学的消息，陈女士毅然携带孩子前去团圆，在美国的陈云英女士，一边带孩子，一边求学，以至于经常身上还散发着饭菜的清香，就来到了课堂。陈女士现在大陆从事特殊教育，为残障人士带来福音。

二

1996年7月,"狂人"邹恒甫请杨小凯回国讲学。杨小凯怀着对珞珈山的美好情感,满怀期待,故地重游,见了老校长刘道玉。谁承想,在武汉大学讲学期间,住在招待所的杨小凯,受到极大的侮辱,这让小凯非常伤心,很是沮丧。这里还应"表彰"一下那位令杨小凯伤心失望的时任武汉大学校长——陶德麟。

但是,小凯对中国这片土地并没有丧失希望,他利用一切机会,宣讲自己关于宪政的思考。

对于小凯的这些思考,按理说,曾就读芝加哥大学的林毅夫应该具有共识。不知道林毅夫怎么想的。如果林毅夫对小凯没有底线认同,笔者不相信他会第一时间安排追思小凯。

北京大学中国经济研究中心杨小凯追思会,正是由林毅夫主持的。在简短致词中,强调"众士之诺诺,不如一士之谔谔",这也证明林毅夫是多么崇敬小凯的品格和风骨。

但是,追求政治正确的林毅夫,从来没有做到"一士之谔谔",他和小凯争论"后发优势"还是"后发劣势"时,小凯内蕴的魅力和人格,我们是可以深切感受到的;而林毅夫的文章立论则建立在中国奇迹的基准上,但这立论不具有彻底性,左处右置,闪烁其词,不免露出虚弱的质地。

这里,就出现了一个"林毅夫悖论"。谢泳曾经体会费孝通的两个世界:一个是已经成为政治人物,说场面话的费孝通;一个是知识分子本色,流淌良知的费孝通。令人难解的是,正反两方面,都是费孝通的真实生存状态。林毅夫比费孝通有趣多了,身在学府,多是场面上的话,反过来,把场面上的话,认定为学术研究的基点。难怪《南方人物周刊》的刘天时先生采访林毅夫时,直截了当指出林毅夫欠缺知识分子的精神风骨。

林毅夫整天乐呵呵的，说自己是"实事求是派"，倒是好像永远有办法的样子：谁让我的研究和高层不谋而合？大有英雄所见略同的味道。

其实，在乐呵呵的背后，林毅夫大有隐衷。林毅夫深切知道，因为自己来自台湾，必须表现得更加政治正确。不必奇怪，林毅夫从来提不出与主旋律相反的思路，似乎他自己与主旋律永远水乳交融。林毅夫低调之中，从不忘记说自己的思路经常成为政府的政策，看来，林毅夫并没有总是跟在政策后面，有些政策就是直接间接出自林毅夫之手。这是令林毅夫非常自豪的事情。

《南方人物周刊》记者刘天时，采访林毅夫时，曾向林毅夫提问："当代的经济学家或者其他领域的知识分子里，您愿意与谁相提并论？您和不久前去世的杨小凯有过一些论争吧？"

林毅夫是这样回答的："作为学者，我是很尊敬小凯的，他做学问很认真，也有社会责任感。小凯和我的论争，主要是研究问题的角度很不一样。我觉得，他看问题，还是从理论看世界，而不是从世界想理论，我则是反过来。比如在宪政问题上，他认为最好的宪政制度，就是英美的制度，作为一个发展中国家，就应该先建立英美的宪政制度，再发展经济，否则就会有后发劣势。在一定的假设条件下，不难构建理论模型来证明英美制度的优越性。可是，从工业革命以后，除了英美自己，没有看到任何一个国家是先完成了英美式宪政体制的改革后，再来发展经济而成功的。当然，不好的制度是会制约经济发展的，可是，经济发展成功的国家都是一面发展经济，一面完善制度。"

表面上看，林毅夫说得有一定的道理。但思想深刻的小凯，不至于这么天真吧！小凯的本意，林毅夫不愿意进行真切地理解。后发国家，发展经济，并不是说一点"后发红利"都获得不了。但是，制度根本没有真正上轨道，就开始欢呼"中国奇迹"、"中国道路"，那是相当危险的事情。小凯提醒，千万不要因为"中国奇迹"而得意忘形，因为没有适宜的制度为基础，这些"奇迹"根本就属于侥幸得之，是靠不住的。迷醉于经济发展，就有可能忘记制度的缺陷，甚至误以为：现在不是挺好吗？何必劳心费神进行制度的变革呢？

林毅夫比较信从"现实的就是合理的"，而小凯信从的则是"合理的就是现实的"。

中国知识分子有一个值得注意的特点，即或者在体制的核心，或者在体制的边缘。在体制核心的，往往丧失批判精神，但是掌握相当多的资源，具有强大的话语霸权；具有批判精神的知识分子，多数在体制的边缘，掌握的资源固然不足，在文化生态中，甚至连他们的声音，都被限定在一个很小的空间内，难以传播开来。

核心学者和边缘学者，尚未进行真正的切磋与交流，没有办法讲出一番道理，双方"道不同，不相为谋"，所以几乎不会出现真正的思想交锋，致使很多思想火花，未能进行碰撞，不是东风压倒西风，就是西风压倒东风，总是一种倾向压倒另一种倾向。

林毅夫与杨小凯的辩论，难得的是，没有影响双方之间的感情。相反，互相还挺客气，小凯邀请林毅夫到澳洲讲学，林毅夫也屡次邀请小凯来北大访问。

小凯中肯地指出：国内很多哗众取宠、政治宣传式的"经济研究"之所以经不起时间的考验，并不因为这些经济学家学识不够，而是他们缺乏学者基本的"良心"。

面对中国社会的转型，对故国有深切关怀的小凯，并没有满足于自己在国际经济学界的地位，而是以赤子之心，敞开心扉，坦陈己见。小凯真心为中国好——这份沉甸甸的中华心，令人感动。挥笔至此，不由得扼腕叹息！

三

1952年10月15日，林毅夫生于台湾宜兰县，取名林正义。1971

年初,十九岁的林毅夫进入台湾大学农工系学习,担任学生会主席。因受到蒋经国召见,投笔从戎,在当时引起巨大的社会反响,一度当选为台湾十大杰出青年。1975 年,林毅夫以第二名的成绩毕业于陆军官校正期生四十四期步兵科,随即留校担任学生连排长,第二年考上国防公费台湾政治大学企业管理研究所,1978 年获政大企管硕士,随即返回军中,派赴金门马山播音站前哨担任陆军上尉连长,负责接待外宾参观第一线连的任务。

1979 年 5 月 16 日晚,林正义泅渡台湾海峡,到达大陆,在福建游历三个月。北京征求这位低级起义人员的工作安排,令人始料不及的是,这位台湾政治大学的硕士,居然要求在中国人民大学学习政治经济学。当时人大主校的应该是那位创造社的健将——成仿吾,经过研究,觉得这位军人的背景复杂,有点来历不明,就拒绝了。北京大学还是有点兼容并包,这样,原来台湾的明星军人林正义,变成林毅夫,成为北京大学经济系的学生。

因为 1980 年得遇贵人——1979 年度诺贝尔经济学奖获得者舒尔茨教授——林毅夫 1982 年北大经济系政治经济学专业研究生毕业之后,便前往美国芝加哥大学留学。

林毅夫负笈美国一年之后,饱尝牢狱之苦的杨小凯,也于 1983 年圣诞节前夕到达普林斯顿大学求学。

小凯在国内就读的是"监狱大学",哪里像林毅夫那么幸运:台湾大学学士,台湾政治大学硕士,北京大学硕士。杨小凯、林毅夫两人认识的机缘,来自中国留美经济学会。

1985 年,中国留美经济学会在纽约成立,是中国经济学者在国际上成立最早、最具规模的经济管理类的学术团体,其会员遍及全球。小凯的挚友茅于轼正好在美国访问参观,见证了华人经济学界一个影响深远的社团的成立。

杨小凯、于大海、钱颖一都是中国留美经济学会的积极参与者。当时大陆派出去学习经济学的学生,屈指可数,中国留美经济学会于 1985

年 5 月 26 日在纽约领事馆成立时，杨小凯、钱颖一、于大海、海闻、王辉进，都属于创会理事。

当时的主持者，特别开明，主张与各界华人学生进行交流，这样，林毅夫结识了小凯。在当时，两人的交谊不会有多么深厚，很可能仅限于见面点头的那种。林毅夫听到小凯的故事，就不觉得自己如何传奇了，因为，小凯比林毅夫更加传奇。

据小凯的好友徐滇庆回忆："他和钱颖一、于大海正在筹备一个关于中国经济的研讨会，还从福特基金会申请到了 5000 美元的经费。当时，对于一个穷学生来说，5000 美元是一个很大的数字。我很佩服他们三个的本事，当即表示一定如期去纽约赴会。这次研讨会在纽约总领事馆召开，会议开得非常成功。邹至庄和茅于轼老师都出席了会议。参加会议的还有林毅夫、海闻、田国强、左学今、汤敏、左小蕾、杨文艳、王辉进、文贯中、张欣等人。正是在这次会议上，杨小凯等人发起成立了中国留美经济学会。"①

笔者目前掌握的信息，第一届会长于大海（1985—1986），第二届会长钱颖一（1986—1987），第三届会长陈平（1987—1988），第四届会长孙涤（1988—1989），第五届会长张欣（1989—1991），第六届会长田国强（1991—1992），第七届会长易纲（1992—1993），第八届会长海闻（1993—1994），第九届会长徐滇庆（1994—1995），第十届会长张春（1995—1996），第十一届会长方星海（1996—1997），第十二届会长尹尊声（1997—1998），第十三届会长陈百助（1998—1999），第十四届会长文贯中（1999—2000），第十五届会长陈爱民（2000—2001），第十六届会长李稻葵（2001—2002），第十七届会长林双林（2002—2003），第十八届会长宋顺锋（2003—2004），第十九届会长刘国恩（2004—2005），第二十届会长张晓波（2005—2006），第二十一届会长李海峥（2006—2007），第二十二届会长侯维忠（2007—2008），第

---

① 徐滇庆：《艰辛求索，百折不悔——悼念杨小凯》，见《站在经济学的高坡上——杨小凯纪念文集》，中信出版社，2009 年，第 87 页。

二十三届会长王红（2008—2009），第二十四届会长洪永淼（2009—2010），第二十五届会长王艳灵（2010—2011），第二十六届会长陆丁（2011—2012），第二十七届会长方涛（2012—2013）。

中国留美经济学会，似乎尚未留意学会史料的整理，这是比较遗憾的事情。尽管小凯没有担任中国留美经济学会的会长，但不只一个人认为小凯是里面的灵魂人物。徐滇庆认为，得出这一结论的根据是，小凯在关键事件中所表现出来的成熟的理性。在这拨人里面，小凯年龄略长几岁，我觉得，小凯高度成熟的主要原因，却不是年龄，而是十年"监狱大学"的历练和思考使然。

中国蹲过监狱的人并不少，"文化大革命"期间，不少学者蹲过牛棚和监狱，不少人的学养远高于小凯，但是从监狱出来之后，也没见展现出理性的清明。

在历次政治运动中，屡经折磨、饱尝辛酸，容易产生颓唐的消极心理。但杨小凯经历磨难，重见天日，依然秉持道义，特立独行，支撑他的并不仅是成熟的理性，更有他可贵的良心，以及对中国这片大地的挚爱。

如果不是这样，在国际学术界功名成就的小凯，完全没有必要奔走呼号，批判"国家机会主义"、揭示"后发劣势"、主张"土地私有权"。这些言论之所以能够振聋发聩，除了思想的穿透力和清通的文采，最关键的是小凯对于中国的大爱，确实感动着无数的人们——小凯具有虽九死其犹未悔的高尚人格。

林毅夫也参加了中国留美经济学会的成立大会，没有更多的资料表明林毅夫在这里面起的作用。北京大学中国经济研究中心的陈平先生曾经有动情的回忆，认为小凯是经济学界中，与自己进行争论而也被自己所尊敬的唯一一人。

四

1987年，林毅夫学成回国，成为大陆改革开放后，第一个从海外归国的经济学博士。林毅夫先是在国务院发展研究中心发展研究所工作，任副所长，三年后调任国务院发展研究中心农村部副部长。北京大学中国经济研究中心的同事——周其仁，那时候就与林毅夫是搭档，林毅夫的学术伙伴蔡昉、李周，都是那时候认识的。

1994年，林毅夫对自己在国务院发展研究中心的前景不是特别乐观，因缘际会，转到北大筹备中国经济研究中心。林毅夫自己的说法是，此时觉得经济学教育非常重要，所以投身北大。林毅夫身份特殊，有关方面是否特意安排，林毅夫没有披露，外界也不得而知。

吴树青是一位老派的经济学家，以批判市场经济和股份制闻名。因为特殊的机缘，1989年暑期，吴氏由中国人民大学副校长转任北京大学校长。笔者2003年在北大访学，不少学者对这位校长相当无语。但同样是这位吴树青，玉成了北京大学中国经济研究中心，所以在林毅夫眼中，吴树青是很有气魄的。

北京大学有很多外人看不懂的东西。比如说，北京大学既然有经济学院和光华管理学院，为什么还要成立一个经济研究中心？经济学院由"土鳖"刘伟执掌，师资多数也是"土鳖"。林毅夫抛开经济学院，一方面，显示林毅夫超常的能量；另一方面，很有可能"海龟"和"土鳖"之间，理念迥异，难以沟通。

北大中国经济研究中心，全部由"海龟"构成，就不是什么奇怪的事情了。当然，现在大陆的财经类院校由于钱财丰厚，吸引了众多"海龟"，上海财经大学、西南财经大学都是"海龟"云集的地方。

当年的北大中国经济研究中心，已经于2008年10月25日下午蜕变成为国家发展研究院，首任院长周其仁解释：更名并不表示中国经济研究中心已升格为国家级机构。中心只不过有志研究国家发展当中面临的重大问题，研究以人民为本位的国家发展。但是，"国家发展研究院"这个名称，确实给人强烈的印象：这家机构并不主攻经济学教育，而似奉献"大国策"的智囊组织。

1994年，距邓公南巡发表讲话不过两年，大陆学府充斥着腐朽的气息。"海龟"经济学家不大成气候，当时的林毅夫喜欢到茅于轼先生主持的天则经济研究所进行学术探讨，不敢说相濡以沫，至少是同声相和，同气相求。

早在1996年，小凯就来到北京大学教书育人，只不过联系单位是光华管理学院，也一度在光华管理学院短期任教。据说过年联欢的时候，张维迎登台唱陕北酸曲，小凯则表演小品。知情者介绍说，那次小凯扮演一个求婚者，一上来就说："你嫁给我吧！我不是同性恋，也不是艾滋病。"惹得大家哄堂大笑。

小凯曾经在中国经济研究中心举办学术讲座。查阅北大中国经济研究中心电子版的每月动态，有关小凯在这里进行学术讲座的消息有三条：

北京大学中国经济研究中心瑞安经济理论与政策研讨系列讲座1999年第47讲，1999年12月11日下午，杨小凯教授在中国经济研究中心致福轩发表题为"经济改革与宪政转型——西方研究中国经济的两派不同观点之间的争论"的主题演讲。令小凯欣慰的是，挚友茅于轼老师专程赶过来，聆听小凯的演讲，并在互动环节，进行切磋交流。中国留美经济学会的老朋友海闻，就乡镇企业到底是应制度创新，还是在给定条件下做次优选择，与小凯进行探讨。

2000年11月10日，杨小凯在北大中国经济研究中心，作题为"不完全劳动合同、非对称剩余索取权和权威以及企业理论"的讲座。

2000年11月20日晚19：00—21：00，中国经济学教育科研网邀请杨小凯教授做客在线论坛，论坛名为"经济学漫谈"，全国各地不少学生参加，这次漫谈成为北大学生网一段时间内的热门话题。

小凯对林毅夫，有很多话要讲，他希望在芝加哥受到熏陶的林毅夫能有足够的勇气，面对"后发劣势"。但是，已经成为智囊的林毅夫，择木而栖。值得庆幸的是，曾经担任留美经济学会会长的陈平、易纲、海闻集聚中国经济研究中心，这是小凯所乐见的。小凯特别看重的周其仁，也于2000年来到经济研究中心，这也令小凯宽慰不少。

其实，在"西方研究中国经济的两派不同观点之间的争论"的讲座中，杨小凯已经洞察，中国国家机会主义正在制度化，表面的经济繁荣，已经被保守派作为维护稳定的最佳借口。这让小凯很是忧虑。2000年底，在天则经济研究所，杨小凯发表"后发劣势"的演讲，于无声处听惊雷！

2002年，病痛中的小凯听到了大陆学者的回应。回应小凯的，不是别人，正是林毅夫。2002年6月12日，林毅夫在北京大学发表演讲——"后发优势与后发劣势——与杨小凯教授商榷"，这次演讲也是对杨小凯先生在天则研究所的一篇发言稿《后发劣势，共和与自由》，以及杰弗里·萨克斯、胡永泰、杨小凯所写《经济改革和宪政转轨》一文的一个直接回应。

通过"后发优势与后发劣势——与杨小凯教授商榷"这个演讲，让知识界看到林毅夫国家机会主义者的真面目。

梁小民先生一针见血地指出："不要觉得留学的人就一定优秀，留学的知识分子和在国内学习的知识分子身上有同一的缺点。以色列有一句话：'到过麦加的驴子也是驴子。'像林毅夫这样的人，典型的御用，努力靠近御用。他也是从芝加哥回来的，受过自由主义的熏陶，还是台湾人，但是呢？该怎么样还怎么样。"

"林毅夫的有些话，恐怕他自己也知道是在胡说，比如说什么2010年以前，中国的经济学家要得诺贝尔经济学奖。而中国现在连这样的基本素质都不具备，他完全是在迎合某些人的虚荣心。现在的知识分子里有骨气的人太少。因为人们受到的利益诱惑太多了。"

周其仁承认小凯在中国经济思想史中的卓越地位，认为顾准和小凯可以构成中国经济学的传统。顾准和杨小凯这种传统，默默沉潜在中国文化的河床中，汇万千溪流，东流入大海。林毅夫是大海上善于腾挪的浪花，杨小凯则是气势磅礴的大海本身。

追忆好友张志军

一

2009年7月6日17：28，接到《社会科学论坛》赵虹兄的电话，说告诉我一个坏消息：今天凌晨四点，饱受肝癌折磨的志军，离开这个世界了。

听到这个消息，觉得不可思议。志军固然身体不大结实，但也不至于这么经不起病菌的侵袭，不给我一点思想准备，就这么走了。晚上见到赵虹兄，听说志军生于1970年，才三十九岁，可谓英年早逝。可我觉得，四五十岁，才算得上英年早逝，志军不是急脾气，不应该这么早就到天堂报到。

志军竟然成为昨夜星辰，这个打击让我觉得命运分外残酷。作为志军的朋友，按理也属于后死者，就有一份义务，把朋友珍藏在心里最柔软的部分。但我却怎么也做不到，往事总是萦绕在心头。我觉得，自己更有义务，让有缘人记取好人志军。

2004年，一向边缘的笔者，结束在北京大学的访学生涯，回到石家庄。尽管还有不少事情没有参透，但对于身边的学术生态，已无欲如闲云野鹤，一门心思又用在选修课上。也许只有选修课的尽情挥洒，才能平息内心的波澜。

大概是2006年9月中旬，志军给我打电话，听电话的口气，志军对于我的情形了解颇深，好像从侧面打听过我。志军介绍自己，是河北机电学院毕业的，也算是科大学子，现在河北社科联工作。志军进一步给我说明，河北要举办燕赵文化论坛，需请一些种子，一起交流一下。

秋天的我，忙得实在不可开交，不愿意再给自己加担子。再说了，万一见了不喜欢见的官僚和喜欢当"喜鹊"的学者，修养不够的笔者，真要给他们难堪，就怪不得我了。

不过见人家志军找上门来，不能不给人家面子，否则，难免欠缺礼数。于是，就从积稿里选了一篇，添加一点河北的内容，交给志军，算是复命。

志军后来给我打了好几次电话，希望我参加会议的时候，能够带来一些学友，给会议增加一点有机力量。我心想，这事情不太难办，选修课那么多学友，再说了，就在石家庄人民会堂召开，离中校区很近，也挺顺路，请志军放宽心。

因为要纪念志军，查阅了一下网络，燕赵文化论坛，连续开了三天。最后一天，大概是在10月29日，河北省年轻的学术力量登上讲坛，切磋河北的文化性格，颇能体现河北的文化自觉。已经四十岁的我，与一些三十多岁的年轻学者登台，多亏了志军破格。

我心里想，明明知道我只要一上台，就要"放炮"，还让我来，胆子可真够大的。平生第一次在河北省学术界露脸，一点都不客气，只是准备"放炮"。

果不其然，上台就开始"放炮"，如：河北人任仲夷到底怎么妙解"和谐"了；河北不可能有《南方周末》了；最大、最响的炮，就是咱们这块地方要想搞好，最好取消河北省，与北京、天津合并，成为大北京的一部分。

会议主持人杨思远，似乎对我这套东西并不反感，总结的时候提到：谢志浩发言七分钟，掌声十次。

会议有这么生猛的发言，主事者也不奇怪，只是觉得有些新鲜。谁也没有想到，还有更新鲜的故事呢。

全体会议代表前往中和轩吃饭，记得自己坐在酒桌上，刚说自己能喝，三杯酒下肚，洋相就来了，居然已经失去知觉。无奈，志军与另外一位老兄，只能把我"绑架"到出租车上，恍惚之间，耳边传来志军的问话："谢老师，你家是这里吗？"已经酩酊大醉、神魂颠倒的我，居然凭着第六感觉，愣是在最后关头，指引了正确的方向。就冲自己横向发展的体型，志军和另一位社科联的朋友，都属于身体瘦弱型，把我弄到五楼家中，真是不容易。老婆大人对酒精过敏，看到我这副德行，也是打骂不得。

第一次见面喝酒，就有这么生猛的表现，当然就给志军留下深刻的印象了。以后，有一些有趣的事情，志军也我把叫上。好像2007年元宵节前后，社科联组织了一批"学术新秀"，群策群力，讨论2007年文化论坛的主旨与架构。冒雪骑着电动车，前往河北省社科联，这才弄明白，原来，社科联与河北社科院在一幢大楼办公。这里的工作人员，在2006年那次论坛，就已经"瞻仰"了我的风采，也见证了我出的"大洋相"。

社科联会议室，好多熟悉的脸孔，环绕而坐，济济一堂。窗外雪花飞舞，室内热气腾腾，好一派"壮观"的场景。我也说不出什么高见，只附议河北社科院一位老兄的建议。倒是一些"书生"的趋时和知趣，算是领教了。

只觉得，社科联组织这类论坛，确实花费了心思。请学人过来，真是要开拓思路。回过头来，笔者对于这类组织，过去确有偏见。既要河北省主事者满意，也需要让学者认同，并不是一桩简单的事情。会议上社科联的主事者，所表现出来的开明；一些学者，所表现出来的对主事的"迎合"，以及对其他学者的"霸道"，感慨之余，令我大开眼界。自此，对于自己所属的那个圈子，我也给予更多的关注和反省。

长期的"全能政治"圈养出的知识分子,既丧失了风华绝代的真性情,也不能进行团队的整合和操练,个性和共性,竟然同时泯灭,实堪浩叹!

就我自己而言,不能单纯为了反对而反对,所以在坚守批判精神的同时,还应该具有建设的眼光。如果说,以前,"建设的眼光"只是纸上谈兵,说说而已,那么,志军诚恳的态度,更激发了笔者"建设"的想法。

只记得那天的雪,下得真紧!讨论完毕,到附近的饭店吃饭。这一次算是汲取教训,没有酩酊大醉,但也够多的。出来之后,还是一脚深,一脚浅,骑着电动车,往回飞奔。

心细的志军不忘给我打电话,问我是否平安到家。现在想起来,志军看我脾气"太冲",唯恐骑着电动车,乘着酒兴就往汽车身上冲,所以"故意"打好几个电话,时不时"骚扰"我,让我的速度降下来,好平安到家。

说起来奇怪,酒后骑电动车,和不喝酒时一样稳当,或许是得益于良好的出行习惯吧。笔者一直是遵守交通规则的模范,大概1991年那次难忘的自行车延安之旅,给了我切实的教训。

二

2006年度,首届燕赵文化论坛成功举办,获得了主事的肯定。所以,2007年度燕赵文化论坛,就紧锣密鼓地决定五月份在石家庄人民会堂举办。

志军一边问我要稿子,一边给我说:谢老师,一定要去,天津有位搞建筑史的朋友,你们肯定聊得来。这次文化论坛,把自己理解的中国经济的五朵金花说了说,说到最后,找不到河北的位置。这样,就可以老调重弹:看起来,不取消河北省真是不行。那把河北省取消到哪里去呢？与天津一起，成为北京行政区的一部分。

果不其然，志军看人真准，天津的那位朋友——赵晓峰，任教于河北工业大学，那么儒雅帅气，很有梁思成先生的风度。更加可贵的是，晓峰兄，对梁思成先生的理念和志业，别具一种同情的理解和温情的敬意。晓峰说，自己愿意追随前辈，踏遍青山，描述河北古建筑之身影，体贴燕赵古建筑之神髓。非常知己。

晚宴后，热心的跃民、学斌，跟随我一起来到学校中区，与自己沙龙的学友们，进行交流。跃民谈论哲学，学斌启蒙经济学，立勇纵情诗歌，情趣盎然，别开生面。

沙龙结束之后，和立勇返回晓峰下榻的宾馆。人生有时很妙！要不是志军牵线搭桥，就没有机缘与晓峰见面、结识，更不会聊到夜深人静。可以说，身在社科联的志军，发挥了独特的作用，至今想起来，都让我觉得温暖。

同样的制度安排，要是没有志军这样的有心人和细心人，结局会迥然不同。常规做法是将相关的材料和表格，发送到高等学府科研处的邮箱里，再接着传递到学院科研秘书的邮箱里，最后传递到系主任的邮箱里。等到开会的时候，系主任传达给各位老师。这样的流程，大概具有典型意义。因为这样的流程中看不到人性的光芒，所以普通老师的激情很少能够被调动出来。

看似铁板一块的制度安排，添加了"张志军"这样一个初始值，变得富有人情味，让人感觉到温暖，这就是志军的意义所在。

2007年秋天，朋友打来电话，说是要到建设大街的草原蒙古包（特色餐厅）品尝美味。问起有谁，朋友提到志军，那我当然要去了。来到蒙古包，见到志军、赵虹兄和复员转业军人立勇。赵虹兄见多识广，立勇年轻气盛，鄙人从不愿当听众，所以，三位侃爷对志军"轮番轰炸"。本分厚道的志军，微笑着听三位的高谈阔论。不要以为志军没有想法，在我看来，志军其实有不少独特的想法，只是志军有雅量善于倾听。

喝酒的时候，志军淡淡地说，身体不是那么好。我以为是头疼感冒之类的小病，也就没在意。反正也没有对志军劝酒，朋友在一起，尽兴就好。

想来，那是最后一次见到志军。中间是否打过电话，记不得了。日子没有滋味，还有点怪志军，怎么也不给我联系。从来也没想过，志军事情忙不忙，身体好不好。不要说将心比心，纵是设身处地都没有。2008年，立勇来石家庄和我聊过一次。提起志军，立勇说他在下边蹲点，搞科学发展观的调查什么的，也没有听太清。心想，以后志军回来了，有工夫，就凑凑。

社科联机关，各种事务性的工作自然不少的。本人见识了不少只要一到机关，就心性怪异、脾气乖张的人物。志军在机关多年，仍那么厚道、笃实，真是罕见。

据说，志军上的是大专，在机电学院毕业后，曾在企业待过两三年，后调到社科联，压力也是不小的。志军边干边学，虽然没有取得名山事业，但是，本色一生，没有留下亏欠。

通过举办燕赵文化论坛，我与志军，能够成为特别知己、交心的朋友，不是一件容易的事情。不是上苍的安排，志军完全没有理由联系我，岂不就是两股道上跑的车。本人没有心思在社科联报项目，依照常理，志军怎么也不会管理到我这个学术游击队员，八竿子打不着嘛！

人生有意思的地方是：总共开了三次会，见了四次面，写了五封电子邮件，打了六七个电话，就成为朋友了。在我心目中，志军是有分量的朋友，因为志军懂得我的心思。

志军这样的朋友让我体会到："体制"原本就不是铁板一块，而是有温度的存在。其实，有一些知识分子，同样生存在大陆的文化生态圈中，标新立异，独树一帜，强调自己"民间身份"。在他们看来，"体制"已经腐朽不堪。他们以为学术沾染上官方的色彩，就没有真正的学术——实乃肤浅之论。体制内存在有温度、有关怀的知识分子，"民间身份"人物的品行操守，未必守得住底线。

有没有佛性，不在于是否是印度人。当代中国，只要多关注具有理性的清明、批判的精神、建设的眼光的知识人，就是对中国有益。"单位"里面，更需要志军这样有良知、有温度的工作人员。

2006年，和志军第一次见面，志军，眉宇之间，气色凝重，觉得生活得比我认真，心重。谢志浩，号称忧国忧民，也就是在书斋里忧虑一下罢了。至于孩子在哪里上学，老婆大人觉得这么大的道理，都不是那么太在乎，说实在的，生活中的困难，似乎写不到我的脸上，因为，不大上心。

曾经想过，志军，志浩都属于"志"字辈，又这么投脾气，要是在一起教书，未尝不是一桩好玩的事情。志军，什么事情都愿意憋在心里，自己化解，有点拘谨。我呢，什么事情都愿意发泄出去，相当放肆。

2006年秋天，就已经结识志军，无奈，生性疏懒。觉得人生长久得很，对于志军的一切，了解得很少。现在，志军已经走到天堂，志军的一切，恐怕要永远朦胧下去了。

命运让志军坐机关，无论生活，还是工作，志军又这么认真。而可怕的癌细胞却向我的好朋友——志军袭来，我觉得癌细胞不厚道，为什么不向贪官污吏袭去？好人不长寿，坏人活万年。

志军，不能与你的遗体告别，你不会埋怨我，你就是人太好了。我们的心思是相通的，有一天，我也到天堂报到，我们哥俩好好聊聊，聊聊老兄喝醉了酒，到底有多狼狈，你到底给司机赔了多少句不是，还有，瘦骨伶仃的你，怎么和另外一位瘦骨伶仃的老兄，把我这位"超级男生"背上五楼的？

2010年9月15日定稿

月旦

> 思辨的场域
> 崩毁又重建
> 不被遗忘的
> 是门扉轻叩的回音

智效民：长袍与牢骚

一

自打有记忆，新旧社会两重天，忆苦思甜比蜜甜。每当提起"旧社会"，必是万恶的旧社会。现在想来，不仅教材课本，电影、小人书，无不流淌着意识形态的"政治正确"。

1985年，我入读中国人民大学中共党史系，泛起的青春期狂飙突进，受不了老辈对旧社会"一穷二白"、"民不聊生"的简单化批判，不免开小差，躲进小楼成一统，徜徉在图书馆书库里。没有想到，无意之中翻弄的图书，依然是民国人物传记。由此可见，"逃课"实在是一种愚蠢的举动，由着性子能逃多远呢？

易竹贤的《胡适传》，周天度的《蔡元培传》，梁漱溟口述、汪东林整理的《忆往谈旧录》，对旧社会没有习见的褊狭，月旦人物，较为公允，对笔者有极大的启蒙作用。这里不妨说一点心里话，窃以为，沉浸在民国范儿的读者，不妨翻阅一下这三部书，也许在书店里难觅其踪影，但在大一点的图书馆里，还是很容易见到的。

长期以来，由于众所周知的需要，对民国极尽丑化之能事。从国史上，可以得到鲜明的印证：大楚何以灭？大汉何以兴？按照高王凌先生的说法，纯属倒霉看反面，鸡蛋里面挑骨头！在主事者看来，有着极大的合理性。大秘陈伯达的两部书，曾经一纸风行，洛阳纸贵，名字都很响亮：《窃国大盗袁世凯》《人民公敌蒋介石》。

老辈王元化，晚年进行着深刻的反思，明确反对"主题先行"和"意图伦理"，这是老先生高明的地方。王元化先生看重的朱维铮，才气绝伦，意气纵横，自称：在上海只有王元化才可以谈得来。朱维铮先生的中学同学——杨天石，很为学界尊崇的近代史家，对蒋介石有深入的研究。朱维铮先生对这位老同学一点都不客气：蒋介石无耻，吹捧蒋介石更无耻。

面对民国热的潮流，笔者以为，还真正需要朱维铮先生的"不识时务"和"当头棒喝"！因为，就笔者所见，论述民国的图书，存在着太多的"主题先行"和"意图伦理"，有些甚至和陈伯达不相上下，只不过，陈伯达是向左的，当代的民国热是向右的。

也就是说，民国热本身存在着鲜明的时代特色。笔者也不妨说出来：民国热，首先是对老式意识形态的一种反拨。民国并不是"一穷二白"和"一无是处"。别看民国在大陆，不到不惑之年就烟消云散。不错，民国适逢乱世，但身处其中的士人，有情义，有担当，追慕先秦、魏晋，成就思想史上灿烂的篇章。

民国热，渗透着另一重意义的"倒霉反面看"，这就是看到当代中国社会的问题，又不能多谈向西方学习。因为我们已经找到自信了，指望着西方顿悟，反过来学习和借鉴中国呢！谈谈民国，还是可以的吧！知识分子，谈着谈着，不自觉地就向民国寻找问题的答案。这部分知识分子，面对礼崩乐坏的时代，有点孔夫子的情怀：吾从周，吾从周！

历史是多元和复杂的，无奈，总有人企求历史的主弦律，难免会让一种倾向压倒另外一种倾向。其实，哪里有圆满的生活呢？哪个时代又充满至乐呢？

民国热最有趣的的地方,笔者以为,是在我们的精神生活中,增加了一个窗口。举国如狂谈论民国,乃至谈论"民国范儿",已成为新时代知识青年所追慕的潮流。

饮水不忘掘井人,不要忘记山西太原的几位先生,高增德、智效民、丁东、谢泳,四位先生以持久的兴趣和坚韧的努力,引发了民国热。曾给高增德先生写信,将四位先生,称为知识分子研究的"太原学派"。老辈非常谦逊,从好几个方面论述这是不可以称为学派的。

机缘巧合,2002年4月,笔者与陈远学友一起到太原访学,见到高增德、智效民、谢泳、马斗全、赵诚诸位先生,参观了高增德书房,见识了先生丰富的史料,在智效民先生的书房,提出了当代中国学术地图的概念。

独学则无友。笔者在荒僻的石家庄,很少有人交流。主流的东西,自己不待见,自己待见的东西,又是非主流,不知道如何表达内心的见解,差一点患上"文化失语症"。

"太原学派"的几位先生,乐于提携后进,不把我当外人,记得写出《王元化——有学问的思想家》后,得到智效民、谢泳很大的鼓励,令我感到温暖,这让我难以忘怀;当代中国的学术格局,太原很难说是学术中心,但经过这几位先生持之以恒的努力,民国知识分子话题渐渐深入人心,这让我看到了希望。

斗转星移,"太原学派"大概只有高增德先生还住在太原。2002年,第一次见到高增德先生,还以为是季羡林先生来到太原呢!老先生面相与季羡林先生实在相近,一派仙风道骨,风光霁月。想来,高增德先生,已届八旬,何止于米,相期以茶。丁东先生不到五十岁就办理了内退,前往北京,成为很有名望的学术活动家,接续编辑《当代学人自述》。谢泳于2007年前往福建,就任厦门大学文学院教授,教书育人。

智效民先生2006年退休后,前往北京,与儿子住在一起。智先生并没有颐养天年,依然凌云健笔,借用丁东先生的说法,"效民文章老更成"。

笔者的小册子《那些有伤的读书人》2012年8月出版之后，给智先生寄去一本，意在感恩和致以谢忱。在电话里，智先生依然底气十足，只是概叹目力减弱，不能老是坐在电脑前。先生研究晋绥土改的书，台湾给出了，固然令人欣慰，但不能在大陆面世，也是智效民先生的一个心病。

土地问题之重要，自不待言。杜润生、秦晖、高王凌、赵树凯的见解，绝对不可轻忽。智效民先生研究晋绥土改的书，如能"出口转内销"，在大陆出版，必将有助于促进对土地问题的反思。

二

山西有个知识分子研究群体，是素所关注的。

这个群体最早引起我关注的是谢泳。80年代后期，还在中国人民大学读书时，我就知道山西有个谢泳，搞报告文学研究。20世纪90年代在《读书》《文汇读书周报》读到谢泳的短文，已经由报告文学研究转向知识分子研究，在我看来亦是常理之中。文章短小，但极有风骨，对民国时代的知识分子有一种同情的理解和温情的敬意，对近五十年的历史见解深刻，胸中有大感怀，但往往笔锋一转，轻轻带过。尺幅万里，笔底波澜。谢泳文章的"度"把握极好，以一种悠缓的笔调、优雅的风度，抒发心中的愤闷。没想到这个搞文学批评出身的人，做起研究来非常纯粹，笔底贯穿着一种难得的忧患和激情，原以为他是个饱经沧桑的改正"右派"，然而并不是，谢泳只是一个普通右派的儿子。令人可惜的是，谢泳很少经营长篇文章，他的阅读视野极博杂，原本是可以写出大文章来的。后来才见到谢泳的《学人今昔》《教育在清华》《逝去的年代》。

谢泳喜读《自然辩证法通讯》《中国科技史料》，关注自然科学家，特别是物理学家。这在当代中国的学术史、知识分子史研究中是罕见的。谢泳的成功并不是偶然的，由于没受到学院派的浸染，所以谢泳的研究非常鲜活、生动并且充满着激情；又由于未受到专业的束缚，所以有贯通的视野和眼光。

谢泳的可贵之处在于有担当，他研究民国知识分子并不是为了研究而研究，他是在寻找中国现代化的文化资源。2002年4月，我和陈远一起往太原，访问过谢泳先生，谢泳待人接物很有气度。

曾主持《晋阳学刊》十年的高增德先生，随后也渐渐进入笔者的视野。老先生主持《晋阳学刊》，将对老辈学人那份同情的理解和温情的敬意转化为专栏的坚持——"中国现代社会科学家传略"，这个开办了十年的栏目，可以说是一块酵母，酝酿着民国学术史的潮流。

犹记风吹水上鳞。丁东担任《晋阳学刊》的编辑，智效民供职山西社科院历史所，丁东和智效民都有过一段文化失语。两位很有缘分，既住对门，又是棋友，两位的尊人又都是民主党派的老人。80年代，谢泳曾在山西作协《批评家》杂志担任编辑，狂飙式的文学批评，令人印象深刻。

智效民、丁东、谢泳之间经常走动，聚在高增德客厅，谈论老辈学人的逸闻趣事、脾气秉性，乐此不疲，乐而忘倦。不知不觉间，高增德、丁东、智效民、谢泳已同声相和，同气相求。从丁东《与友人对话》那本书可以窥见"太原学派"所达至的自觉。

2001年8月4日，笔者给高增德先生发信一封，主题就是讨论"学派"。笔者在信中提出：山西以高先生为核心，形成了一个研究知识分子的学派。8月22日，收到高先生回信。高先生很是低调，认为称"学派"尚早，可称知识分子研究的松散群体。

高增德先生乃"太原学派"的核心人物，主持《晋阳学刊》，创设中国现代社会科学家传略栏目，对学派的形成有首创之功；丁东擅长学术对话和学术组织；谢泳，则是通过储安平、《观察》周刊和西南联大，通过一个人、一本刊物、一所学府，梳理民国长袍先生的脉络。

2002年4月，机缘巧合前往太原，见到高增德、智效民、谢泳先生，也结识了马斗全、赵诚两位先生。马斗全先生满口方言，交流不便，却是一位很有性情的学人，著有《南窗寄傲》。赵诚先生，似乎有点"一本书主义"，《长河孤旅——黄万里九十年人生沧桑》，就是赵诚先生的"一本书"，在这本书中，黄万里先生忧国忧民之心跃然纸上。

在智效民先生家的客厅，就中国学术史研究的问题向几位先生请益。他们对百年中国历史，特别是前五十年，都有温情的敬意，对五十年来的历史，理解深刻，分析透辟，都有着学术史研究的热情和定力，且又都具有票友的执着。当时，高增德先生已从《晋阳学刊》退休十年，谢泳先生在《黄河》编辑部，智效民先生任《晋阳学刊》的编辑，赵诚先生任职山西省委党校。他们经常进行人文对话的地方，无论是高先生的书房，还是智效民先生的客厅，我都曾访过。

2002年冬，山西大学文学院邀高增德、智效民、丁东、赵诚、谢泳五位先生成立二十世纪中国学术思想史研究中心，至此就有了一个制度化的交流平台。几位先生要是在山西大学开设研究性课程，时间既久，或许会为这个知识分子研究群体注入新鲜血液。笔者不才，曾在山西大学文学院客串过一个讲座，受到了热情的欢迎，讲座中间停电，同学们依然兴味盎然，令我深受感动。可以看出，山西大学是有许多读书种子的。这些读书种子如果能跟着五位先生从游，岂不快哉？

《思想操练》就是这个群体进行人文对话、学术切磋的结晶。清夜静静地翻阅《思想操练》，极有趣味。

这本《思想操练》所谈论的十个话题，又都是他们几位先生所长期探讨并关注的："日记的价值"、"重写中国现代史"、"关于清华及清华学人"、"中国现代的教育传统"、"自由主义传统与重现"、"'一二·九'知识分子的历史命运"、"寻找思想史上的失踪者"、"90年代以来的学人与思潮"、"拓展民间言论"、"中国现代文学的道路"都是研究百年中国知识分子史不可或缺的关节。这本书既不是他们几位先生对话切磋的开始，也不会是操练的结束。它仅是一个标志：山西中国知识分子研究的群体日益成熟，思想操练日益自觉。

《思想操练》引起我的兴味，就是这本书产生的"路径"。这本书是五位先生不断进行人文对话、学术切磋、思想操练的结果。这种形式的确令人耳目一新。当代中国学术著作的作业方式大体上有两种：个人著述和集体创作。单说集体创作，往往是获得了中国社会科学基金的资助后，学术"包工头"拉来一支队伍，"包工头"确定体例，下面的"小工"分章创作。这种创作往往并不是自己的学术专长，而是命题作文。对于这种集体创作的书，我一般产生不了阅读的兴趣，工具书除外。集体创作，西方国家往往有出色的成就，比如说剑桥中国史系列。但中国现在真是学不来。为什么？因为当代中国欠缺学术沙龙，学者不具备探讨切磋的习惯。这也是当代中国学术界学术气氛淡薄的原因。哪里有学术对话的习惯、有学术切磋的气氛，这个地方的学术才有真正的成长——这是我的一个判断。

20世纪80年代，陈平原、黄子平、钱理群三位先生在《读书》上刊出《二十世纪中国文学三人谈》，可以说开启了公开进行学术对话的先河，一时洛阳纸贵。后来黄子平远走海外，陈、钱二先生声名大著，忙于讲课授业、著书立说，中断了学术对话，我以为是非常可惜的。

20世纪90年代中期，梁治平先生组织了一个"法文化沙龙"，成员有朱苏力、贺卫方等几位先生。进入21世纪后，他们几位进入主流社会，忙个不停，恐怕这个沙龙也难以为续。据说，法学研究名家邓正来有一个"六郎庄读书小组"，成员有王铭铭和强世功等学人。不过据我所知，当代中国学术界，能长期进行学术对话达十年之久的学术团体是不多见的，山西知识分子研究群体几乎可以说是罕见的。也许由于太原学术人物太少，几位先生相濡以沫，长期坚持，不带有世俗功利色彩，当他们开始的时候，并不知道何时是尽头，但他们的理想和担当，驱走了心头的寒意。这个学术群体的成功，印证了我的一个思路，任何学问都必须是大家一起探讨的结果。一句话：学问是商量出来的，大学问更是持之以恒商量出来的。民国学术史之所以光辉灿烂，缘于处处可见学问的沙龙。梁思成太太的客厅藏着上个世纪30年代北平的半部学术史、文学史、哲学史、建筑史，林徽因就是这个学术沙龙的灵魂。50年代的山东大学,童书业先生几乎天天去赵俪生先生家谈学问。而五十年来的一系列运动,批胡风、批胡适、"反右"、"拔白旗插红旗"、"文化大革命",不仅败坏了文风,更败坏了学风,小报告的盛行使学人心事重重、疑心甚重、关闭心扉,正常的人际关系都难以维系,遑论开展人文对话、学术切磋、思想操练。

网络时代,学术信息交流似乎越来越快,学者们似乎更乐于进行网上交流,但这种方式并不能取代面对面的学术切磋。我们相信:思想交流的理念是独立、自由、平等、包容,长期的面对面交流,可以形成一个交流场,在一个良好的交流场所,思想是不存在短路的。现实生活中,无论在讲座、学术会议,举凡公共交流空间,很少存在真正的精神交流,更难以体会"席明纳"的乐趣。倒是古代的书院、诗社、文社还有些平等探讨的例子。"鹅湖之会"在中国哲学史上是享有盛名的,朱熹、陆九渊辩难问疑、平等交流的余韵不绝如缕。谢泳先生撰文谈到费孝通先生在抗日战争时期主持的云南大学魁阁学术工作站,其实就是一个很好的学术团队。在我看来,魁阁就是一个很好的学术沙龙。

希望几位先生每年都进行一次"思想操练",那也会是极有价值的年度人文对话录。记录学术思想的迁变,描绘人文地图,岂不是很好的事情?

三

江晓原先生既是大藏书家,也是有慧根的读书家。关于读书,我特别赞同江晓原先生的一席话:有的书,不管是谁写的,都不看;有的人,不管写什么书,都不看。这番话,品味再三,依然韵味悠长。

山西"太原学派",高增德、智效民、丁东、谢泳几位不论写点什么,都令人喜爱。四位先生具真性情,有感而发,直抒胸臆,决然没有"学院派"常有的穿靴戴帽、无病呻吟的做派。

智效民先生的书，书莱楼藏有《心理的单间》《胡适和他的朋友们》《八位大学校长》《往事知多少》《六位教育家》，智先生与高增德、丁东、赵诚、谢泳合著的《思想的操练》，架上再添上《长袍与牢骚》，算是齐全了。《心理的单间》，智效民先生的处女作，经丁东推荐，由长春出版社 1997 年出版，这时候，智先生，已经知晓自己的"天命"，那便是，梳理长袍先生内心深处的纠结和挣扎。

有一个很有意思的现象，"太原学派"四位先生，在 2007 年以前，没有在大学任教的经历，但对百年中国学府发展的脉络很是清晰，对当代大陆大学的弊端，有着理性的认识和独立的见解。智效民先生，由于自身的独特经历，对大学倾注着很深的感情，从《八位大学校长》和《六位教育家》两书可以窥见，智先生对民国大学运行的外部环境、运行机制和学府氛围，有着深入的理解和独到的把握。笔者对百年中国大学史，也有很深的兴趣，阅读《八位大学校长》时有会心。

《八位大学校长》，讲述了蒋梦麟、胡适、梅贻琦、张伯苓、竺可桢、罗家伦、任鸿隽、胡先骕的故事。其实在我看来，罗家伦、任鸿隽、胡先骕做大学校长并不成功。大学弥漫的是一种气氛，这种氛围，不管合适与否，哪里是脾气特别暴躁的人可以做得来的呢？罗家伦、任鸿隽、胡先骕三位先生做大学校长时间或长或短，却都不受人待见，并不是偶然的。当然，我并不是说，罗家伦主持清华大学、中央大学时，任鸿隽主持四川大学时，胡先骕主持中正大学时他们三人没有做出贡献。三位先生没有功劳有苦劳，没有苦劳有疲劳。

智效民先生对于罗家伦、任鸿隽、胡先骕三位先生是有偏爱的，这是没有办法的事情，也许与三位先生后来没有得到承认，甚至饱受攻击和谩骂有很大的关系。

智效民先生如此剪裁这本书，具有自己的"意图伦理"：在大学教育方面，进行拨乱反正，寻找中国大学校长的精神资源，促进大陆大学能够进行创造性转换。智效民先生在这本书里，没有把蔡元培先生放进来，我认为是合适的。如果放进来，篇幅上就会倚轻倚重，难以把握。

蒋梦麟和胡适先生都是哥伦比亚大学的毕业生，蒋梦麟学习教育、胡适学习哲学，应蔡元培先生邀请，进入北京大学。他们两位在新文化运动中，都是尽了自己力的。蒋梦麟先生1930—1945年担任北京大学校长，继承了蔡元培先生兼容并包、思想自由的理念。胡适先生自己的生日，十二月十七日，与北京大学原来的生日就是同一天，由此可以见胡适先生与北京大学的渊源。胡适先生1945—1948年担任北大校长。遗憾的是，那时候，北平之大，却已很难安放一张平静的书桌了。

梅贻琦先生于1931—1948年担任清华大学的校长。去台湾后，老先生创设新竹原子能研究所，在这个基础上，生长成了台湾清华大学。梅贻琦先生对于清华大学，可以说是"生斯长斯，吾爱吾庐"，他本人也是海峡两岸清华校友公认的校长。在清华校友中，不乏经历政治运动的清华老人，但他们心目中，永远的清华校长只能是令人肃然起敬的梅贻琦先生。梅贻琦老先生是出名的"寡言君子"，待人接物，谨言慎行，先生一生行事可以说贴切地反映了清华校训——自强不息，厚德载物。

张伯苓先生恐怕是中国大学史上最魁梧的校长了，这位北洋海军的年轻军人，身历中国甲午战败的耻辱，脱离行伍，从事教育，南开大学就是老先生教育救国理念的体现。南开大学作为中国少数出活的私立大学，可以说与这位深具人格魅力的校长是分不开的。老先生办大学特别注重文艺与体育，南开话剧社涌现出周恩来、曹禺出类拔萃的种子选手，绝非偶然。张伯苓校长经常担任华北运动会的总裁判长，可以想见体育在张校长心中的分量。当代中国大学校长，应该具有开阔的胸怀，懂得体育在大学中占有的位置。张伯苓先生说，不懂得体育的人不宜当校长。

竺可桢先生是杰出的气象学家，长期主持中央研究院气象所的所务，但在1936—1949年间，竺先生担任浙江大学校长。浙江大学是著名的"流亡大学"，最后流落到贵州遵义。流亡期间，竺可桢先生丧失爱妻和幼子，但是具有崇高品德和操守的竺先生，一直守护浙江大学这所灯塔，发扬"求是"的精神，在艰难万状中，率领浙江大学的师生，守护着大学的尊严，使浙江大学成为著名学府。

八位大学校长，没有办法克服战乱的时代困境，但他们发扬科学、自由、平等的现代精神，不忘大学的中国文化本位，坚守大学独立、教授治校和学术自由的底线，谱写了中国大学史的一段传奇。

在《八位大学校长》的写作中，智效民先生对于老辈具有同情的理解和温情的敬意，处处可以见出老辈的精神和风范。当代中国的大学校长，其实不一定非得舍近求远，要想办好大学，完全可以向老辈校长学习。我觉得，这就是智效民先生《八位大学校长》的主旨。

四

《长袍与牢骚》这个书名很是有趣，很传神。"太原学派"引发的民国热，其实很大部分反映在知识分子的臧否政治。知识分子为什么要这么做，无他，有牢骚耳！无疑，智效民先生，是喜欢发牢骚的"长袍"。智先生，沉浸其中，念兹在兹的，就是民国史上长袍先生的牢骚。

从世界文明史的角度观察，知识分子，渊源于古代的僧侣阶层，这个阶层，中国古代称为"巫"、"卜"、"祝"、"史"，他们操心着整个部落或者共同体的事情，所以，相对于社会的农工商阶层，先天具有着超越性和神圣性。随着现代社会的世俗化，知识分子的神圣性日益减少，世俗性日益增多，但一些人依旧保持着这种超越性。按照时贤的说法，知识分子超脱于自己的专业，先天具有公共关怀。

中国古代的知识分子，称为"士"，长袍就是他们的行头。普通民众是不敢置喙政治的；长袍先生，在社会的教化中，却发挥着独到的作用，有着极其重要的担当。"先天下之忧而忧，后天下之乐而乐。""一言可以兴邦，一言可以丧国。"不难窥见，这个阶层的超越性。

西方现代知识分子，渊源于教堂和大学。西方最早的大学，绝大多数属于教堂培训学校，目标在于培养神甫。这些神学生，仰仗着教皇的庇护，放浪形骸，从不把周围市镇的民众看在眼里，自然是惹出无数麻烦，导致学袍和市镇的紧张。牛津和剑桥，八百年历史的学府，在成长早期的一段时间，学袍和市镇之间，充斥着激烈的冲突和博弈，个中缘由，并不复杂。剑桥大学的成立，追本溯源，还不是牛津学袍激怒了市镇的民众，学袍被迫撤退，最终到达剑桥。在教皇的调停下，该事件才算告一段落。

中国近代意义的"学袍"，滥觞于"公车上书"，从戊戌变法、五四运动、"一二·九"运动可以窥见，中国"学袍"与"市镇"之间，一直存在着跌宕起伏的紧张关系。1949年之后，强势的主事者，在政治、经济、文化、社会四个领域中，排兵布阵，已经掌握了先手棋，曾经丰神俊逸的长袍先生们，不得不就范。竟有三十年的时间，被挤压在社会的死角，哪里还有闪转腾挪、指点江山的机会呢？

长袍先生，在近代社会的转型中，受到政治经济社会的排斥，但身上依然流淌着浓厚的传统士人心态，慎思、明辨、笃行；遇到"全能政治"，特别是"反右"，眼见大势已去，很快缴械投降。

智效民几番周折，进入山西社科院，已届不惑，深知自己消耗不起，思考何以安身立命。古今中外，凡是体制，都要培养依附体制的人。不要说独行异端，就是与体制相疏离，都必须具有很大的勇气，关注并研究长袍先生的牢骚，正是太原学派的"天命"所在。

智效民先生在"太原学派"处于什么地位呢？笔者以为，智效民先生的著作，体现着独到的问题意识和深刻的思考，这表现在两个方面：深化主题和开拓新域。

太原学派，是从关注和思考民国学术史起步的，几位先生对民国教育史和思想史，有着高度的默契和可贵的共识。谢泳的《西南联大与中国现代知识分子》，具有开拓的意义。并不讳言，谢泳的书里，存在着"主题先行"和"意图伦理"。有人把谢泳著作存在的意识形态，归咎于谢氏的尊人被划为右派，这当然是不妥当的——这种不妥当，恰与谢氏把毛润之晚年的做派，归咎于其早年在北大的际遇相似。

细细想来，谢泳喜用材料说话，特别是平常不大受到关注的材料，这是谢泳著述的颖异之处；但是不得不指出，谢泳通过对材料的梳理和解释所得出的结论，大概在使用这些材料之前，就已经抵定了。笔者曾受惠于谢泳，谢氏的优点，自忖学到的不多；但是，"主题先行"和"意图伦理"，可谓不遑多让。

这是民国热中值得注意的一个问题。历史学，特别是民国史的研究，保持底线的价值中立，还是很有必要的。否则对民国史的判断，只是反方向的陈伯达而已。历史学搞极端，就过了，应该平实中正，执其两端用其中。

智效民先生的著述，像《八位大学校长》和《六位教育家》，材料和观点，结合得比较好，体现了智效民先生深入开掘的能力。先生开拓的才华，台湾出版的《刘少奇与晋绥土改》是一例。

《长袍与牢骚》，丁东先生以为最有特色的是后面四篇：《蔡家崖"斗牛大会"》《开明绅士刘少白》《我所了解的冀贡泉》《与辛亥革命同行——父亲前半生的传奇经历》，笔者深有同感。见到智先生用别具一格的手法，描写"开明绅士"，真是耳目为之一新，欢喜赞叹！

牛友兰、刘少白、冀贡泉三位先生，属于"开明绅士"，有着传奇的经历和坎坷的人生，也是山西地方上很有力量的老辈。梳理这几位老辈的际遇，理解他们的心思，不是一件简单的事情。相较于对知识分子的把握而言，分寸感和火候，就更加必要。可以说，知识分子话题，经过"太原学派"的辛勤耕耘，引发民国热，笔者立言的时候，都有点索然寡味了。当然，并不是说这个领域已经不值得挖掘了，而是说，应该调整一下思路了。将情绪调整为理性，将一分为二，化为一分为三。

就民国史的生态而言，其实"开明绅士"的能量，要比知识分子大得多。知识分子，充其量是大时代的小点缀，而"开明绅士"往往是地方上举足轻重的人物，这些老辈，在血缘和地缘交互的共同体中，在地方治理中，可谓"五老七贤"。智效民《长袍与牢骚》，集中展示了四位长袍先生的牢骚，可以说，这预示着民国史书写，由"士"向"绅"的一种可能的转型。

张謇、卢作孚，都是民国史上可圈可点的"开明绅士"。只不过某些人以褊狭的视角，仅仅把这两位老辈看做企业家而已。张謇、汤寿潜，这些老辈"开明绅士"，功业不仅在地方自治上，清末民初的政局，地方立宪派，功不唐捐。毛润之曾将知识分子视为皮毛，这就是著名的"皮毛论"，这里面渗透的"阶级论"暂且不表，仔细想想，毛润之说的很有道理。知识分子如不与工农兵相结合，哪里有什么真正的力量？

很有不少"立宪派"知识分子，以为当代中国要发展中间层。而"开明绅士"不就是很有力量的"中间层"吗？牛友兰、刘少白、冀贡泉，山西历史上三位"开明绅士"的际遇，有着很强的象征意义。"土改"这一招，是主事者改造基层，进而使得"开明绅士"绝迹的最有力量的办法。学界唇亡齿寒，只是看到了迫害知识分子的负面作用，但还没有真正意识到，"开明绅士"在大陆的绝迹，从大历史的角度观察，更加惊心动魄。

陈寅恪先生内心里面，最喜欢谈论清末民初那一段历史，因为这一段属于陈寅恪的当身史，陈先生怕研究这段历史，难免带有家族的体温，难免"主题先行"，所以不得已，放弃了这一段，最终选择了魏晋南北朝和隋唐。这则故事告诉我们，将"当身历史"当做研究的对象，必须有绝大的勇气，不因家族的际遇而患上"意图伦理"。

智效民先生，忠实于自己的良心，把家族的"当身史"写出来，将研究领域和"当身历史"相贯通。阅读《与辛亥革命同行——父亲前半生的传奇经历》一文，笔底波澜，历史云烟，不由得感叹：事实比想象更传奇！

2013年7月1日

李零文化心态一瞥

2008年，王元化先生去世之后，有谁可以填补中国思想版图的空白？那时候，觉得秦晖先生庶几近之。近年来，我对高王凌、李零很有兴趣，经过深入的阅读和思考，觉得高王凌、李零先生，都属于挑战格局的人物，堪称扛鼎式的人物。

一、生态

李零自述，自己出生在"共匪"前往北京的路上，属于"红旗下的蛋"。二十岁之前在北京，上幼儿园、小学、初中、高中。在红卫兵运动中表现消极，属于"逍遥派"。当局者迷，旁观者清。近三十年中，李零能够在激荡的思想界特立独行，可以说奠基于此。

幸福的家庭是相似的，不幸的家庭各有各的不幸。

李零和王元化的家庭，有着相似之处。王元化有两个姐姐一个妹妹，李零也是；王元化的父母长寿，李零的父母也是；更有趣的是，王元化是独子,李零也是;王元化的尊人曾在清华,李零的父亲曾在人大。学府的氛围,滋润着年少的王元化和李零。姥姥又疼,舅舅又爱,家庭的万千宠爱也集于一身。思想家往往都是行动的矮子。王元化和李零,两人的生活能力都不怎么高,甚至可以说是相当低。李零在广阔天地,接受过七年贫下中农再教育,生活能力也没有多少提高。没有办法,谁让人家李零生来就是享福的命呢!李零遇到生活难题,比如抽水马桶坏了不会修,只能给当董事长的老友打电话,也不管这位董事长是否在开董事局会议。李零觉得,既然是朋友,就应该帮忙。

李零悟性颇高,画画、写字、篆刻样样在行,这得益于李零的"科学"意识。无论做什么事情,都须特别注重基本功。李零要是在理科,同样是种子选手。1964—1980年,李零随父亲住在中关村北区十号楼,左邻右舍,都是"大师",这个聪慧的孩子,自然受到了大师的耳濡目染。

1966年,李零十八岁,赶上"千载难逢"的"文化大革命"。李零觉得,毛主席真是全国中学生的贴心人,心里面感觉特别温暖。学制要缩短,太好了,这下呆板、拘谨的教育该彻底废除了,中学生终于获得自由了。李零上学的时候,属于坏孩子,喜欢读野书,功课特棒,就是不受老师待见。

"文革""终于"来了,李零"终于"不用上学了。整天躲在家里读书,何等惬意!解放军派人传话,也坚决"不出山"。特别是在花园村,"发小儿"张木生家里的那段日子,躲进小楼成一统,管他春夏与秋冬。煮着挂面,就着朝鲜咸菜,尽情吸吮着文明的乳汁。

"文化大革命"确实是浩劫,这是任何人也没有办法否认的。张木生的爸爸忍耐不了,一死了之。这都是眼跟前的事情,如此触目惊心,李零岂会忘怀?李零的父亲也挨整。那么忠心耿耿的老革命,当初参加革命的时候,会想到有这么一天吗?革命会有牺牲,但不少老革命并没有牺牲在革命的路上,革命成功后,被自己人整死的人不在少数。最匪夷所思,也最难能可贵的是,这些革命者很少后悔。按照当今的时尚,就没有办法理解这些革命者，总有人大惊小怪，还以为这些革命者来自其他星球。李零家里就有这么一位老革命。李零的父亲——李逸三先生，这位老革命于 2003 年 10 月 15 日上午 9 点，也就是航天英雄杨利伟返回地球的那一刻，前往天堂去见马克思。李零对革命和战争，具有同情的了解和温情的敬意，恐怕来源于此。

1968 年，伟大领袖大笔一挥，红卫兵被伟大领袖抛弃了，李零反倒有一种难得的解放感。除了少数革命军人子女，大家掐来掐去，全是白掐。李零觉得，要是去了工厂，就会拴在机器上，还是农村好，有漫长的农闲，正好符合李零"散漫"的性格。

1968 年，李零见证了人们在北京站和前门火车站给知识青年送行的场面，诗人郭路生，曾经写有《这是四点零八分的北京》，那种特别的心理和气氛，这位诗人表达得最传神，也最生动。

李零能够到农村去，高兴还来不及，哪里会"萋萋满别情"呢？在希望全无的环境里，大家都是平等的。而李零到内蒙临河，是投奔老友陈晓农、张木生去的，这两位都是中国人民大学附中的校友，在"文化大革命"中，志趣相投，都希望成为"改"派，都很冷静，没有盲目地"斗"、"批"，而是反对"联动"，反对"打人"。为此，李零还曾经"占领"过北京市委书记吴德的办公室，反映"文革"打人，违反中央政策的问题。

李零能够来到内蒙临河，完全是投奔陈晓农、张木生两位去的。当时组织上并没有这样的安排，还是李零据理力争，非去临河不可。但是，来到临河才发现，还得翻过一座大山，才能见到老友。

北京的知识青年，来到知青点，与其他地方的知青有所不同，他们带来好多灰皮书、黄皮书。这得益于首善之区——北京。北京作为文化中心、学术中心，文人多，学者多。来自北京的知青，较其他地方的知青，有着更多的先天优势。旁的地方，便要看自己的造化了，比如秦晖这位广西知青，得益于父母的丰富藏书。

"文化大革命"那样特殊的时代，造就了中国历史上空前绝后的"知青学者"。李零属于"鼠"字辈，1948年出生，这在知青学者里面，岁数算是偏大的。晚生几年的人，1966年时，好多还在读初中，知识更加欠缺。这一代人，没能够接受系统的教育，这在今天看来，无论如何都是一种巨大的缺失。但这要从两个方面来看。

物以稀为贵。在丧失机会面前平等了，都看不到希望，不知道何处是尽头。这一代人，无聊才读书，只要是书，开卷有益，李零更是嗜书如命。回首平生，李零觉得七年的知青生涯，属于无功利读书。李零曾经给自己的学生说：我们那一辈人，避席畏闻文字狱；你们这一代人，著书都为稻粱谋。

北大历史系的朱孝远先生，曾经对笔者讲起知青学者，他对他们这一代人评价不高，认为他们杂念比较多，不够纯粹，不够专业，下一代里面恐怕才能产生学院派。当时，笔者对朱孝远先生的说法深以为然。现在看来，问题恐怕并不那么简单。因为朱先生后面那一代，已经破土而生，怎么样呢？不仅丧失了第五代身上那种人文关怀，就从象牙塔而言，也不是那么纯粹。脱离开地气，不去碰触社会问题，不去牵涉人文理想，恐怕也不见得是什么好事。

李零在农村，并没有过几天"战天斗地"的生活，而成为了一名教书先生，这倒成就了李零。不过，李零担任老师，不仅不成功，甚至可以说很失败。李零在"文革"初期的1966年，就来到大别山，立志办一所全新的学校。后来上海"一月风暴"，复课闹革命，一切都没有改观。李零觉得，中小学老师并不是谁都可以当的。就在知青时期的教师生涯中，李零才感悟，自己比当时所认定的坏老师还坏：对于调皮捣蛋的孩子没有耐心，经常一把薅起来，推到教室外面去。

李零在农村，深切体会到了农民的生存智慧。要不是投胎农村，这些农民不知道有多大道行。李零觉得，哪种行当都能活人，慢慢产生一种平常心。无形之中，李零又读了一本书——"无字天书"。正是在农村，李零才有了"畜牲人类学"的想法。农民的生存智慧，在六畜身上，有着鲜明的印记。马牛羊猪犬鸡为六畜，农民与六畜进行博弈，经过漫长的岁月,将它们驯化。同时,他们将这种经验,移植到人与人之间的驯化。李零对革命和战争的思考,对硬道理和软道理的关系,西方与东方的博弈,包括整个国际格局的反省,不能说都是从"畜牲人类学"得来,但是他们之间的互动是显而易见的。

李零之所以成为李零,是多种因素合力的结果。李零的专业是"三古"——考古、古文字、古文献,这里面的因缘,还要从知青生涯说起。李零在山西老家插队的时候,作为武乡北良侯村中的"文化人"——教书先生,参与了一项文物的保护工作。那是漳河畔一个古村落,山圪瘩上,有一尊北齐时期的佛像。因为水土流失,佛像有倾覆的危险。省里面拨款,给那座佛像盖房,同时得把佛像迁移到新建的房子里面去。整个工程,李零全程参与。李零与考古结缘,大概就是从那时候开始的吧!做一个生活中的有心人。

李零的发小儿——张木生,对李零有个评价:李零注重基本功。篆刻、书法、画画,不管什么事情,只要让李零喜欢上,都不会轻易半途而废。最关键的是,李零喜欢刨根问底,不弄明白,绝不罢休。李零的看家本领,恐怕是在"文化大革命"中练就的,按照李零的话说,"对于一个有独立思考的知识分子来说,主流意识形态才最值得怀疑"。

二、左右

2014年3月16日,李零先生的新书《鸟儿歌唱》新书发布会,在北大中关新园1898咖啡馆举办。《鸟儿歌唱》也许是李零先生一生中,最具有忧患意识的一部书,发布会云集了南北十几家媒体,但出席的学者,仅有唐晓峰、韩毓海、潘维、黄纪苏和杨念群寥寥数位。

这样一个阵营,可以窥见当代中国学界的境况。韩毓海、黄纪苏、潘维,左派阵营很有地位的三员"大将",引李零先生为知己,其中内涵不言而喻。

中国学界，充斥着浓浓的"火药味"。不仅左右派之间视若仇雠，而且，就是本派别的，也不一定能够坐到一块。开个会，弄个论坛，首先要确立基调学人。学者参会与否，先要打听主办方都请谁。投了脾气，对了胃口，理念相近，这才会来。

原来，大家都以为李零先生是一位纯正的学人，而且还是"三古"方面的学人——考古、古文字、古文献。李零脾气大，学问大，可以说是一种"共识"。但是，李零通过《放虎归山》《花间一壶酒》，让大家见识到，李零原来还待见随笔这种体例，视野开阔，身手不凡，立论有据，纵横捭阖。可是，从2009年出版《何枝可依》，李零表露自己的政治关切，到《鸟儿歌唱》的出版，可以说，李零"图穷匕首见"。

《鸟儿歌唱》所要表达的，不仅仅是李零先生的文化立场，更是内心深处的关切。李零的政治"站位"在本书中得到了淋漓尽致的发挥。在我看来，李零这本书，"图穷匕首见"，展现了立志成为一位革命的保守主义的态度。李零自己说，不就是为"战争"和"革命"说了几句好话吗？就是这几句好话，让人捉摸不透李零"葫芦"里到底卖的什么药？右派不能理解，左派高兴莫名，但，也不敢赞一词。

看到李零的《鸟儿歌唱》，右派因为致力于告别革命和吃后悔药，怕是远离《鸟儿歌唱》，才能避嫌。秦晖先生是李零的朋友，不知道出版方请没请。秦晖喜欢讲道理，不管左派右派，只要讲道理，就可以交流。但实际情况是，一位右派都没有来。这一点，李零自然心中有数。在李零看来，右派不来，正常。其实，右派来了，中国社会才更正常。民主政治的本意，不就是左派和右派坐在一块吗。

唐晓峰是李零的"铁哥们儿"。2014年9月，他们一块儿在北大开《禹贡》的讲座。估计用不了多久，李零写历史地理的集子就会面世，连名字都已经想好了——《我们的中国》。唐晓峰和李零两位"鼠辈"，生于1948年。两位老哥们，最怀念的竟然都是七十年代知识青年的生涯。唐晓峰先生是中国历史地理学的大腕儿，平常不大表露自己对政治的关切。李零的《鸟儿歌唱》，是写给"冷战下的蛋"。老朋友之间，果真心有戚戚焉。

杨念群，是杨度的后人，亦是梁任公的后人，属于"世家"。杨氏在新书发布会上，特别表扬了李零的随笔。所谓普通文章大约有两种，一种是通俗而不能深入；还有一种是专家写作，卖弄学问，不能浅出。李零的随笔正好集成了优点，既能深入又能浅出。李零在"学术"和"随笔"之间，自由转换，水平很高，如是云云。

李零先生倒是很谦虚：年岁大了，弄学问，力不从心，不大到位了，现在想多读些书。时常写些札记，也挺好！其实，哪是这回事呀！早在1985年调入北大，与裘锡圭和李家浩同事之时，李零就人在学林，心系野书。

《放虎归山》《花间一壶酒》，不都是先生不惯圈养，向往山林的嘶鸣吗？李零的文体，按先生自己的定位，属于臭豆腐体，或者打油体。这些写作，尽管惹出不少麻烦，但是确实需要真诚和勇敢。李零为什么这么喜欢写随笔和札记？我想是因为在李零心中，学院体有着自身的困境，没法表达对大问题和敏感问题的思考。

"李零体"是为了思考大问题，真诚和勇敢自不可少。但通观《何枝可依》和《鸟儿歌唱》，最可贵者，并不在真诚和勇敢，而在于超越学科的能力，以及字里行间令人畏怕的冷静和理性。

别看平常李零鼓捣考古、古文字、古文献，对于当代中国社会思潮，他依然保持着关切；对时代的重大问题，依然有着自己的判断。

李零超越各种思潮，永远站在右派的左边，站在左派的右边。这让左右两派觉得莫名其妙。因为，非黑即白，非左即右，已经成为他们的习惯。

笔者以前之所以不待见李零，恐怕也是这种幼稚的思维习惯所致。心里老觉得别扭：站在左派的右边，站在右派的左边，李零这是怎么搞的，这么不讲究？李零，你急死我了，你到底是左派还是右派呢？走两步，出来走两步。《何枝可依》，已经依稀可辨；《鸟儿歌唱》，李零，已经淋漓尽致地说出了内心的忧虑。

别看《鸟儿歌唱》新书发布会上，主办方请来了韩毓海、黄纪苏、潘维，李零并不谬托知己。在李零看来，"土左"恨"月亮"，"土右"恨"影子"，"洋左"、"洋右"高高在上，总是扳起脸孔训人。

现在看来，这正是李零的可贵之处。不在党，不在教，既不是左派，也不是右派。正反映了李零的平民意识。平民过日子，有谁在乎是左派还是右派？

李零给自己的定位是——读书人。有人说，这是不是定得有些低？其实，在李零看来，这是一生的追求，是完全可以刻在墓碑上的。只不过，李零所说的读书人，好读野书，有问题意识，反潮流，喜欢抬杠，不凑热闹，难以归类。

李零身历"三十年河东，三十年河西"，百炼成钢，成就金刚不败之身。李零总能置身于文化界的各种热点之外，冷眼旁观，总能超脱左右派别之上，洞若观火。所以，对于各种各样的"发疟子"，具有极强的免疫力。此种功夫，在当代中国第四代学者、第五代学者里面，确实，独树一帜。

李零在《放虎归山》新版序言中指出：

> 旧作，头两篇，我叫"在启蒙的光环下"，主要是评述80年代以《河殇》为高潮的启蒙思潮，这和当今时尚正好相反，值得回味。我给他们泼凉水，值得纪念。
>
> 这里，最重要的文章，还是《传统为什么这样红》。这篇讲话，是给当下的孔子热、读经热、传统文化热降温。就像当年，我给怨天尤人骂祖宗泼凉水一样。
>
> 发烧是病，我对热，总是持怀疑态度。

李零说过：历史就怕对比，其实它的妙处就在这里。三十年为一世。《服丧未尽的余哀》和《历史怪圈》写于1988年。"传统为什么这样红"是李零于2007年4月19日，在中国人民大学清史研究所的演讲。这里面的间隔，也有近二十年。放在一块儿，对照着读，不能不叹服，李零和高王凌两位先生，堪称文化疾风中的两棵劲草。

李零先生和高王凌先生，笔者合称"两〇"（"零"和"凌"）。近些年，笔者一直孜孜不倦地阅读两位先生的著述。两位先生的思考具有极强的穿透力。他们两位的东西，因为不迎合热点，相当冷清。但时过境迁，回过头来，这才发现两位实乃明心见性。

李零固执地以为，80年代的逻辑起点，当从1978年算起。十一届三中全会，就是那年召开的，那次会议，成为当代中国的逻辑起点。这以前的70年代，是十年浩劫的一部分。大家不看好70年代，理由是明摆着的："文化大革命"，不就是浩劫吗？当时闭关锁国，国民经济到了崩溃的边缘，难道还要向"文化大革命"唱赞歌不成？

李零有句话，70年代和80年代，古今之分，十分明显。

在很多人心中，"改革"和"文革"之间，隔着十万八千里。"改革"是对"文革"的"反动"。"文革"撞了南墙，这才有了"改革"。这样，"改革"就具有了一个逻辑前提，"改革"是撇清与"文革"的关系。80年代的"改革"，就是与"文革"对着干，或者宣称与"文革"对着干。大家便底气十足，信心十足。其实，这正是八十年代的天真之处。

"文化大革命"时期，"宁要社会主义的草，不要资本主义的苗"。这就有点匪夷所思了。李零接着说：帝国主义吃饭不吃屎，无论如何反对帝国主义，我们也不能不吃饭只吃屎吧！

改革与"文革"之间的关系，也是很有意思的。70年代，可不是什么都不是，不能说大家都白活了，甚或耻于谈论70年代。

80年代开花，90年代结果，其实这一切，都酝酿于70年代。

80年代，人人皆为启蒙派。每当看到这句话，笔者都莞尔一笑。最近找到一位学弟，人大党史系八六级的袁跃，很是快慰。袁跃老弟可是八十年代的校园明星，没赶上竞选人大代表，这没有办法。但一位本科生，在学校里面开讲座，就是放在现在是不是也觉得新鲜？当时可算得上破天荒，盛况空前。在回答一位学友的提问时，机智的袁跃，把问题传给了我，顺口一说："这位老兄是'启蒙专家'，你的问题，可以让他解释。"

现在想起来，还觉得好笑。我这样的愤青都可以成为启蒙专家，可以窥见，80年代启蒙派何其多。正好印证李零的那句话。

按理说，80年代，启蒙派多如过江之鲫，明白人应该多一些，其实不然。

李零心中，70年代和80年代，改革与"文革"之间，存在着内在的逻辑联系。现在，谁要说毛润之是改革的设计师，大家都觉得很唐突：总设计师不是邓先生吗？

早在上山下乡的岁月，李零就已经投入《孙子兵法》的研究，具有兵家思维，看问题，讲究战略态势，有大局观。毛润之，怕美苏两大国联手对付中国，一手导演珍宝岛之战。这样，中美两国越走越近，中国这才开始"解围"。这都是很多人的亲身经历。但总有不少人，喜欢进行选择性遗忘，进行选择性记忆。

别看彻底否定"文化大革命"，但大多数人并没有反省"文革"思维，甚或延续这种"文革"思维，进行改革。

别急，左右两派，坐下来，一块聊一聊。

推倒一世之智勇，开拓万古之心胸。

三、革命

"人民英雄纪念碑还巍然耸立在天安门广场。一百年来，所有为中国革命捐躯的烈士（从秋瑾到江姐）永垂不朽！"——李零。

知我者谓我心忧，不知我者谓我何求！

20世纪的中国是战争与革命的世纪。血流成河，泪流成河。自从李泽厚先生提出"告别革命"，知识界开始反思"革命"。"革命"倒了不少人的"胃口"，开始吃"后悔药"，这样，一来二去，反思"革命"，就变成了"反革命"。

有一种说法：既然清朝在进行预备立宪，何必出现辛亥革命？既然有北洋政府，何必还弄一个国民党政府？既然国民党政府开始搞宪政，何必出现中华人民共和国？这种说法，在李零看来，"后悔药"已经吃到清朝，真是匪夷所思。

"现在诋毁革命，流行说法是，少数狂热分子煽动无知群众，仇富、反智，杀人放火，破坏文化，死人无数。这类说法，历代统治者差不多都这么讲，不用当什么理论看。革命会死人，就像战争会死人一样，值得大惊小怪吗？"①

"现在不同，大家革了一百年的命，革命革伤了，革命革怕了，有人说，革命就是不民主，不自由，不合法，反人权，等于专制，这不是满拧？"②

李零本人非常害怕"革命"，但也非常能够理解"革命"。作为"兵家"的李零，对古今中外的各种"革命"，特别是对中国"革命"，抱有同情的理解和温情的敬意，这是李零的特立独行之处。有人揶揄李零属于"革命"的保守主义。

笔者大学毕业之后，讲述《中国革命史》有年，依然很难理解李零的态度。2014年，反复阅读《何枝可依》和《鸟儿歌唱》，梳理李零的心路历程和文化立场，经过一年的思索，似有所悟。

李零，原籍山西武乡北良侯村，1948年6月12日出生于革命队伍前往北平的行军途中——邢台。李零的尊人——李逸三老先生，属于革命老干部。那个时代的"少年先锋"，先加入国民党，再加入共产党，打了一辈子仗，1949年入城后，曾任中国人民大学党委常委，组织部长，统战部长。老先生好打抱不平，不余遗力，为"右派"摘帽而奔走。

李逸三先生这种类型，属于"老派"革命家。李零有这样的家世，生长于"革命家庭"，自然为李零理解"革命"奠定了一个基础。但李零理性的地方，并不在于革命家庭出身，而是超越了这种出身。李零认为，革命的出现，没有什么不好理解的。这好比古代的"民变"，既然我们能

---

① 李零：《大道理管小道理》，见《鸟儿歌唱》，北京大学出版社，2014年，第139页。
② 李零：《环球同此凉热》，见《鸟儿歌唱》，北京大学出版社，2014年，第224页。

理解古代的"民变",为什么就不能理解"革命"呢?革命是社会矛盾的释放过程。

李零的父亲是位老革命,但整天忙于革命工作,没有时间,也没有兴趣,讲述自己的革命传奇。李零小时候,属于"母党"。革命者的下场往往很惨。李零小时候,曾住在中国人民大学。尚钺、邹鲁风、葛佩琦三位老革命的经历,令人唏嘘。尚钺老先生是金日成的老师,两度被捕,备受酷刑,第一位妻子在鄂豫皖被杀害,第二任妻子,"文化大革命"中自杀。老先生主张魏晋封建论,被郭沫若和范文澜两派所压制,一辈子没受到公正待遇。邹鲁风,"一二·九"运动核心人物,被打成"右倾机会主义分子",就在李零他们家前面那个楼服安眠药自杀。葛佩琦,共产党的卧底,1957年,被打为大"右派",晚年瞎着眼睛跑,跑了三年,总算是平反了。这都是李零亲眼所见的人物。

1966年冬,李零跑到大别山,立志办学,遇到一位解甲归田的老红军讲鄂豫皖苏区的肃反。李零平生第一次听说,那么多的革命者都是死在革命的刀下。毛泽东所说的"五不怕",就是讲如何面对被自己人杀,被自己人整。

在李零眼中:"革命者是殉道者,下场往往很惨。你要投身革命,就要准备杀头,不光被敌人杀,而且可能被自己人杀。"理解了这些革命者,怕是才能理解中国革命。

"'民主'、'自由'、'法制'、'人权',全是进口好词,没错。咱们引入这些好词干什么?全是为了宣传革命。它们是和'革命'二字一起,从国外进口。"①

革命是个社会矛盾的释放过程,释放出来的毒素,当然有专制。

"现在,众口铄金,大家都说,法国革命坏,俄国革命更坏;英国革命好,美国革命更好,历史的好坏是这么分。但没有法国革命,没有俄国革命,只有英国革命,只有美国革命,世界历史怎么讲?那就没有现在的欧洲,也没有现在的美国。'自由'、'平等'、'博爱'是哪个革命的

---

① 李零:《环球同此凉热》,见《鸟儿歌唱》,北京大学出版社,2014年,第224页。

口号？美国的自由女神是谁的礼物？"①

看到革命正在被遗忘，被遮蔽，李零重读奥威尔，意在为革命说几句话，几句公道话。

李零这些年，一直在走路，访求三山五岳，沿着秦皇汉武的足迹，沿着孔夫子的足迹，这些，都在为李零写作《我们的中国》提供素材。可是，谁能想得到，这样一位"三古"界的学人，不仅寻访博物馆、看文物，竟然追寻父辈的足迹，奔走于各地的革命纪念馆。对于李零来说，历史就在脚下。李零的这种举动，一则证明他具有打通古今中外的情怀；另一方面，证明他对中国革命的温情和敬意。

"回首20世纪，前后两半，对比很强烈。上一半，世界只发生过两件大事，两次大战逼出两次革命：俄国革命和中国革命，左翼风靡世界；下一半，是冷战改变世界，世界告别革命，右翼卷土重来。"②

20世纪是战争与革命的世纪。尽管李零生于1948年，属于"红旗下的蛋"，既没有赶上战争，也没赶上革命。但是战争与革命对他的影响，是深入骨髓的。在李零看来，自己所经历的"冷战"丝毫不亚于"热战"。

2000年，新世纪来临的时候，李零之所以有着莫名的悲哀，是因为他已经把自己的心，放在了20世纪。李零属于20世纪之子。

"有人说，革命不合法。我很奇怪，革命还有什么合法？"记得列宁曾经说过，我们已经诞生了苏维埃，难道还要到资产阶级那里报到？再者说了，人家资产阶级，怎么会给无产阶级"上户口"呢？无产阶级革命属于"黑户"，再正常不过。想当年，资产阶级革命，也没法在封建阶级那里"报到"呀！李零弄不懂的是，连谭嗣同都懂得的道理，当代中国的知识精英，何以不明白？

李零引用阿伦特的话："迄今为止，战争与革命决定了20世纪的面貌。"李零认为，阿伦特这句话，深刻说明了革命与战争的不解之缘。李

---

① 李零：《大道理管小道理》，见《鸟儿歌唱》，北京大学出版社，2014年，第139页。
② 李零：《读〈动物农场〉（三）》，见《鸟儿歌唱》，北京大学出版社，2014年，第71页。

零在阿伦特的基础上，更上层楼，进一步指出：战争引发革命。对此，李零的老友——高王凌先生，不以为然，连发两篇博客，与李零切磋。

记得2013年12月21日，笔者前往北京，在辽宁饭店，拜见高王凌先生，席间，就李零的文化立场和政治倾向，向高先生请益。高王凌先生，这位李零的"铁哥们"也觉得诧异，李零居然说不是一伙的，那么，李零到底是哪伙的？含蓄的高先生，只是说，李零是搞"子学"出身的。确实，李零的专长，是《孙子兵法》，"兵无常势，水无常形"，很符合李零的逻辑。至于李零是否要出山，当"左派"的执牛耳者，这也说不好。

"中国历史，专制主义很发达，梦被西方打破，乃有革命。辛亥革命，推翻清朝，走向共和，是反专制；北伐战争，打倒军阀，统一南北，是反专制。一切都顺理成章。虽然，反和被反，经常具有对称性，我们的反专制，老是用一种专制反对另一种专制，仿佛交叉感染。这是由残酷的环境所决定。"[①]

李零先生的这番话很给力，确实醍醐灌顶，对醒酒有莫大的好处。民主党派，当时为什么跟着共产党走，不跟国民党走？老辈民主人士心如明镜，他们和共产党，都是高举反专制的大旗。李零在这个问题上很通达：无论运用何种手段反专制，多数情形下，"反专制"成功之后，是否即刻转向"非专制"？历史给我们的答案，让一些人很不爽。甚或怀疑，早知今日悔不当初。历史不卖"后悔药"，但想吃"后悔药"的人，似乎不少。

李零熟读兵书，上下五千年，纵横十万里，胸中有万千沟壑。英国革命有克伦威尔，法国革命有罗伯斯庇尔，俄国革命有斯大林，中国革命有毛泽东。革命要推翻旧制度，李零眼中的"革命"，在古代属于"民变"，难以想象，这种"民变"，只有"乌合之众"，而没有"卡里斯马"，也就是说，要是没有个人魅力型的权威，仅仅有"乌合之众"是不够的；当然，哪一场"民变"或者"革命"，都需要广阔的社会动员，"乌合之众"是绝对不可少的。"乌合之众"换成现在的话说，就是"群众"。

---

① 李零：《读〈动物农场〉（三）》，见《鸟儿歌唱》，北京大学出版社，2014年，第73页。

李零很有些冷幽默：你不能说革命只许"君子"参加，不许"小人"参加。"小人"参加进来，加重了革命中的血腥。在李零看来，革命是战争的解毒剂。革命和战争，都沾血带污。

如何看待革命后的专制？这是一个令人纠结的问题。既然革命的大旗是"反专制"，那为什么革命之后，还会出现"专制"呢？笔者以为，到目前为止，李零的解释最通达，最能够说服我。

"专制主义，即使在革命成功后，也有很多变种，包括革命的专制主义。"李零认为，对于革命之后的"专制"，马克思和孙中山，可谓殊途同归。"革命也会造成专制，这有什么奇怪？"李零被视为革命的保守主义者，由来有自。

毋庸讳言，"西方"这匹资本主义的老马，在法治、自由、民主方面，有可圈可点之处。这得益于资本主义的"先发优势"，有着时间和空间的回旋余地。

但中国学界面对"西方"的法治、自由和民主，抬不起头来，丧失文化自信是一个方面；更可怕的是，刻舟求剑，削足适履。

资产阶级革命，也是推翻旧制度的大革命，照样可以出现专制。可惜的是已经很少有人记得这些陈年旧账了。人家"西方"，记不得也就算了。问题是，我们抬头见喜，看到"西方"的民主和自由，过屠门而大嚼；低头跳灾，老看着眼前中国的不民主。两相对照，大异其趣。老惦记着这个事情：怎么无产阶级革命之后，竟然是此番景况？

阿伦特说，革命不是造反叛乱，以暴易暴，而是新秩序的重建。推翻旧制度后，千头万绪，一空依傍。这种历史的节点，让自由成为衡量革命的唯一标准，怕是有点难。此时亟需的是社会秩序的重建。如果不能建立稳健的社会秩序，最后弄到法国大革命那样，革命不如不革命，不革命才是真革命。这又是何苦来哉！

"谁都无法否认，正是因为反专制，不能没有集权，特别是过渡时期。"李零这番话，证诸古今中外革命史，诚哉斯言！

"革命，求自由而得专制，是很多人害怕革命、远离革命的原因。但真正的革命和战争类似。没有高度集权（哪怕是由议会授权），就没有战争。没有高度集权，也没有革命。"[1]

李零自问自答："权力集中就一定不好吗？答案似乎很肯定。其实，资本主义国家的战时体制，福利国家的计划体制，社会主义国家的镇压敌对势力，不发达国家的民族主义和权威主义，大部分都与战争和革命有关。它们各自有各自的理由。我们不能脱离当时的环境，把所有的集权都搅成一锅粥，统称为极权主义，特别是等同于法西斯主义。"[2]

李零把心留在了20世纪，对冷战时期的中国境遇，有着格外的体恤，让人不大好理解。李零其实在说，冷战的环境下，中国很长时期不能解围。中国既有战时体制（毛泽东晚年感慨，第三次世界大战何时打呀，一万年太久，只争朝夕），也有社会主义的计划体制；革命过后还镇压"反革命"，中国同时也属于亚非拉不发达国家的一员，又有着民族主义和权威主义——各种权重，加剧着中国的"独裁"和"专制"。

中国可谓在劫难逃，凭借自身很难改变被包围的困境。"我们要知道，即使冷战也是战。军事包围，经济封锁，思想渗透，弱势者被强势者包围，没有安全感，这才是问题的关键。一句话，大道理管着小道理。"中国政府的强势、集权和美国等国的围困，可以说互为表里。影子来源于光。

李零说过一句话，怕是没有人当真：有朝一日，美国要是被围困，景况一点不比朝鲜好。

作为读书人的李零，有表达自己文化立场和政治思考的权利，只是尝试着理解革命之后的种种现象时，李零并没有说，要站在哪个队伍里面。这就已经让不少人大呼"大逆不道"了。至于李零曾说"革命的专制主义也要反"，便很轻易就让大家忽略了。

2014年10月18日，笔者在承锡讲坛，开坛第一讲，给朋友们分享了阅读李零的体会。过后，到一位诗人家里小坐。诗人顺便问起我在读

---

[1] 李零：《读〈动物农场〉（三）》，见《鸟儿歌唱》，北京大学出版社，2014年，第76页。
[2] 同上。

什么书，我回答在读李零的《鸟儿歌唱》，诗人十分不解，喃喃自语：主张专制，这样的书，何必要看呢？李零给人这样的印象，又有什么办法。

李零，千般话语，一言以蔽之：中国革命的案不能翻。

四、格局

毛泽东指出：不是东风压倒西风，就是西风压倒东风。邓小平也曾指出：东西方的问题是和平的问题。两位胸中有大格局。

世界是个大格局。

不错，李零是位"文人"，但不要忘记，李零的看家本领是兵学，能和军事科学院的说到一块儿。李零，可以说，处处与一般的学者不同。李零在70年代上山下乡的时候，就痴迷《孙子兵法》。

"西方"和"东方"，相克相生，相辅相成。不错，"西方"相对于"东方"，"东方"相对于"西方"。笔者给学友讲《西方文明简史》，最先的问题，就是何谓"西方"？何谓"东方"？

"西方"和"东方"，原本是对地理方位的描述，很久以来，已经具有了"价值判断"。贫穷和落后地区，差不多都属于"东方"。比如，经常挂在嘴边的"亚非拉"，就是如此。这里的亚洲，可不包括以色列和日本。非洲，一直处于"西方"的位置，但是好像给"西方"人丢脸了，被开除出"西方"。"拉丁美洲"和"北美"，都处于"西方"，但是，整个美洲，只有加拿大和美国"出息像样"。中南美洲，给人家北美——加拿大和美国——垫背了。所以，合并同类项——"亚非拉"这一概念，应运而生。

现在的"西方"，把"非洲"和"拉丁美洲"，两个"大包袱"扔给"东方"，倒也整齐，典型的嫌贫爱富。"西方"已经成为先进国家的代称。落后、贫穷的亚非拉，一定要见贤思齐，比学赶帮超，为争取早日成为"西方"国家而努力奋斗。

但是，问题又来了："西方"哪能容纳这么多国家？个别国家，天时地利人和，恰巧成为"西方"国家，也不是不可能，日本不就已经成为"西方"国家了吗？但中国、伊朗这样体量的国家，"东方"阵营的带头大哥，改旗易帜，甚或缴枪，"西方"就认可他们吗？

兵家李零，就从大历史的角度，看到了"西方"与"东方"之间的博弈，必然是漫长的。

"'西方'和'东方'的对立，'欧洲'和'亚洲'的对立，对欧洲历史学家来说，是一种古典对立，太天经地义，太理所当然。其实，这是一种非常古老的偏见，既含种族、宗教的偏见，也含历史、文化的偏见。你不懂这种偏见，就读不懂西洋史。"[①]

李零认为，"西方"和"东方"这一组对立的概念，有一个演变的过程。古典时代，"西方"指的是希腊、罗马，"东方"是波斯和中近东（西亚北非）。"西方"并不等同于今天的欧洲，"东方"也不等同于今天的亚洲。中世纪蛮族入侵，把罗马以北的地区加进来，"西方"才等于今天的欧洲。

近现代，"西方"的概念进一步扩大，加进了美国，加进了英联邦的加拿大、澳大利亚和新西兰，"东方"也加进了南亚、东南亚、东亚和北亚。

现在的世界，依然使用"两分法"，倒也简洁明了，整齐划一，就像幼儿园似的：排排队，分果果。

从整个世界来看，发达国家，都属于"西方"，落后的国家，都属于"东方"。也就是说，"地主"、"富农"、"资本家"都在"西方"，"贫下中农"都在"东方"。记得老辈冯友兰也说过类似的话，中国的上海，那是上世纪30年代的"东方之珠"，中国最发达的城市。但人家美国不这么看，人家觉得世界上的城市，非纽约、巴黎、伦敦莫属，上海这个中国最发达的城市，在人家眼中，依然属于乡下。

[①] 李零：《读〈西洋世界军事史〉》（上），见《何枝可依》，生活·读书·新知三联书店，2009年，第263-264页。

"西方"不仅代表着富有,而且是"自由世界"、"民主国家"的化身。"东方"那还用说,不是明摆着嘛:不仅贫穷,而且,"不自由"、"不民主"。绝大多数国家,还笼罩在"东方"的阴影之下。

亚细亚,太阳升起的地方。

"东方"盛产文明古国,腓尼基、亚述、巴比伦、波斯、印度、中国。这一点"西方"也承认。但在他们看来,"西方"才是正常的儿童,"东方"只是长不大的小孩儿。

大航海,地理大发现,海外殖民,风正一帆悬。"西方"自1500年,在和"东方"的博弈中,风头日盛。神圣化"西方"的同时,不断妖魔化"东方",甚至变本加厉,把触角伸向了漫漫文明史。

其中最值得注意的,就是东方专制主义。也就是说,东方国家的专制,可以说是几千年一贯制。东方,不仅现在是专制的,而且很久很久以前就是如此。

从古典时期开始,"西方"就开始与"东方"打交道。像希腊,小国寡民,遇到大块头——波斯。不来一点"夜郎自大",怕是没有面子。希腊体量很小,波斯体量很大,这是事实。问题是,"西方"国家,也想体量大呀,要不然亚历山大为什么攻打波斯?亚历山大说波斯"专制",亚历山大攻下波斯后,其专制程度比起波斯,有过之而无不及,这怎么解释呢?

偏偏编排"东方专制主义"。有这么一说,则所谓的文明古国,何足道哉,何足道哉!文明古国,胎里带都有"专制"的老毛病。

希腊,这可是欧洲人的精神家园。欧洲文明的源起,不就是"两希文明"——希腊和希伯来。欧洲人眼中,希腊就是一朵花,怎么夸都夸不够。希腊到底怎么好?据说城邦制度,开出过一朵民主之花。"东方"也被说成专制之花的发祥地。不比不知道,一比吓一跳。希腊就是好来就是好,波斯就是坏来就是坏。希腊,后来陆续换成"欧洲"和"西方";波斯,后来陆续换成"亚洲"和"东方"。这不就高下立判了吗?

要是事情如此简洁明了也倒好了。遗憾的是,哪里有如此黑白分明的历史？所谓"民主"，所谓"专制"，都是"欧洲"和"西方"对"亚洲"和"东方"的不实之词。但积非成是，众口铄金。东方几千年厚重的文明史，就留下两个字：专制。这合乎道理吗？

李零要为"东方专制主义"辩诬，否则，"东方"不仅在"西方"面前灰头土脸，抬不起头来，而且，更可怕的是，"东方"丰富厚重的文明史，有被"格式化"的危险。因为，"东方"既然是"专制"的大本营，那么，试想一下，东方人看待"东方"的历史，还能够具有同情的了解与温情的敬意吗？

东方人丧失了历史的自信力，看待"东方"的历史，到处充满着偏见。回眸百年，不能不感叹，还是陈寅恪、梁漱溟、钱穆这样的老辈学人，慧眼如炬，具有免疫能力，能够平正看待"东方"和中国历史。

到了第四代学人，历史发生了倾侧。顾准、陈乐民两位先生，都是笔者素所崇敬的学人，他们对于古希腊深具同情，但他们理性的天平，已经往希腊倾斜。顾准的《希腊城邦制度》和陈乐民的《欧洲文明十五讲》，曾经温暖着我，给我以启迪。两本书渗透着深厚的"欧洲中心主义"，笔者亦曾深陷其中，很长时间不能自拔。这是需要反思的。

从事世界史研究的，第四代和第五代，整整两代学人，整体上"沦陷"，陷入欧洲中心主义的泥潭。这里面，大体上有两种情形：要么口头上反对欧洲中心主义，要么口头上，都不反对，甚至赞同欧洲中心主义。陈乐民先生有一本书——《欧洲文明扩张史》，实际上，就是对欧美文明的扩张，持赞同的态度。

李零提到了顾准，可见《希腊城邦制度》影响之深远。但像李零这样，能从欧洲中心主义跳出来，除了高王凌、刘北成外，可说凤毛麟角，屈指可数。

这里只陈述事实，而且是最简单的事实：经济学、法学、政治学、社会学，社会科学领域，还有文史哲人文学领域，在教学和研究中，有谁不是言必称希腊？

按照李零先生的理解，"西方"五百年来的大历史，先伸张君权，以反对教权，接续是抑制君权，伸张民权。"西方"为了走出中世纪，爹爹不亲爷爷亲，提起希腊、罗马，心里别提有多美。

其实，"西方"政治民主化、经济自由化，和古典时代的希腊、罗马，风马牛不相及。现代政治，属于代议制，是"西方"摸着石头过河，误打误撞，成就的一种政治范型，和希腊政治八竿子打不着。这一点，"西方"人清楚得很。只不过，几千年相沿成习的"自大"，"西方"一时半会儿，还真不好改。

亚里士多德这么伟大的智者，百科全书式的学者，何以不待见"民主"？在古希腊，"民主"这种带有暴民气息的制度，为亚里士多德这种贵族所不喜，这是再正常不过的事情。亚里士多德的"师爷"——苏格拉底，不就死于"民主"制度吗？

问题是，亚里士多德已经超脱了一己之私，运用理性和智慧，思考制度安排。欧洲政体，古典时代分为三类六种：君主制和僭主制是一人统治，贵族制和寡头制是少数统治，共和制和民主制是多数统治。"亚里士多德说，这三组词，都是前边好，后边坏：君主制最好，贵族制其次、共和制又其次；民主制是暴民政治，寡头制和僭主制是暴君政治，都不好。"①

现代政体，流行的是民主制，这里面存在很大的混沌。依照李零的话，民主一锅粥，专制一锅粥。为什么一锅粥呢？还不是"西方"给弄乱了。"西方"神圣化自己的历史，吹牛不打草稿，倒也没有多少了不起。问题是，"西方"非要给"东方"扣个大帽子——专制。

李零一句话，就把"西方"解构了，"西方"从古希腊就民主，一直民主，后来为何非要闹民主革命呀？

五百年来，"西方"世界充满着战争与革命，同时，也把战争与革命带向"东方"。在李零眼中，五百年来，这个世界是"战国"的时代。"西方"并不是先有了民主、自由、法治和人权的理念，而是为了掠夺与侵略，在全球扩张。很明显，1493年，伴随着西班牙和葡萄牙的掠夺，

---

① 李零：《读〈动物农场〉》（三），《鸟儿歌唱》，第58页，北京，北京大学出版社，2014。

"教皇子午线"的确立,"西方"和"东方"的概念正式创生。全球化,看看是谁的全球化。

2000年冬天,李零身处东京,这里到处庆祝"千禧年"。李零回到北京,接到一堆电话,约写新世纪来临的感言。在中国的知识界,大概只有李零感到一种莫名的悲哀。这种悲哀是双重的:李零眼中,这个世界依然是"八国联军"宰制的世界,格局没有变化;中国的知识界,浸淫在欧风美雨中,不知自拔,举目四顾,众人皆醉我独醒,这是何等的悲凉!

2001年,"九·一一"事件爆发,这一事件,在李零看来,轰然倒塌的何止是大楼,更是一个帝国。在李零心中,"九·一一"不仅是一个悲怆的时刻,还是一个帝国盛极而衰的转折点。

"九·一一"之后,李零参加了天则所的讨论会。这一会议,给李零刺激之大,不亚于"九·一一"本身。一贯逆着风潮的李零,受不了这种集体举手表态,"你要我表态,我就是反对"。

李零对中国知识精英很是不屑:他们走上一条与美国工农兵(红脖子)相结合的道路,所思所想和美国的愚夫愚妇差不了多少,甚至连美国的右翼都不好意思说出来的话,中国的知识精英都大言不惭。

写于2004年的《中国历史上的恐怖主义:刺杀和劫持》和写于2011年的《环球同此凉热》,都是李零义正辞严的回应。

"九·一一"之后,这世界突然出现了"恐怖主义"。在李零看来,却没有什么值得奇怪的。"即使最狭隘的恐怖主义,根源也在大国,特别是美国的全球战略和一手遮天。我们低估什么也不能低估了美国的作用。大道理总是管着小道理。"①

这个世界,依然被"八国联军"所宰制。这是一个严峻的事实。西方宰制东方,美国宰制世界。美国,承袭罗马帝国和大英帝国的衣钵,是这个世界的龙头老大。这就是李零眼中的世界。至于全球化、普世价

---

① 李零:《中国历史上的恐怖主义:刺杀和劫持》,见《何枝可依》,生活·读书·新知三联书店,2009年,第218页。

值，这些在不少知识精英眼中"香喷喷"的东西，在李零眼中，简直是"臭大粪"。

百年中国，血流成河，泪流成河。

位于"东方"的中国，踏踏实实学习"西方"，为此甚至不惜与传统决裂，到头来，中国是什么？历史，两个字：专制；现实，两个字，专制。好不容易，经过六十多年的奋斗，终于富了阔了。但在欧美看来，依然是门外汉。也就是说，中国怎么也学不到家。

中国所面对的，是一个世界体系。

"战后，美国是世界体系和全球化的龙头老大，既是军备竞赛的领跑人，也是赌博经济的大庄家，比武器装备，比经济实力，两手都很硬。他们对自己的国民别提多好。国内，经济繁荣，生活水平高，秩序井然，法律保障好。这些，谁都不否认。但制度有制度的成本，制度有制度的代价，强国离不开垫背的，这条不能忘。"①

"美国的工，全世界打；全世界的钱，美国花；能源，全世界供；污染，全世界担。这样的大国瘾，谁都想过。但穷富相依，祸福相随，全世界的贫弱和战乱就是这个代价。我们别忘了，全世界的乱子也归美国管。"②

李零先生深有感慨地说：这样的大国不好当。

李零心中，依然没有忘怀帝国主义发达史。"西方"国家，五百年来的崛起，是通过抢劫和掠夺。迄今为止，没有任何一个大国的崛起，不是通过抢劫，而是走另外一条路。

李零眼尖，2006年《大国崛起》电视政论片里面的那种心情，和1988年的《河殇》如出一辙。将近三十年过去了，中国依然还梦想着大国崛起。

世界处于一个岔路口，中国也处于一个岔路口。

中国心里想的究竟是什么呢？

---

① 李零：《读西洋世界军事史》(下)，见《何枝可依》，生活·读书·新知三联书店，2009年，第280页。
② 同上。

是与美国顶岗换班，还是改弦更张，走上另外一条路？

这是作为兵家的李零先生，内心深处的忧虑。

苍山如海，残阳如血……

2015年1月2日

于书菜楼

高王凌：一洗凡马万古空

一

高王凌先生是搞清史研究的，在我看来，是一个异数。传统是一个任人打扮的小女孩，愿意把传统看成自给自足，传统就必须是自然经济，至于传统本身是什么，无所谓，反正传统也不能辩驳。而高先生看到了古今一体，启人心智。

《乾隆晚景》真是一本奇怪的书。全书十九万字，从乾隆四十九年，第六次南巡写起，止于一七九九年。十四年的光景，不足八万字，乾隆以及清史研究的若干问题，竟然占据了一半以上的篇幅。《乾隆晚景》不仅具有极强的"穿越性"，还对吾辈的历史观，造成直接的冲击。笔者以为，高王凌先生进行的，无异于一场哥白尼式革命。

吾辈很早就被教育，一切都是联系和发展的。但是，理论和现实、传统与现代、东方与西方，都被结结实实地分成"两截"，在日常生活中，似乎并没有觉得有什么不便，这得需要多么"健忘"和"变通"，才能够说服自己呀！

笔者入高中前，地理课本上，"地大物博"、"人口众多"，正是中国可爱的两大理由。但在1982年，计划生育成为基本国策，高中课本中，人口众多就变成了负担。中国好多事情不上轨道，没有做好，地大人多便成为绝好的理由。中国为什么不能成为现代化国家，方家双手一摊，开口就来：这不明摆着的，国家这么大，人口这么多！

笔者1985年考入中国人民大学，在《中国古代史》课堂上，讲到汉唐两朝的盛况，都会提到人口多。那么，从什么时候开始，中国人口多开始成为坏事呢？

主事者既然认为人口众多是中国发展的一大瓶颈。异质性很强、人口急剧增长的清朝，顺理成章，成为中国人口的"原罪"。堂堂中国，竟无一人是男儿！《走向未来》丛书的《人口：中国的悬剑》，可以说，成为知识界、学术界、思想界的共识。"人多力量大"、"三个臭皮匠赛过诸葛亮"等俗语里所蕴含的朴素的道理，已经被遗忘到九霄云外了。

也就是说，汉唐，人口众多是强盛的象征；近代人口众多，已经成为悬剑；当代更是，计划生育，理直气壮，义正词严。这都是哪一出呀？真要较真，就会自然发现"两截"之间，可谓冰火两重天。

任何一个政治共同体，无论是古代朝廷还是现代国家，其所需的基本要素，无非土地、民众和政事。证诸古今中外，还没有听说，地大物博、人口众多，居然成为主事者的包袱。如果地大物博、人口众多成为"包袱"，主事者大可以放下"包袱"，轻装前进嘛！

要是十三亿人口，挤在以色列那样的"小地方"，那么，人口众多，真就成为"包袱"。问题是，中国十三亿人口，拥有九百六十万平方公里土地；日本一亿两千多万人口，只拥有不到三十八万平方公里的土地。若论"拥挤率"，日本，岂不是拥挤不堪！

众所周知，日本，火山和地震资源比较丰富。按照日本人口数量和国土面积的比率推论，中国使用三百八十万平方公里土地，养十二亿人，则民众完全可以过上滋润的生活。笔者不敢说，九百六十万平方公里养育十三亿人口绰绰有余。现实情况是，人口不到十四亿，主事者都有畏

月旦

难情绪。

三千年文明史，最令人惊异的是，中国这片土地，一直拥有最多的人口。从消极的方面说，这是延续中华文明的基本保障；从积极方面讲，三个臭皮匠赛过诸葛亮，拥有世界上最多的"脑矿"，也是一件令人快意的事情。

联合国人口基金会，公布全球人口增长历程：1804年世界人口达到10亿，1927年20亿，1960年30亿，1975年40亿，1987年50亿，1999年60亿，2011年70亿。中国人口在乾隆晚期，已达到3亿。1804年，正值嘉庆九年，去乾隆不远，占世界人口的三分之一。18世纪，出现有趣的"共时"现象，世界人口在增长，中国也不例外。哪怕中国有16亿人口，也只占世界总人口的四分之一，与乾隆晚期比，其所占比例的下降趋势是很明显的。现实是，中国拥有的人口，只占世界五分之一。

很长时间之内，反思计划生育的有识之士，属于"非主流"。看到经济史家高王凌的"人口理论"，"非主流"们欢欣鼓舞，乐见高王凌"归顺"。可是高王凌喜做"特殊独一人"，不当奏折派，只在离"反思派"很远的地方，遥相呼应。

高王凌不"归顺""反思派"，有着自身的逻辑：计划生育既然属于"杀人"，那么，理应停止"屠杀"。

高王凌先生自述，在研究的开始，就"不期然而然"遇到了人口问题，那还是所谓"阶级斗争为纲"的时代（不幸的是，其后，"人口众多"取代"阶级敌人"成了中国落后的替罪羔羊）。高先生很早就意识到，对历史上的人口增加，不应"倒霉看反面"，一片"余哀"。

高先生进一步指出：一代有一代的"境遇"和不同的"使命"，怎能因为今天的事愈不好办，就愈"赖上祖宗"，从而推卸、躲避自己应负的历史责任呢？

高先生把历史上人口的正面贡献，与今天贯穿起来，对抹黑传统的观点进行清算。从而郑重提出：人口众多，何罪之有？

二

按照辈分，高王凌先生，与李零、秦晖同属于百年中国学术地图上第五代学人。这一代学人，大体出生于1950年前后，"文化大革命"时期上山下乡，接受贫下中农再教育，可谓一代人的"宿命"。"先天"不足，"后天"失调。第五代学人，不可能拥有费孝通、钱锺书那样完整的教育背景。高王凌还算是幸运的，"文化大革命"后期，机缘巧合，成为工农兵大学生，入山西大学历史系，比李银河高一届。

山西大学，"文革"晚期，老辈阎宗临，依然靠边站；1978年入学的丁东，算是赶上了好时期，近代史家江地先生，敢把看家本领拿出来。

高王凌先生，坦诚面对"工农兵学员的称号"，很是让人感念。反倒是师妹李银河，心态失衡，以为要不是"文革"，自己这种好学生，清华、北大的材料，怎么会考上山西大学这种"差"学校呢？在李银河心中，山西大学一直是自己学思历程的一大"污点"。顺便说一句，人不能有那么多脏心眼子，不能想当然地以为："工农兵大学生"就不会有多大出息。

高王凌来到山西大学，满心欢喜，整天泡图书馆。以至于高王凌的脚步声，都成为了图书馆生态的有机构成。这为他日后战胜"谬说"，提供了坚实的学识储备。

新时期，高王凌入中国人民大学清史研究所。1981年，与孔祥吉一起留所。孔祥吉前往美国后，高氏成为清史所唯一的"大师兄"。

可是，这位"大师兄"，在很长时间内像是一位隐士。《求学偶得——我在清史所三十年》一文，大有郁结之气，也不是偶然的。天南海北的老同学都已经成为各个山头的"大腕儿"，只有这位"大师兄"，最没有"出息"。

第五代学人的意识形态情结不亚于第四代。因为第五代出身于"红卫兵",高先生所在的清华附中,流淌着"红卫兵"的"正统血脉"。第五代学人谈起各种理论,不论是土的,还是洋的,都能头头是道,许是得益于"大辩论"吧!

"文化大革命"——坏事也可以变成好事。第五代学者作为知青一代,其真正的优势,是从广阔天地习得的生存性智慧。就拿高王凌先生来说,干得一手的农活,体态优美、姿势漂亮。第五代学者,田间地头,苦其心志、劳其筋骨,如果有心,就能体悟到鲜活的"地方性知识"。

遗憾的是,知识青年回城之后,为了掩饰学养的不足,迷信各式各样的"片汤儿",迷失在理论的围城里,用教条剪裁生活,竟然忘记了"实践是检验真理的标准"。

高王凌先生颖异之处,在于把从"个人经历"得来的"体悟",与研究工作结合起来。老辈吕思勉语重心长地说:"阅历所及,随处可与所治的学问相发明,正不必兢兢于故纸堆中讨生活。""书本的记载,和阅历所得,合同而化,才是真正的学问。"把研究工作与"当身历史"打通,说起来容易,真正做到,没有一番切己的功夫,谈何容易?

一代人有一代人的际遇和心路。对高先生这一代人而言,"插队"是命运的安排。有"经历"的人,必有自己的"直觉"。高先生以为,有自己的"直觉",慢慢地它们都会"苏醒"、"成长"起来。

高王凌先生"直觉"的"苏醒"和"成长",存在着特殊的机缘。高先生作为中国人民大学清史所的"大师兄",并没有把四平八稳的"清史研究"当做自己的园地,倒是对"发展组"的"田野调查"具有深厚的关切。在清史所主事者看来,纯属身在曹营心在汉。一念之差,高王凌还是留在清史所,但,把心思放在"发展组",还把弟弟高小蒙介绍进"发展组"。

高王凌的生活具有"穿越感",也是一种边缘人生。试想:清史所安身,"发展组"立命;清史所属于职业,"发展组"属于志业。高王凌用自己的方式,回答了约翰·勒卡雷的提问:如何拥有两段人生?

高先生在历史与现实之间来回穿梭。令人遗憾的是,"发展组"的同仁，把目光停留在响当当的经济学家身上，因而淡忘了高王凌。"我与'发展组'颇有渊源，虽然几乎没有回忆文章谈到我这个人。"在"户口单位"眼中，高王凌的经济史、人口问题、近代史观、18世纪经世学派、中国传统政治理念、清朝统治的满洲特性等研究，"皆未获得认可"。

高王凌所走过的道路，堪称冒险犯难。响当当的经济学家，忙于递折子，哪里有闲暇进行中国经济史的研究呢？一生在纸上，被风吹乱的学者，忙于著书立说，哪还有兴趣进行田野调查呢？

"发展组"全名"中国农村发展问题研究组"，"发展组"属于高王凌的"当身历史"。在这里，高氏得以近距离观察中国社会。"发展组"对高氏直觉的唤醒功不可没。更可贵的是，农村社会调查，不仅接了地气，还养成了高氏的问题意识。

活跃于80年代的"发展组"，可圈可点的，不下一百单八将。在高王凌看来，它的雏形，在70年代初年就已经形成。

机缘巧合，20世纪70年代初，高王凌在山西插队，得以与"发展组"的两位大腕儿——陈一谘、邓英淘结识。把酒醑滔滔，心潮逐浪高！

中国社会变革的大潮，使得来自河南的陈一谘、邓英淘、罗小朋、王小强，陕西的王岐山，内蒙古的翁永曦、白南生，黑龙江的陈锡文、周其仁、朱嘉明，山西的王小鲁、白南风，聚合在"发展组"。杨勋、王耕今、陈一谘，是"发展组"的三位有功之臣。杜润生老先生，众望所归，乃"发展组"的灵魂人物。

高王凌参加了1982年秋季的江西调查；送邓英淘过大庾岭；与宋国青、罗小朋共赴福建；1983年、1984年两赴广东。高氏历历在目，如在眼前。

历史到了90年代，离休在家的杜润生老先生，决定写书回顾农村改革十年。高王凌、陈锡文、高小蒙、林毅夫、白南生等人，在杜老的主持下，召开了系列沙龙，就许多历史问题展开讨论，高王凌尤其怀念"中间充满了时而激烈时而有趣的争论"，"特别不寻常的，是有杜老这样一位'当事人'的参加和不客气的批评，更为难得"。

先前在"发展组"不显山不见水的高王凌,反倒与老辈杜润生心有灵犀。1993年陪先生到福建。1996年开始,协助杜老进行口述史《杜润生自述》的写作。2005年,高王凌被单位摊派编纂《乾隆通纪》,杜老殷切希望:早点回来啊!

高氏与杜老这位"过来人"聊天,不止是长见识,更厉害的在于,对自己不及见的历史,培养出一种通感。高王凌追随杜润生,研究当代农村史,从杜老身上获得的"点化"和"益处",大恩不言谢。

但高王凌的"跨界"行为也是有代价的:"田野调查"和"口述史",在单位领导眼中纯属不务正业。中国人民大学"改造"研究所,清史研究所必须承担一定的教学工作量,这让高王凌觉得很不自由,因为下乡进行农村调查,涉及"调课",很不好办。

高王凌只根据自己的喜好行事,喜欢的就做,对不喜欢的,当然就会"磨洋工",来点"反行为"。

第五代学人,陆续进入收官阶段,按理说,流淌在身体里面的"直觉",已到了"苏醒"的时候。可是,大陆学界摒弃"直觉"的学人不在少数;拥有直觉,但将其作为理论辅助材料的,也不是没有;如高王凌这样,把"直觉"当做标尺的,可就凤毛麟角了。

高先生看重"当身历史",志在成为"特殊独一人"。往民国说,具有独立人格、自由思想;往先秦说,拥有"古之学者为己"的境界。

三

高王凌先生的卓绝处,正在于通过发起"三大战役",在政治、经济和社会三大领域,对中国古史进行正面观察,破除迷信,解放思想。高先生1973年入山西大学历史系,用心别具,"打算从根子上纠正理论的错谬"。高氏经过长时间的慎思明辨,终于"亮剑":"人口众多,何罪之有?""中国传统不是专制。""地主和农民既有剥削,也有合作。"令人耳目为之一新，确有拨云见日之感。

上下五千年，纵横十万里，进行综合比较，被说成是中国古代皇权专制集大成的明清两朝皇帝，在社会治理方面，与现在的美国总统相比，不见得那么专制。事实上，美国开国以来，从华盛顿到奥巴马，掌握的权力，日益扩大。

单就中国三百年历史而论，毛润之，人民共和国的领袖，社会治理，一竿子插到底，控制大江南北的乡村；康熙，一代大帝，也要尊重千户和土司的世袭领地。刨除不可比因素，到底是玄烨，还是毛润之的专制指数高呢？

就思维惯性而论，面对下面一些范畴，比如传统与现代、专制与自由、民主与集权，人们容易不自觉地陷入谬说而难以自拔。因为，谬说已经形成互为支撑的生态系统，犹如多米诺骨牌。

笔者给学友讲"中国传统文化"，前后算起来，将近十五年。小时候，"打倒孔老二"、"批林批孔"的烙印太深，故有一段时间，"中国传统文化"的讲堂，几乎成为中国传统文化批判的阵地，现今思之，愧疚不已。

业余绘制学术地图，接触吕思勉、陈寅恪、钱穆老辈的思想和学术，已有些年景了。老辈陈寅恪《中国哲学史》审查报告，精妙绝伦，可圈可点：

"所谓真了解者，必神游冥想，与立说之古人，处于同一境界，而对于其持论所以不得不如是之苦心孤诣，表一种之同情，始能批评其学说之是非得失，而无隔阂肤廓之论。"

可惜，笔者愚痴，没能顺着陈寅恪先生的思路，触类旁通。内心深处，能够体悟吕思勉和钱穆老辈对传统中国的那份深沉真挚的爱。再深一层，就理解不了。

大概从2008年，笔者依据文物、文献和文化三分法，秉持文化人类学的理念，给学友们讲传统文化。经常在课堂上大声疾呼，不要以为中国传统文化只在博物馆和图书馆中，日常生活本身也流淌着传统文化。

也就是说，要从生活之中，从政治、经济、文化、社会里面，寻访文化传统。

传统是什么，被很多人忽略了；传统经常被看成什么，这才是真问题。传统被现代人看低了，现代人似乎颇有成就感，也许，这才是毛润之"鄙弃过去"的因由，并进而发动"文化大革命"。"文化大革命"结束了，但我们还在用"文革"的思维看古代，这里面的况味，真是意味深长，令人寻味。

1988年，《河殇》热播，记得《河殇》主创人员夏骏、王鲁湘等出席座谈会，受到中国人民大学学子的"顶礼膜拜"。笔者见证了那段历史。回溯整个八十年代，西风压倒东风。《河殇》流淌着80年代的"政治正确"，可谓"文化热"的压卷之作。

高王凌不赞同《河殇》对中国传统"倒霉看反面"的态度，与李零合写《〈河殇〉反映了一种失衡心态》，这在当时，属于"批逆鳞"。那时候的高王凌，雄姿英发，羽扇纶巾，甫登上历史舞台，在第五代学人中，发出独立的声音。虽千万人吾往矣！

二十年后，高王凌，经过沉潜往复，从容把玩，所操益熟，所得益化，提出"回归传统，重建道统"。有人不禁会问：您不往前走，去顺应民主和宪政的潮流，难道还想拉历史的倒车，回到皇帝那时候，皇权复辟？

高先生以为："对中国的传统政治理念和对西方的政治理念，在一百年以来就不能一碗水端平，咱们中国的东西上来就是一个臭烘烘的，要不得的东西。上来就戴了一顶大帽子，咱们这顶帽子就是'专制主义'。如果从跟上说，我觉得中国传统的政治理念并不一定比西方的政治理念差，它们首先都应该被放平着来看，而不应该先入为主，给一顶'大帽子'扣死在那儿。"

在酱缸式的文化生态里，做堂堂正正的"特殊独一人"，又谈何容易？高王凌写地主、写土改，一夜一夜做噩梦。"一个人在那作战，真痛苦啊。"直至读到吕思勉先生、钱穆先生，高王凌才发现，民国思想界，还是有一些可观的东西，很值得好好发掘。

高王凌接续上了老辈吕思勉、钱穆的学脉，这才觉得"吾道不孤"。吕思勉、钱穆两位老辈，在新文化的历史场景中，属于20世纪非主流史学家，因为不从时俗，逆势而为，他们的苦心孤诣，可以说，最难为人理解。他们高举义旗，立志横扫强加在中国文化传统身上的不实之词，自然具有道义的神圣性。

陈垣、吕思勉、陈寅恪、钱穆，"前辈史学四大家"（严耕望语），在1949年后的际遇，有着复杂的因素。陈垣在历史的节点，顺势而为，执掌北京师范大学，加以启功、刘乃和薪火相传，发挥着很深的影响；陈寅恪先生，得益于国学研究院四大导师和清华学派；钱穆先生归来，"出口转内销"（余英时、严耕望）；吕思勉之"不受追捧"，个中原由，绝非"埋头枯守、不求闻达"和"不善利用新材料"那么简单。

吕思勉先生被遗忘，也是没有办法的事情。新朝立志与过去决裂，遇到吕思勉先生这样的大家，就没有脾气。吕思勉先生，上下五千年、纵横十万里，文史哲、政经法，贯通的才、学、识，就是想表彰先生的贡献，没有深厚的功底，都难以赞一词！主事者无奈，只能对老先生冷处理，也就是说，让人们对其淡忘是最好的处理方式。

高王凌先生恳切希望，正视历史，特别是我国传统社会发展所取得的各项成就，而"不是对历史百般挑剔、专一股的'倒霉看反面'"。高先生"三大战役"之一，就是破除中国传统专制的成见和谬说。

中国这种大地域共同体，必然具有东方专制主义的特性——这就是一种成见。如果信从了这番谬说，那么，岂不是要得出：小地域共同体，容易自由。中国古代专制说，愿意躺在教条里睡觉，也不愿意睁开眼看。其实，地大物博，人口众多，都是不利于"专制"的因素。

试想：广土众民，交通不便，坐在金銮殿的主事者，时时处处，刻意"专制"，那要增加多少专制的成本呀！老百姓就产那么多粮食，还要应对天灾人祸，主事者刻意要"维稳"，只能提高赋税，直到把老百姓压垮为止，哪朝有这么多愚痴的帝王？除非他不想做江山了，破罐破摔。

也许，高王凌先生，打倒"谬说"的志向实在太高，发动的"三大战役"不免有些意气用事。但高先生希望把问题丢在一边，重新考虑如何理解他们，确实有道理。

就拿中国古代不是专制来说，笔者以为，吕思勉老辈所言，要稳妥些。吕思勉先生在《中国古代的政治特点》中指出："秦汉而后，幅员太大了，中央政府的权力，无论其为好坏，都不易无孔不入。即将依附之贵族、官僚、嬖幸一并算入，亦还是如此。所以秦汉以后，中央政府之影响，所能及于社会者实微。""政府所加以干涉，求其统一者，只在一极小的范围内，而其余悉听各地方之自由。"

高王凌先生要是能读到程念祺先生的文稿——《古代政治的两面——集权与放任》，那么，对吕思勉老辈概括的中国古代政治的两个面相，当有更加深入的体会，就有可能克服"中国古代不是专制"的片面，史识更加贯通。也许还可以引导更多的读者，面对中国文化传统的生态和心态，生发同情的理解和温情的敬意，进一步正面观察，贯通古今。

四

高王凌先生，在正面观察、贯通古今的路上，彳亍前行，在不少人眼里，可谓"走火入魔"。既然，高王凌理直气壮地宣称"中国古代不是专制"，那么，听到高先生"民主也救不了中国"的"异端邪说"，也不必震惊，因为，这是沿着高王凌思路，顺理成章的观点。只是，一般人士，拐不过这个弯来，给高氏扣上"专制"和"集权"两顶帽子。

民主和集权、专制和自由，两对矛盾，相克相生，相辅相成，它们之间的博弈互动，几乎贯穿整个文明史。自由，属于价值；而民主，属于使用价值。也就是说，自由可以作为追求的目标，而民主则是使用的手段。把民主当做追求的目标，属于价值倒错。

当代中国，即便是主事者，至少口头上，不敢把民主和自由当成

"臭大粪"，也不敢把集权和专制当成"香饽饽"。

民主，历史上属于西学东渐的产物，资产阶级革命时期，民主与亚当·斯密的自由竞争理论相伴生，呈现着巨大的历史合理性。回顾历史，看得很清楚，当时，资产阶级所依托的"市民社会"，不大愿意让政府管那么多事情，信从"小政府、大社会"的理念。此时，政府扮演的角色，相当于"守夜人"，在中国叫做更夫：专管报平安。

二战前后，资本主义国家发生了历史性的变化，经济危机教育了人们，大家开始信从凯恩斯主义，向福利国家迈进。国家的职能，则必然要向全社会覆盖，也就是说，政府越来越大了。西方民主国家的钟摆，日益向"集权"滑动，这是无可否认的事实。美国作为民主国家的范本，中国作为非民主国家的范本，两相比较，美国总统的权力，恐怕比中国主事者的实际权力，一点都不小。这就有意思了。

既然，民主和集权，都属于治国的手艺，那么，"集权"也没有那么可怕，"民主"也不必迷信，这是再正常不过的了。西方国家，依据历史和人文传统，在"民主"和"集权"间，呈现着微妙的平衡。每个国家，都有自己合适的火候。

秦晖先生是高王凌的"老哥们"，也是笔者所尊崇的学者，但他就不大明白高王凌的心思："按照我的看法，只要是不允许反对派和自己竞争，那基本上就可以说是专制，最高权力是不许觊觎的，当然在专制的大帽子底下具体的制度运行方式，还是有非常多的可以研究的余地。但是如果说中国经济上没有所谓的强制行为，政治上没有专制，文化上也非常美好，那我们现代化还要搞什么呢？这就有点搞不清楚了。"

民主的迷思，在高王凌看来，"现代化"这个词有点神乎其神了。无论如何现代化，也不能丧失中国的自性。

高王凌一向认为，我们不能沉迷于反向提问，比如：中国为什么没有实现现代化？为什么没有实现民主？这样的问题本身，在高先生看来，不仅没有意义，而且于事无补，简直是"反动透顶"。因为这个问题本身，就已经使得中国处于不公正的地位，就已经让中国抬不起头来。

就中国的现代际遇而言，要是有模有样地学习西方，那么，给世界带来的震撼，那就多了去了。西方国家迈向现代社会，宗教改革之后，三十年战争，打得何其惨烈！莫谈"大国崛起"，就是葡萄牙、西班牙、荷兰这样的中小型国家，在世界上占了多少殖民地？

既然中国在殖民地的问题上不能向西方学习，那么，要是中国政府长期由一个党派组阁，有没有实现宪政的可能呢？这个问题，很令中国朝野各派纠结。

笔者不是巫师，没有办法给中国的前途卜一卦。高王凌内心深处，并不认同，竞争性选举才有合理性：

"西方人的观念特别是美国观念，大家可能特别欣赏，他就是怎么防着政府，建国之初二百多年就这么下来，但是我觉得它是走了偏锋，这已经走到另一个极端了，不一定对。第二个呢，我们也不要对民主太崇拜，民主只不过是个器，是个术，民主不是道。"

高王凌先生不大关注"改选"的问题，格外关切运作的问题。在他看来，政治势力在政治运动里能不能负责才是最重要的。主事者"如果作为一个行政总管的话，他有很多事儿就无所谓专制不专制，他就得当下拍板，不拍板逃避责任是不行的"。

从小的方面说，红绿灯都不愿遵守、垃圾随意丢在楼道——对这么小的事情都愿不负责的国民，能够容忍竞争性选举带来的失败吗？主事者固然做不到，对主事者不放心的人，也未必做得有多好。

阅读高王凌，可以说是在进行一种别有意味的思想探险。仔细思量高先生的一番话，反省笔者先前的"偏见"，觉得高王凌的看法，其实，未尝没有"道理"。只不过，要对先前的"宣传"和"洗脑"，进行一番"排毒"的功夫。

五

　　高王凌先生，正面观察，贯通古今，不单单是自说自话，就中国史看中国，还具有弘阔的视野，从世界文明史，重新打量中国，就会发现有趣的现象。这里面，关涉到"世界史观"的大问题。

　　"过去认为，除了英国一个国家带头实现了现代化外，其他都不是'上帝的选民'，现在看来就未必了，其他许多国家，包括奥匈帝国、俄国、日本、中国……都在'现代化'中，只是其命运、角色各不相同罢了。"

　　高先生抛弃单边主义，信从多元主义，自然看到了中国与现代化之间，所存在的共融和同步关系。清朝执行"海禁政策"和"闭关自守"，这是惯常的说法，这种说法，遮蔽了鲜活的史实。

　　秦晖先生指出："那个时代的经济和全球的联系比我们想象的要密切得多，这是显而易见的。因为中国是一个不产白银的国家，在明清两代一直以白银作为主要通货，如果不从和世界的联系着眼，这是根本不可能设想的。""新大陆作物在中国的普及和推广其实是相当快，从某种意义上来讲很难设想。就在清末，像凉山那种非常落后的地方都已经普及了土豆、玉米这一类东西。"

　　"我们现在面对的问题呢，就是一个不但是怎么看待现代化的问题，也是一个怎么样重新写作世界史的问题。"

　　英国在文明史的竞争中，成为"先发阵容"，但是，英国并不是"先知先觉"，因为文明史自身有一个"试错"，葡萄牙、西班牙、荷兰、英格兰互相激发，千帆竞渡，百舸争流。

　　"过去我们认为大家都是次角，都是陪衬，只有英国是一个搞了工业化且成功了的国家，英国才是唯一的什么——这种看法我们应该把它抛开。"

就文明史来看,葡萄牙、西班牙、英国、荷兰、法国属于"先发阵容",德国、意大利、日本属于"次发阵容",中国则是"后发阵容"了。每一个"阵容",都有不同的角色担当和历史际遇;同一个"阵容"里面,英国、法国的担当也各不相同。多元共生的历史,才是鲜活和生动的。

地理大发现迄今,五百年的历史,是一个单元。"彼此双方是如何'感染'的,也成为一个值得追问的问题。"具有"异质性"的清政府,二百六十多年的治理,不仅不是"十全十美",而且存在着巨大的弊端和缺陷。梳理清政府应对全球化的举措,评判成败得失,不应带有偏见。

清朝政府的"海禁政策"和"闭关自守",不是不可以指责,但1949—1979年,都什么年代了,竟然有数十年的时间,还在那里实行"以粮为纲,全面砍光","独立自主,自力更生"。

高王凌回答秦晖"传统那么美好,那我们中国这个现代化还要搞什么"时,有一番说辞:"敝意以为,清朝在乾隆以后,还有道光,其后还有宣统,以后还有中华民国,有中华人民共和国,一直问题不断,而且是很大的问题,比较起来,比乾隆时大得多了。"

中国与现代化之间,久已存在的"共融"和"同步",是前进了,还是倒退了呢?深长思之,不禁令人喟叹。

哥白尼式革命：农民与"反行为"

一

"反行为"是高王凌先生的一大发现，具有"自主知识产权"，不是"洋片汤"，那些奉行"爬行主义"，丧失文化自信和理论自信的学人，断然没有这样的胆量。

一个社会的政治运作，哪怕是特别"独裁"和"专制"的社会，也不可能仅仅是"官人"的事情，这里面的道理很是浅易，无须多言。但在历史研究中，很长时间里，学人以为待在档案馆里，就可以看到一手的材料，只要把主事者的脉络和思路捋顺了，便不难了解和把握大概。

其实，政治运作哪里是"纸上谈兵"！现实生活中的官人，即使百分之百传达朝廷的旨意，也会有一个中央的政策与地方的具体情形相结合的问题。结合得挺顺利，倒也皆大欢喜；要是结合得不好，就需要磨合；而要是根本结合不进去，又该如何？

这里面，就有一个"双主体"的问题：一个是发号施令的"朝廷"，一个是最终承受后果的"草民"。朝廷的政策好不好，草民说了不算，但草民却绝对感同深受。历史上,留下的多是上面的史料,而下面的感受则多被忽略。自然有着复杂的历史原因,这里不去展开。

问题是,一来二去,史家在研究当代史的时候,比方人民公社、"大跃进"这些中国人的"当身史"时,也很少想到:问一问,这些依然健在的经历者,他们是怎么过来的?怎么活过来的?或者换句话说:他们使用了什么办法,从而没被饿死?

"反行为"正出自高王凌先生的一念。中国农民,没有奋起反抗"暴政"和"虐政"。但是,他们要过活,为了"生存权",怎么也要想些办法。对此,高王凌先生有着深刻的体认。

什么叫"接地气"?高先生《人民公社时期中国农民"反行为"调查》和《中国农民反行为研究(1950—1980)》两书,就可以看到中国农民真实的生活。生活的无奈,命运的艰辛,在高先生书中,有着淋漓尽致的书写。

并不是说高先生描写的例子多,而是通过他对农民的"反行为"的揭示,读者能可了解高先生与农民的那种息息相通,以及他对农民经历的感同身受。《中国农民反行为研究(1950—1980)》是一部大书,与费孝通先生那部经典——《江村经济》相较,无疑更加深刻有力。

"群众是真正的英雄,是推动历史前进的动力。"直到现在,史家眼中,依然不见群众。要是他们能以群众为重,何至于连1959—1961年,到底多少群众非正常死亡都无力搞清楚?可见,群众依然是沉默的大多数。那些年代,非正常死亡的群众,情绪依然稳定。

中国不是铁板一块,地大物博,人口众多,超大地域共同体,传达领袖最新指示精神,可以做到不过夜。但是,上面和下面,中央和地方之间,容易产生政治的"拉锯"与"博弈"。

有一件事情,特别耐人寻味。阅读高先生著作,经过高先生点拨,思路更为清晰有力。这里暂且只指出这件蹊跷的事体。1959—1961年,和平年代,为什么那么多老百姓非正常死亡?老百姓为什么要和上面玩猫腻?

河北张家口地委书记胡开明，宁可丢掉乌纱帽，也要解民之倒悬，拼命上书。有人问他，答曰：人命关天。

胡开明做过河北副省长，这位老先生，有着很深的人道情怀。胡开明这么做，导致在北戴河开会时，被专门批判，称之为——"胡"开明。

胡开明，差一点就做到巡抚位置的官员，顶着压力，拂逆上意，那是很需要胆量的。后来，他不就成为"右倾机会主义分子"吗？被誉为"河北的彭德怀"。老鬼饱蘸笔墨，写出《人民至上》，被老辈李锐改名为《一个真正开明的人》。

据说，中国虽然没有成为宪政国家，但比起早些时候，依然取得了历史性的进步。呵呵，遗憾的是，姑且承认历史的进步，这也很不平衡啊！

胡开明这样"抗上"的大官，还真是凤毛麟角。笔者要说的是，胡开明这样的作为，是否属于"反行为"？中央—省—地区—县—公社—村，这是当年行政权力传导的层级。通过胡开明的个案，可以看出，当年既有丧尽天良的封疆大吏，也有开仓放粮的好官，还有一部分官员，也许处于中间状态。

假如胡开明的举措，属于一种"反行为"，那么，"反行为"的适用范围，也许更为扩展。真正称得上，上下五千年，纵横十万里。"反行为"，古今中外，概莫能外。

"反行为"，也不见得就是弱者的武器。胡开明就是一例。再举一例。例子实在是妙，笔者且当一回文抄公。

1958年"大跃进"，1959年进入困难时期，1960年更加困难。

有一个村子，是个生产大队，开始饿死人，而仓库里是满满的粮食。人们商量要抢粮，有人喊道："那是咱们生产的粮食！"支部书记知道后对大家说："我是支部书记，村里如果饿死人，是我的责任。大家要抢仓库的粮食，不要抢，一抢就乱了，有的到手了，有的没到手。听我的，我决定开仓济贫，救命要紧。这责任由我一个人负。如果我被枪毙，希望乡亲们照顾我的老小……"然后他就打开仓库，按人口分粮。

这位村支书开仓放粮后,到县委自首。一时言人人殊,还是持重的书记拍板:不杀,但要重判。结果判了十九年。村支书服刑期间,家中老母和老婆孩子享受烈士待遇,支部书记本人每年空拿一个最高工分。"文化大革命""红卫兵""造反",这条规定没有改变。挨到十一届三中全会,新市委做出平反决定。村民们知道支部书记要回来了,敲锣打鼓,跑出十多里地欢迎。村里搭了戏台,唱大戏,梆子腔。从《武家坡》到《大登殿》,全本戏文,台上人唱,台下人哭。

这一生动的故事,出自林鹏先生的《回想集》。这位支部书记的作为,自然属于"反行为"。好奇的是,这则故事里面,不止一个"反行为",而是成本大套。一位劳改犯家属,居然享受烈属待遇。这里面隐藏的信息,实在是拍案惊奇。

二

高王凌属于外冷内热的性格,有着知识分子的良知,主张史学研究要"摆事实讲道理"。殊胜因缘,高先生那一代人,响应伟大领袖的号召,就是没有毕业的初中生,都已经荣升为"知识青年",上山下乡,当时的口号是,广阔天地,大有作为。

高王凌在山西,成为好把式,各种农活,胜任有余。而他在近两千万的知识青年中,并不是多么突出。这批人,后来招工、考学、参军,绝大部分,返城。有些人,受到主事者待见,接着出国,洋插队。回国,因缘际会,成为风云人物,所在多有。知青,何止是青春的记忆,生活的轨迹,甚至可以说,这是一代人的"宿命"。

这一代人,面对自己的人生,大体有三种心态。第一种,可谓"上帝的选民",世俗社会的功成名就者,以此为标榜,青春无悔,人生无悔,大词好话,都让他们说尽了。中国这艘航母的领航者,庶几都是知青。

第二种，没有回城，或者回城后过着艰辛的生活，成为社会的畸零人。他们一直没有走出知青生活，人生呈现着灰暗的色调。往事不堪回首——正是知青生活，让他们成为真正的弱势群体。赋得永久的悔，不能把这一段生活格式化，正是他们最大的憾事。

第三种，也许是大多数，随波逐流，月亮走我也走，山不转水转。哪里不能活人？该下乡下乡，该回城回城。别人能下乡，我也下得，别人能回城，我也回得。活人岂能让尿憋死？

高王凌先生，这位中国人民大学清史研究所的教授，按照常理，应该属于第一种人。可是，据我观察，高先生对俗世的功名看得很淡，也从不标榜。高先生属于第四种人。这种人的珍稀程度，并不亚于大熊猫。

这话是怎么说呢？在高先生看来，知青是自己的一个有机构成，既不能抹杀，也不便标榜。既然已经成为生命的一部分，就不能格式化。所谓"齐物论"，高先生有一种可贵的平等意识。所以，他懂得农民的心，体谅他们的难处。农民面对不公、不义，想出的主意，采用的办法，必然体现着农民的性格。

笔者认为，高王凌《中国农民反行为研究（1950—1980）》比费孝通先生的《江村经济》和《乡土中国》更加深刻有力。这是为什么呢？

费孝通先生，内心深处有着强烈的精英意识，在《江村经济》和《乡土中国》中，费孝通是以一个"长衫先生"的眼光，打量"江村"和"乡土"社会的。费孝通不是乡村里面的把式，也不会干农活，这是吾辈不能苛责先生的。马林诺斯基先生，之所以夸赞年轻的费孝通，还不是因为在不经意间，费孝通对本土文化，进行了类似人类学的田野调查。

高王凌先生，则是与农民同吃同住同劳动，训练成为干农活的好把式；与农民休戚与共的感同身受，则是费孝通没有的。终其一生，费孝通秉持的理念是：志在富民。其志可嘉，但仅仅停留在"生态"，而没有进入到农民的"心态"。从传统政治理念来看，停留在"养"的层面，连"教"都没有提到议程。乾隆皇帝则是先养后教。

针对费孝通先生的《江村经济》，曾有一种疑问：一个局部的村庄能否反映作为整体的中国？其实，问题并不在这里。问题在于，是否能够做到"摆事实讲道理"。

中国农民，并没有生活在《江村经济》和《乡土中国》里面，显而易见，费孝通先生的著述，实在是隔着纱窗看晓雾，朦胧得很。

理解农民的生活，既不能倚赖理论，也不能倚赖考据，而要注重经验和直觉。难能可贵的是，高王凌先生既具有农把式的人生积淀，也具有历史学的想象力。丰富的经验和颖异的直觉，加以对农民深切的同情，交汇成为《中国农民反行为研究（1950—1980）》。

高王凌先生，没有知识分子的那种"脏心眼子"，慧眼独具，与李零先生一起，从1988年起，对中国传统不再倒霉看反面，而是进行正面观察。这种观察的进行，在一代学人中，比一般学者早了要有二十五年。其实，直到现在，"榆木脑瓜"的学者，可不在少数。可喜的是，天则经济研究所的同仁，盛洪和秋风两位先生，对传统和儒家，具有一种同情的理解和温情的敬意。

"洋片汤"是学界"二道贩子"的生存之本，此辈须臾不可离。否则，不要说不能"讲理"，就是连"史实"和"事实"都说不清了。

知青生活的经历，距今至少三十五年，可算一世了。知青经历作为一种积淀，在第五代学人的生命中，竟然没有痕迹，说出来谁能信呢？

高先生反其道而行之，带着自己的"境遇"和"心境"，走入历史的深处，自然别有一番意趣。

正是那段知青生活，使得高先生不仅熟悉了"沉默的大多数"，而且懂得了农民的心情，并让自己的生命与他们息息相关，心有灵犀。

真能做到，古今贯通，又谈何容易？高王凌之所以能够写出《中国农民反行为研究（1950—1980）》，四个方面缺一不可：拥有"做一个时代人"的勇气；强烈的文化自觉；老辈杜润生的"点拨"；历史学的想象力。《中国农民反行为研究（1950—1980）》一书带着高先生的体温和心境，同样具有高王凌的性格和特征。

没有读过此书的朋友，也许会有所疑虑：既然带着体温和心境，那么，依据常理，就会高度主观，又怎么能达致历史学的客观性和社会学的理性呢？这个世界其实是圆融的。杨献珍说"一分为二"，庞朴先生主张"一分为三"。执其两端而用其中。

三

三十年为一世，1950—1980年，对于中国农民来说，可谓艰难时世。周其仁有一个说法，三十年间，政府剥夺农民。问题的关键在于，政府行使这种权力，导致每一位农民都是戴罪之身。当时的中国已经变成一个不能用常理解释的国家。

这个时候，中国要实现工业化，大目标是没错的。那个年代任谁也不能说，中国不需要工业化。从当时的国际格局来看，倒是打了抗美援朝战争，无奈主事者并不以贸易为目标，没有将朝鲜建成中国的"自治领"。其实，即使朝鲜成为中国的"附庸"，对于广土众民的中国来说，朝鲜所据的弹丸之地，也难以承担产品倾销地和原料进口地的功能。

中国走上了带有本土风格的工业化。这条工业化的道路，不仅背离了18世纪的"多种经营"和"国内贸易"，更有甚者，走火入魔，胡耀邦概括为："以粮为纲，全面砍光。"这条路，带有的血腥和残酷，中国农民感同身受。他们有自己的判断。

二战战胜国的地位，没有给新生的中华人民共和国带来好运。主事者的"雄才大略"，并不是在全球的纵横捭阖，闪转腾挪，而是在国内的折腾和内耗。二元经济结构，依托政府剥夺农民的生态格局。

我们注意到，这种剥夺，在历史上，怕都是史无前例的。传统中国，筛子眼是很大的，原因并不复杂：大地域共同体，天然是"专制"和"独裁"的克星。天高皇帝远，帝力于我何有哉！

建国后的时代，已经充分利用现代技术，进行密不透风的社会治理，公路、铁路、电话、电报，这些较之乾隆朝的"高技术"，加以一竿子插到底的各级党组织。然而所有这些因素综合起来，并不必然出现极端血腥的情形。

极端情形的出现，必然伴随着不符合常态的政治浪漫主义。土地是理解所有社会的一把金钥匙。中国革命属于土地革命。但要是从井冈山，就敲锣打鼓昭告天下农民：我们革命的目的，是把地主的土地从农民手中过一遍，然后把农民的土地，都收为国家的。听到这话，谁还跟着你干？

其实，农民苦，农民穷，这是农民没有土地产权的真实写照。要是"三十亩地一头牛"，就能"老婆孩子热炕头"。哪怕只要有七八亩地，加之勤劳节俭，这小日子，滋润着呢。

政治浪漫主义真是令人无语。政治浪漫主义要宣扬大公无私，而老百姓莫说不摸钱，一分钱都要难倒英雄汉呀！洁癖没有错，错在"政治洁癖"：既然人都是国家的了，那点自留地，又何必如此牵挂呢？难道是农民自私自利，非得弄点自留地，心里才有底吗？

传统中国，历代帝王，过的是"糊涂日子"，弄不清农民手中到底有多少粮食，清楚不了就只能糊涂。因为他们深深懂得，民为邦本。要弄清农民粮食的家底，首先就得在各地建立"清查小分队"，社会难以承受这个成本；再则，纵使没有"风能进，雨能进，国王不能进"的口号，历史上的中国，也有着自己的产权观念和习惯：家有存粮，心中不慌。

不知道出于什么原因，当时我们坚决反对瞒产私分。一反中国粮政的传统，要派工作组，把瓦罐、米缸里面的余粮尽行弄走。所谓"经济基础决定上层建筑"，不把农民的余粮弄走，农民私心杂念太多，再怎么教育也徒呼奈何。粮食弄走以后，彻底净身出户，以后搞斗私批修，就会势如破竹。

这一段历史，实在是惊心动魄。

高王凌先生写到：话说回来，从1959年初到其后的多次反瞒产运动，从粮政史的角度来看，就是要查清历代都没有查清的粮情，运动发展到挨门搜索,结果,粮食的底子"查清"了,农民的家底也就"光"了。这打破了农民"生存条件的最低界限"(在没有了粮食的情况下,即使还存在某些机制,也无法正常运转了),政府也不再为此负责。摆在大家面前的,已不是一般的负担轻重问题。问题变成,留给农民的那点东西,还能不能让他们活下去?在这种情况下,讳灾不救和继续高征购,就是最可怕的一件事情了。[①]结果,造成了人口的大量"非正常"死亡。其中,并不是所有人都是饿死的。苛政猛于虎也,但如此血腥,如此残酷,实在令人不好接受。决策者理当明了,农民"生存条件的最低界限"到底在哪里。

高先生有理有据地得出结论,农民吃了这么大的亏,并不是有关部门所言的"共产主义实验",只能用"产业军"来解释。

既然,农民连粮食都没有了,羸弱之躯,甚或奄奄一息,供国家驱使,予取予夺,就没有任何反抗的能力了。试想:连生存权都成问题,饿不死便已经是很大的福报了,农民对上还不感激涕零。

1950—1980年,三十年间,中国农民"反行为"的提出,得益于"发展组"。在这里,高王凌遇到老辈杜润生,这对忘年交,亦师亦友。高王凌在杜老的"指导"与"点拨"下,一起交流思想,进行充分的"头脑风暴",还随着杜老下乡,进行田野调查。可以说,这项独到而深刻的研究,是高王凌与老辈杜润生合作的结晶。

中国农民,到什么时候,能打着背包,召之即来挥之即去,打造成一支"农业产业大军",想必决策者就能心满意足。

这种想法的出现,恐怕不是偶然的。既流淌着人民战争的汪洋大海的经验,也体现着决策者进行战争准备的秣马厉兵。没有发起第三次世界大战,也没让中国成为主战场,这种巨大的"遗憾",令"伟大领袖"倍感孤寂。没错,我们确实要形成千千万万的"产业大军",但切莫往生产力上联想。所谓"遍地英雄下夕烟"。

"……建政以后,接管了太多的权力和责任,而未计自己能否承担得

---

① 高王凌:《中国农民反行为研究(1950—1980)》,香港中文大学出版社,2013年,第150-151页。

了。在大跃进中，又通过公社化、军事化、共产、并居、大兵团作战、消灭家庭等，造成一场对农民最激烈的战争。"①

读到此处，惊悚不已。决策者对中国原生态的社会进行釜底抽薪，只是为了进行战争动员而已。原本以为只是通过盘剥农民，为工业化提供启动资金，进行资本的原始积累。现在看来，为工业化提供启动资金还只是雄才伟略、运筹帷幄的一个副产品而已。于是在中国挨家搜查，至少在表面上，就具有了"道义"上的理由。其实，在决策者看来，这是在征集"军粮"。兵马未动粮草先行。

依据高先生的研究，世界大战还没有打起来，中国已经进行了一场内战。上世纪80年代，家庭联产承包责任制，只是平复中国农民在"大跃进"这场内战中心灵的创伤。

假如真发生了世界大战，结局如何，吾辈不得而知。但有一点可以确定，中国农民，必然是投军。可预计的战斗力之强悍，世界一般军队，可不是这支队伍的对手。

历史没有遂人意，相反，农民在这种内战中伤痕累累，主事者一点休养生息的意思都没有，还要乘胜追击，从一个胜利到另外一个胜利。弄到后来，不少农民四顾萧然，"一铺一盖一碗一筷"，和"旧社会"的花子比强不了多少。花子在"旧社会"被置之一旁，不管不问；在新社会则需接受解放。大城市的收容站设置在火车站附近，有着内在的逻辑：地道桥底下要饭的，只要让有司看到，很快就能进入收容站，就近安排，"礼送"出境。

1958年8月，在"大跃进"的高潮中，有人提出：过去革命打死很多人，是不要代价的，现在为什么不可以这样干呢？表示要像战争年代一样，不计代价、不计报酬、不怕牺牲，包括生命的代价和牺牲，来实现一个生产上的"大跃进"。随后又说，当然，死人也不要过多，例如中国死一半人，或三分之一、十分之一，死五千万人，就不好了。②

---

① 高王凌：《中国农民反行为研究（1950—1980）》，香港中文大学出版社，2013年，第139页。
② 同上，第147页。

"大跃进"和人民公社的幸存者,可谓劫后余生,令人心酸的是,他们的不少亲朋好友万劫不复,成为这场内战中没有名誉的"烈士"。

　　雄才大略者,治大国若烹小鲜,总能动员千军万马,供其驱使。这些方式实在"奇特":和平建设时期,偏偏喜爱调遣多兵种,进行"大兵团作战",除了野战军、军区外,工农商学都要进入预备役序列。各种措施,打破了农民"生存条件的最低界限"的同时,也打破了农民"生存观念的最低界限",农民失去稳健的心理机制。从此,中国成为一个"暂时性"社会。

　　允许和尚打伞无法无天,不许农民闪转腾挪,寻找"活法"。因此,"农民不干了"(杜润生语),要和政府捉迷藏。

　　高王凌指出:1958年的人民公社和"大跃进",是一个极为重要的事件。正是经过这些,许多农民才"变了心",或说是醒悟过来,所以我们将这一步称为"大梦初觉"。①

四

　　一部伟大的学术著作,到底应该是什么样子?这可是一个有趣的话题。高王凌先生的《中国农民反行为研究(1950—1980)》实在是一部奇书,波澜壮阔,气象万千,实乃六十年来一部伟大作品。它不仅激发理性,更为可贵的是,它在唤醒心灵。

　　我的老家,位于冀中平原的束鹿县。听老辈说,方圆几百里,有"金束鹿"的美誉。一代名家裴艳玲,就曾活跃在束鹿县,那是父辈津津乐道的话题。

　　记得当年年纪小,母亲给我讲述了不少家族往事。五六十代的故事,毕竟属于我的"史前期",很长一段时期,这距离当今最近的一段历史却最是朦胧。而今,母亲离开已经十年,墓木已拱,再也听不到母亲在我

---

① 高王凌:《中国农民反行为研究(1950—1980)》,香港中文大学出版社,2013年,第153页。

耳边絮絮叨叨。

现在来看，母亲讲述的那些故事，可以说是难得的口述史。尽管琐碎，但对于了解那一段历史，属于第一手材料。殊胜因缘，敝人考取中国人民大学，就读中共党史系。说来吊诡，1949年之后的国史，面目模糊，建政六十年后的今天，说不清前三十年到底是怎么回事。大概，有司以为，1949—1979年这三十年的历史，"沉睡"是最合适的姿态。

试想：一位还算勤奋的中共党史系毕业生，都不能解释共和国前三十年的来龙去脉，难道不是一件令人难堪的事情吗？

高王凌先生的著述，出乎意料之外，又在情理之中。《中国农民反行为研究（1950—1980）》，唤醒了我的心灵，一生在纸上被风吹乱，父母走过的一段历史，终于复活了，我真切地看到老大哥，运筹于帷幄之中，驱使无量的农夫，进行"大兵团"作战。既看到农夫的劳累和心酸，也看到农夫回旋中，进行的"温柔"抗争。

既然决意打仗，而且立志将美帝国主义及其走狗消灭在人民战争的汪洋大海，那么举国上下，必要进行战争动员。造就一支"产业大军"。而农民武装起来，岂不就是"武工队"？不穿军装，但是战斗力并不弱。军民团结如一人，试看天下谁能敌。

小时候，每年冬季农闲，民兵连长都要率领男女"基干民兵"进行军事训练。最精彩的一幕，就是汇报表演的实弹演习，真刀真枪。别看二哥矮小瘦弱，那可是我们生产小队的"民兵排长"！这是七十年代的事了。

妈妈告诉我，二哥小的时候，食堂的风气吹进我们村庄。十来岁的大哥，领着五岁的二哥，提溜着桶，到大食堂打饭。食堂的大师傅，那可是得罪不起啊！两家要是关系不好，哪怕大人打饭，也要缺斤短两，更别说一个娃娃了。妈妈的性格很随姥姥，老实厚道到懦弱的程度，让人家欺负到家，只能暗中垂泪。到底村里有几个大食堂，还需要进行一番田野调查。印象中，妈妈说我们九队和十队是一个食堂。可以想见，大冬天，寒风凛冽，十岁的娃，带着弟弟，提着桶，要走好一段路。半道上，热乎气就消散得差不多了。

决策者善运筹，经常"一炮双响"：大食堂，大炼钢铁，弄到一块干，有气氛。妈妈说到大炼钢铁，更是郁郁难平。本家的一位爷爷，和我爸爸相友善，就是这位爷爷，率领一干人马，命我妈妈把家中多余的剪子和菜刀都交公。

我们家省吃俭用，好像粮食从没有富余，都是向爸爸的好友——老杨那里借。自打记事起，不知道跟着妈妈到老杨家，借了多少回粮食。老杨是一位很慈祥的长者。这要是在"旧社会"，他就属于开明士绅，人缘很好。

有一次，妈妈给我说起搜粮食，就更邪乎。依照邓正来的说法，农民有着很强的"生存智慧"。别看经过土改，来到人民公社，却总有聪明人，想方设法，巧妙地将粮食藏起来，以备不时之需。七队赵家，藏粮不少。他们家怎么生活就那么滋润呢？还不是院子里长着好多枣树，总能暗中进行交易，换来不少粮食。一天搜粮队来到赵家，民兵们用大棍子，房前屋后，院里院外，往地下一敲，藏于地下的大瓮，就被挖出来。这是性质很严重的事件。

中国的乡村，传统的保障机制，经过大食堂、大炼钢铁这么一折腾，被釜底抽薪。燃眉之急，政府却不再负责。直奔着所谓的"三年自然灾害"。妈妈给我念的顺口溜是这么说的：低指标，瓜菜代，老头老婆儿死得快。榆钱、苜蓿、豆饼，都是好东西，观音土也不是没有人吃过。村支书、队长、会计、出纳、保管员、看菜园的、饲养员，都属于乡间的"土豪"，他们往往是最有办法的人物，只要愿意，总能多吃多占。

农民被带到了二股道，他们当然要想辙，活下去，吃饱肚子，远比面子重要得多。北美有个加拿大，中国有个大家拿，不拿白不拿，白拿谁不拿，拿了可不白拿。

那时候，农民下地干活前，队长敲钟，召集大家派活。我们九队的那口大钟，是远近闻名的，那声音真够响亮。别看有些活适合早晨干，但从听到钟声到下地干活，这中间的间隔可不短。原来，还没干活以前，就开始磨洋工了。老爸当队长的时候，因为公正无私，身先士卒，苦活累活干在前，据说威望很高，间隔就大大缩短了。但老爸并不能发现所有的偷盗和顺带行为。

待我记事，老爸不当队长了，经常"跑外"。那时候，每个小队都有一位彪悍的妇女队长，候在回村的必经之地，对出工的妇女进行"搜身"——这是当时中国农村的一大景观。要是搜到三亲六故，睁一只眼闭一只眼；要是关系不睦，必然战果辉煌。农民也很有意思，反正只要出工，就不能对不起自己的肚子，能吃就吃，能顺就顺。从棒子地里出来，身上肯定有棒子，从棉花地里出来，身上就有棉花。农民的智慧，真是无穷，简直是八仙过海各显神通。

冒着道德谴责的危险，甘冒大不韪，奋不顾身地往家里顺粮食，不是一家一户，而是千家万户。"深宫"之中，不知道是否知晓，辛苦建立起的社会主义墙角，就这样被农民日复一日地消耗着？

60年代初，老爸担任九队生产队长时，不知从哪里来的勇气，要改善乡亲们的生活，既有香油坊，又有烧酒坊，九队社员的生活，在其他人眼中，很是让人艳羡。"文化大革命"一到，老爸作为走资本主义道路的典型，属于本村第一批被打倒的对象，戴高帽，站雪地，在劫难逃……

以上所述，或是亲闻，或是亲历。片段的家史、村史，虽已过去，但却一直活在我的心中，并沉淀多年。高王凌先生的著作，唤醒了沉睡已久的心灵，帮我过了一道坎。内心深处的枯井，竟然汩汩涌动——那是上辈人生命的泉水在灌溉着我们。

高先生的《中国农民反行为研究（1950—1980）》，力透纸背，举重若轻，鲜活地呈现了国家和社会的互动和博弈，恰如其分地梳理出"历史是由合力构成的"，必将成为典范和不朽之作。

笔者深信：高王凌先生的著述，不仅能极大地提升中国人文学的学术品质，且对社会科学，诸如政治学、经济学、社会学都会发生积极而深远的影响，并进一步促进中国的文化自觉。

2014年1月28日

于书菜楼

诚笃萧延中

一

笔者1985年考取中国人民大学中共党史系。在这个世界上独一无二的系，居然开始了独特的精神历程，至今想来还非常有趣。

我和母校的关系异常微妙。应该说，中国人民大学待我之厚，真有点三生有幸，温暖至今。首先图书馆阅览室里摆放着整套的涵盖近百个人文社会科学专题的《人大复印资料》，直到现在，这套复印资料在人文社会科学界都是独一无二的。尽管它有诸多不足，有待改进之处尚多，但它的精神价值，的确是难以估量的。我之喜爱博览群书，就得益于《人大复印资料》。从目录学史的角度，《人大复印资料》不就是当代的《四库全书简明目录》和《书目答问》吗？阅报室位于图书馆前，简易的铁皮房子里面，摆放着全国大报。每当我倦游书海的时候，阅报室就会成为修身养性的好地方。《光明日报》连载的《胡适传》（易竹贤著）和戴晴主持的"学者访谈录"不断滋润着我的心田。海淀区新华书店和古籍书店隔三差五地在校园搞一些新书展销。李泽厚先生的书，可以说是见一本买一本。《走向未来丛书》《文化：中国与世界丛书》《二十世纪文库》《传统与变革丛书》《三个面向丛书》《文化哲学丛书》……可以想见，这些精神食粮对一个来自乡间的、羞怯的、没有任何其他兴趣的小男孩是多么难能可贵。我如饥似渴地阅读，接受着精神的洗礼。今天想来，正是图书馆和书店，开启了笔者思想文化之旅。

中国人民大学从1986年开设全校性的选修课。笔者杂七杂八地上了一些课，这些课的名称大多想不起来了，它们究竟对我的成长有哪些影响，恐怕只有天知道。但教"唐宋八大家"的吴小林先生，却给我留下了终生难忘的印象。儒雅风流的吴先生一袭长袍讲课的风貌，至今历历在目，记忆犹新。我所接触的先生中，吴先生讲课是最出活的。他那宛如长江大河、气势磅礴的讲课风范，一直是我所追求的。所以，立志不负师恩，青出于蓝。

回首当年，大学充满着理想主义的色彩。经济的复苏、政治的开明、文化的启蒙，形成蒸蒸日上、百家争鸣的大好局面。1985年文化讨论开始热起来了，百年中国史中的学术新生代在这一时期展露峥嵘，各种学术讲座层出不穷。现在坊间流行"讲座书"，其实，如若有人整理1985—1989年的各种讲座，其价值绝对并不比现在的小。胡华、高鸿业、林增平、方立天、陈鼓应、钱理群、沈大德、郑也夫、胡鞍钢、何新、谢选骏、梁治平、许纪霖、陈越光、杨念群诸先生的讲座，仅仅是学术记忆的一小部分。那时候的讲座特别实在，随风潜入夜，润物细无声。不像现在的许多大学在校庆时搞的急风暴雨式的"讲座工程"。

文科学生功课并不紧张，有大块时间泡图书馆和听讲座，我慢慢地喜欢上了这种生活，笔者学问的趣味就是在选修课和讲座中生长出来的。我开始离不开书了，觉得那里面似乎有广阔的精神空间，既可以出活，又非常好玩。图书馆、选修课、讲座、书摊，滋养着我的性情，塑造着我的人生。一个精神上的"我"开始诞生了。笔者开始尝试着用自己的头脑，重新审视和批判一切价值。

二

记得北京大学艺术学系朱青生先生说过一段话,大意是:大学生应该在大学四年里,找到一位教授以登堂入室。就自己的经历而论,我体会到,朱先生一席话可谓至理名言。

笔者在中共党史系,一直处于边缘状态,自然成为边缘人。由于不满意当时的大学课堂,每当一听到老先生讲"哲学中的两条路线,经济学中的社会主义和资本主义,中共党史中的共产党与国民党,政治学中的民主与自由、法学的阶级性"时,就如坠云雾之中。

那时候,我还没有学会同情的了解和温情的敬意,除了林茂生、程歗、萧延中先生外,对很多先生的史学理念,几乎是不能容忍的。

说出来不恭,那时之所以博览群书,就是想把一些教授企图灌输给我的、充斥着"斗争哲学"的史学理念给批驳回去。现在回想起来,真是分外惭愧。由于性情的怪异,喜爱打破沙锅问到底的我,对中共党史系的先生,真是大不敬。难说是书生意气,却也颇具反潮流精神,整天在讨论课上与先生们抬杠,弄得好多老师不胜其烦,唉声叹气:怎么又是谢志浩呢?

应该说,我也付出了不小的代价。在考试卷子上,按照自己的理念,进行书写,后果可想而知。如此非圣无法,呵佛骂祖,难怪先生们纷纷给我不及格。

但至今不悔,甚至还有些甜蜜的自豪,因为,到底忠实于自己的人格。我所处的边缘状态,最初是被动的,后来似乎成长为一种自觉。我逃出党史系的课堂,去听哲学系张志伟先生的《西方哲学史》课。张先生传承苗力田先生的学术理念,讲述康德、黑格尔哲学,有一种难以言说的魅力。我深为感动,觉得张先生简直就是两位德国古典哲学大师的书童,讲起来是那样纯熟而亲切。康德认为:人不应该是手段,而应该是目的。我原本用来战胜党史系教条先生的"工具理性",居然转化为"价值理性",并且还成长为一种生命的自觉。

当年的我,秉持"吾爱吾师,吾尤爱真理"的信条,并没有屈服,只是内心呼唤:哪怕对待"反动学生",也应该多一份宽容。

生命中注定有一种缘分。大三上了萧延中先生的《中国近现代政治思想史》一课,眼前一亮,耳目一新,精神焕发。顺便说一句,《中国近现代政治思想史》一课,是我大学四年最喜爱的专业课程,桑咸之、程歗、萧延中、闫润鱼四位老师,各讲一段。

"平生风仪兼师友",大体可以概括我和萧先生的交往。萧先生对我的晦涩的毕业论文《鲁迅——荒原狼》给予宽容,内心知道这是先生的关爱。如若遇不到萧先生,我的论文,在党史系是没人认可的。尽管愚笨异常,可喜欢做一个读书种子,萧先生就容忍了我这个"缺规少矩"的乡间小男孩。

中国党史系,国民党史方面,有彭明,张同新先生;共产国际与中国革命历史方面,有杨云若和杨奎松两位先生;中国近现代政治思想史,有林茂生、桑咸之、程歗、萧延中、闫润鱼四位先生,中国宪政史,有刘炼先生。这些先生,不论思想保守还是激进,都给我留下了很深的印象。唯独中共党史系的主旋律——中共党史方面,令人沮丧。教党史的先生,不仅学问不大,而且长了一副主旋律的脸孔,听着听着,一股无名火在内心燃烧。

陈远学友,曾经说过"老师就是命运",对于自己的老师给予最大的温情和敬意。其实,细心想来,老师孕育着无限的可能。用心的学友,总能从投缘的老师那里,寻觅安身立命的归依。先生和弟子,教学相长,建构了一个奇妙的相互激发、相互辉映的生态。

先生埋怨没有好学生,学生埋怨没有好老师,这是未能达到明心见性的境界。具有善念,秉持善意的善良之人,其实就像农夫,对于破土而出的读书种子,投之以怜爱的眼光,便是学子的阳光雨露。得遇萧延中先生,我的人生彻底改变。

萧延中是林茂生先生的得意门生，我先听林茂生先生的《中国史学导论》，林先生推崇"元历史学"，可惜，当时没有那么多储备，尽管曾去林先生府上多次，还是似懂非懂。2005年11月21日，林茂生先生逝世，这种遗憾，永无弥补的机会了。

很早就从林茂生先生那里，听到萧延中的大名。林先生说萧延中胆子很大。看得出来，林茂生先生很是喜爱萧延中。

自从1988年春季，跟随萧老师习中国现代政治思想史，便喜欢上这门课程。因为，正是在萧先生的课堂，我才体会到：大学原来是可以不必照本宣科的。期盼已久的自由的呼吸，成为一种可能。

萧先生给我最大的震撼，就是敞开心扉，娓娓而谈。整个课堂，呈现一种美妙的气场，充盈着激情，流淌着真诚。不自量力的笔者，居然奇妙地以为，萧先生这门"中国现代政治思想史"，就是为我而开的。所以，当先生向学友们征集建议的时候，在一个小纸条上，写下自己的真切感受：痛苦的反思消蚀着一个有血性的灵魂，但这是无法倾诉的。这句写给萧先生的话，其实，是说给自己的。

教书先生，无论"传道授业解惑"，还是"培养建设者和接班人"，在我看来，都不究竟。一物不知，儒者之耻。人生活在天地之间，不明白的事情，何止万千？所以，天底下的"惑"是"解"不完的。天下为公的大"道"，更是没法"传"的。"建设者和接班人"，属于本朝的说法，离开宣传，难以奏效，这也就是课堂上必须容忍"照本宣科"的一大理由。

"照本宣科"，败坏学友胃口的同时，实在伤害学友的心灵。先生在课堂上，不能敞开心扉，向学友倾诉，那么，就难以敲打学友的心弦。学友们关门闭户，课堂自然呈现一潭死水。

萧先生奉行平等主义，在开始上课的时候，经常给学友们介绍思想界的动态，偶尔问询一下，可否看到有趣的报纸刊物？这是我长项。记得有一回，给先生说，最近《人民日报》上有篇书评，作者署名李锐，很有趣。这一下子把先生给乐坏了，先生出神地望着我们说：真正的作者，正是敌人。萧先生把毛泽东的出现，当作一种文化现象，特别注重从政治心理学的角度进行解读，颇具新意。

先生当时已经出版《"巨人"的诞生》，正在选编《晚年毛泽东》，令我始料不及的是，先生将我写给先生的话，引入《晚年毛泽东》的后记。机缘如此巧合，所以，先生在接下来主持毛泽东研究丛书时，对我有极高的期许，居然把我列入丛书的作者行列，自己不免得意洋洋一阵子。现在想起来，亏欠先生的，何止是一部书稿！赋得永久的悔。

回首往事，甜蜜的滋味流淌在心中。

1988年暑假后，升入大四。党史系尊重85级学生的意愿，自愿报名，进行社会实习。笔者惦念兰州的大姨，报名参加西北小分队。前往兰州之前，我到先生讲课的教室，坐在门口的台阶上，候着先生。慷慨激越的萧先生，不经意间，瞥到了坐在门口的我。下课后，萧先生被学友们簇拥着，与学友们互动交流，这是萧先生最幸福的时刻。补充一句，萧先生是很有女生缘的。

互动结束后已经很晚，先生邀我前往稻香园家中小酌，为我的西北之路壮行。先生居家狭小，也就一室一厅，先生的卧室和书房，挤在一间房子里。但讲究品位的先生，把居室布置得别具格调，饶有趣味。先生的写字台安排在向阳的玻璃窗下，窗明几净，一尘不染。先生的藏书排满了东西两面墙，别具特色的不锈钢书架上，都是先生喜爱的图籍。先生说起这些图书的来历，充满喜悦。

喝着先生亲手泡制的人参酒，浓郁醇厚。师徒俩，边喝边聊。记得当晚，看到先生书架上的《走向未来》丛书，就向先生聊起了《走向未来》丛书编委会，先生说，参加过几次编委会的活动。1989年出版的图书，就会将自己列明编委会。编委会里面有多种声音。萧先生说，不会隐瞒自己的观点，大家求同存异。先生还谈起中国人民大学的友人，梁治平、杨念群、杨奎松、牛军。还说起牛军育儿，很是宠爱。

先生富有童趣，一片赤子之心。

先生非常喜爱兔子，记得窗台上养着好几只小白兔，那么机灵淘气，惹人喜爱。先生把阳台作为兔子的家，小白兔在先生家快乐成长，兔子有知，也能感到幸福。

20世纪80年代，先生住所的西面是一片稻田，夜晚传来青蛙的鸣叫，真有世外桃源之感。跟随先生到稻田拔草，迎面吹来凉爽的风，浑然忘却身在大都市，自以为走在乡间的小路上。那时候，整个北京还没有进行开发，朴素恬淡，浑然天成，宛如一个村姑。

先生的兔子"生儿育女"，先生忙得不亦乐乎。大概1988年"六一"儿童节的时候，喜欢孩子的先生，将小兔子送给了中国人民大学幼儿园。天真烂漫的孩子们，小嘴甜甜的，抹了蜜似的，向先生表示感谢呢！先生跟我提到此事，依然笑逐颜开，喜上眉梢。

其实，先生那时候已经33岁，不知为什么，晚婚的先生一直没要孩子。等到孩子降临人间，先生已经35岁。1990年亚运会之前，前往京师，来到稻香园拜望先生。备受各种手续的折磨，先生终于可以踏上美国，看望太太和儿子。

也许就是由于先生在关键时刻没有在太太身边，加大了师母与先生的裂痕。师母选择和儿子留在美国。先生明明知道，迎来的必是难以言说的折磨，毅然决然，返回故国。

热爱读书、热爱生活的先生，潜心教学，忘怀得失，深深感染了我。原来并不清晰的理想图景，经过先生的熏陶和点拨，突然显明了。

三

我毕业那年，与先生告别的时候，只见先生，脸庞坚毅，眼神深邃。萧先生诚恳地对我说："弄不明白，为什么嘴上说'人民民主专政'，在实际行动上，什么时候把人民摆在准确的位置？"那年我一度看到中国学术界的希望。我曾经说"一个伟人的死去，唤醒了国人中真善美的灵魂"。

当时学术界的各种签名，真是数不胜数。有一次，学术界有一个签名，贴在中国人民大学灰楼墙上，被我看到了。正好，先生来到宿舍看望学友们，我就赶紧给先生说起这件事。

先生听到这个消息，非常吃惊："我怎么不知道呢？"先生跑步赶到灰楼，从头到尾看完，郑重签上自己的名字。

往年，7月7号左右，准时举行毕业典礼。但那年一切都延迟了。学校紧急决定，开办两周的应届毕业生学习班。此举实属破天荒。一般学友，都会接受开学培训，以巩固专业思想。从没听说，毕业还要进行培训。这种空前绝后的事体，正好被我们赶上了。

应届毕业生学习班的开班典礼，依然在八百人大礼堂举行，主席台上，没有见到袁宝华校长，只有黄达、郑杭生、吴树青三位副校长。郑杭生先生，西装革履，很显绅士风度。在这次特别讲座上，郑杭生先生主讲社会主义民主和资产阶级民主的区别，异常艰难，甚至，前排的个别学友，用嘘声回应。看得出来，郑先生很是伤心。满头银丝的吴树青副校长，擅长政治经济学，这次，披挂上阵，进行时事评论，分析"风波"的起承转合，很具有逻辑性。1989年8月份，中国人民大学的经济学学者，吴树青先生，就任北京大学校长。

只有货币银行学权威——黄达先生，言辞恳切，拳拳之心，眷眷之意，令人感动。这就是何以笔者至今对黄达先生，都怀有一份同情的理解和温情的敬意。

"杀君马者道旁儿。"萧先生当时的职称，仅是助教，但在学友们中间，具有崇高的威望。学友们喜欢萧先生担任毕业论文的指导老师，这样，包括我在内，萧先生至少指导八名学子。原来系里指定戴知贤先生担任我的指导老师，是我自作主张，坚决要求由萧先生指导。其实，戴先生擅长文化史研究，细心想来，自己的文化史理路，也受到戴先生的恩惠。不用说，此举伤了戴先生的心，在这里向戴先生致意。

党史系主事的，听说萧延中身居助教，却指导这么多论文，很不是滋味。正好有了现成的借口，故萧先生指导的论文，不存在资产阶级自由化,岂不怪哉?"印象派"既然主题先行,看到笔者的毕业论文题目:《鲁迅——荒原狼》,不禁皱眉。还未报答师恩,就已经给萧先生惹来麻烦。

先生的学术、人格,在中共党史系有口皆碑,但是却成为"麻烦人物",职称自然难以变动。后来工作期间见过先生两三次,但都没有来得及畅谈。

2003年9月至2004年6月,在北京大学做访问学者。访问学者宿舍,设在圆明园东门旁边。这里与先生的住所咫尺之遥,真想飞奔到先生身边,汇报自己的心路历程。慈祥的先生,要是询问我的学术成绩,无言以对,这可如何是好?懈怠散漫的我,最终,没有拜望先生。

人生处处充满了奇遇!有一天,给先生寓所打电话,师母告诉我,萧先生没有在家。师母得知我在北京大学做访问学者,很是高兴,说萧先生过两天将要参加北大历史系研究生学术论坛。这个论坛,我是知道的,没有其他安排,便准备参加。听说萧先生也要参加,很是快慰,这下就能见面了。

先生命途多舛,在云南当知青时,一只眼睛受到损害。党史系和政治学系,道德文章无可称述者,不大费劲,已经成为教授。20世纪80年代,先生出版有《巨人的诞生:"毛泽东现象"的意识起源》和《晚年毛泽东》两本著述,到了2003年,却依然是副教授。先生都快五十的人,攻读南开大学刘泽华先生的博士研究生。萧先生热心与那些二三十岁的小字辈切磋,对学术的热忱,令人感怀。

萧先生事先知道阎步克先生将出席学术论坛,并进行学术点评,竟然从书房中,找出阎先生的著作,带到会场,面请阎步克先生签名。80年代,萧先生和阎步克先生就已经相识,同在北京海淀区,一晃竟有十五六年没有见面。阎步克先生的大名,还是那时从萧先生叙谈中听说的。

萧先生在80年代后期,就立志对中国古代的政治合法性进行研究。这次北京大学研究生学术论坛上,萧先生讨论的,依然是中国古代的政治合法性。

就在那次论坛上，作为晚辈的我，评判先生的学术成果，平和宽容的先生，令人如坐春风。记得北大历史系也准备了晚餐，萧先生却没有吃饭，只简单寒暄一下，就道别了。

四

1989年，毕业分配至北京南面小城的一所工科院校，在这里，依然是做边缘人，只不过，相对于人民大学求学时期，更加边缘而已。

在发现读书种子方面，之所以不敢苟且，是因为我后面，站着萧先生。先生的人格时刻感召着我，不容我懈怠。真正的读书种子，我是不敢遗漏的。切磋琢磨，那种快乐，反正我在萧先生的书房中感受到了，愿意把自己在萧先生身边受到的感染，传递给我的弟子。教育既是一种激发，也是一种传递。激发的是理性，传递的是温暖。

直到现在，我依然认为，培育人才，那是一个手艺活，不可能是机械化大生产。机械化大生产，产出的是名目不同的"火腿肠"。大学扩招对于具有工厂经验的校长来说，真是如鱼得水、水到渠成、顺手拈来。扩大招生，何难之有？增加几个"车间"不就行了。

不知从什么时候开始，大学变成"公司"，校长变成"总经理"，教授变成"老板"，大学越来越像一个巨大的搅肉机，将生产线上的学生们，生产成一根根同样标牌的"火腿肠"。教授和学生的日常交流，越来越平面化。像我一样能够到萧先生书房中聊天的学生，不敢说没有，恐怕也是凤毛麟角。一个学生大学四年，没有走进过教授的书房，我都不知道，这样的文科学生是如何深入学习的。

许多老师简直就是绞肉机，将学友们可贵的思想萌芽"格式化"，在他们心中，学生是不可能生长思想的，所以，只需要孜孜不倦地灌输。兢兢业业革除学友的思想，已经形成流水线，生生不息，源源不断。

不愿意做"火腿肠"的学友们，萧先生这样的好老师，热切的目光，一直在注视着吾辈，问题在于：是否有足够的勇气摆脱"火腿肠"的命运，去做一个可爱的人、好玩的人、有趣的人？

每当我倦怠的时候，萧先生的形象总会浮现在我的脑海里。开设《百年中国历史人物》选修课，每次近三个小时。下课之后，不再有课堂上的慷慨激昂，而是身心俱疲。也曾发牢骚："再也不开了。"但是，刚下楼梯，就遇到了可爱的学友："谢老师，什么时候能选上您的选修课，而不被踢出来呢？"

帮助学友们摆脱"火腿肠"的命运，需要激发，也需要传递，没有坚定不拔的毅力，没有呕心沥血的努力，怎么能成功呢？

诚笃的萧延中先生，既激发理性，又传递温暖。

许纪霖：暧昧的怀旧

每当想起许纪霖，就会想到他的一本文化评论集——《暧昧的怀旧》。1981年大学毕业后，许纪霖毕业留在华东师范大学政教系中共党史教研室，从事中国民主党派史的研究，这位具有文人性格的上海"阿拉"，面对民主党派，别有怀抱，悄悄地进行暧昧的怀旧。

百年中国史，有一个很有趣的现象：尽管国民党和共产党里边，也有很多大知识分子，但不论从事国民党史研究，还是共产党史研究，都很少从知识分子的角度进行切入。许纪霖研究中国民主党派史，却从知识分子的角度，打量民主党派。这就怪了，搞了那么多年的政治运动，却依然被视为知识分子。似乎印证着，中国民主党派想在国民党和共产党之外，走出第三条道路，难矣哉。

许纪霖在学术界的影响力，不如上海学术版块的陆谷孙、朱维铮、葛剑雄、朱学勤、萧功秦，但在中国学术版图中依然占有一席之地。在两岸三地的学术圈中，持续发挥着影响力。

小时候，家父订阅的《北京晚报》和藏于辛集中学图书馆的《人物》杂志，引发了笔者对百年中国历史人物的兴味。1985年，笔者入中国人民大学中共党史系，老先生讲述的中共党史，很倒胃口。不得已，只能实行消极自由——"逃课"。徜徉在中国人民大学图书馆，经常映入眼帘的，依旧是中国近现代史。只不过疏远了政治人物，而民国文化人的逸闻趣事、掌故旧闻，引发了我的兴味。渐渐，民国文化人，在笔者的心中，日益清晰。

20世纪80年代中期，意识形态的硝烟，并没有在知识界消散。在《走向未来》丛刊、《读书》杂志，陆续读到许纪霖描写民国知识分子的论文，如空谷足音。许纪霖喜爱用"外圆内方"，"外方内圆"来分析、打量张君劢、黄炎培、黄远生、周作人，清新可喜，读来津津有味。回到宿舍，喜不自禁，向舍友宣布：一颗学术新星冉冉升起了。

其实，就在惊呼的时候，许纪霖已经悄然来到中国人民大学党史系，进修民国史。一次课上，讲述国民党史的张同新先生，给大家介绍：许纪霖同学的文章很不错，他值得大家学习。

原来坐在教室前排那位上海进修生，正是许纪霖！人生真是妙啊。许纪霖长得很周正，一副眼镜，衬托出儒雅清秀的风度。

许纪霖与我的宿舍舍友颇有缘分。这里，既有上海"阿拉"，也有陕西"粉丝"。课余时间，许纪霖经常来到2号楼228宿舍谈天说地。徐大哥和许纪霖，都是上海"阿拉"，经常用上海话拉家常。陕西学友小蒋，是许纪霖的铁杆粉丝，言必称许纪霖。别看本人早就注意到许纪霖的文章，并且最早发现许纪霖，但是，不幸正患"交往综合症"，之间并没有怎么正面接触。

许纪霖到我们宿舍，海阔天空，高谈阔论，有一种精神上的契合，也从没想到下馆子。那时候的人际关系很纯洁。现在的人，会觉得那样的多是一些傻子：很傻很天真！

陕西学友小蒋，接触到许之后，很受许纪霖的熏陶，不久就写出探索瞿秋白心路历程的文章，后来经过许纪霖的推荐，刊载在《走向未来》丛刊，记得题目叫作《这才是真实的瞿秋白》。后来，小蒋分配到中央文献研究室，与这篇文章有一定的关系。1998年，我到北京培训，曾见过一次小蒋。这时候的小蒋，全身心地投入到《陈云文选》的编选之中，大学时代的书生意气杳无踪影。不免喟叹：工作环境，对心性改变之大！

20 世纪 80 年代，一切皆有可能。千帆竞渡，百舸争流，万木争荣，百花盛开。本科生发表学术文章，甚至译述，都是很正常的事情，因为，这一切，就发生在我身边，发生在宿舍舍友身上。如果，不在中共党史系就读，我们这个宿舍，极有可能成为学术型宿舍。睡在我上铺的山西佬，一进入大学，英语好得都不用学了，这家伙，在大学里期间，学了法语和德语。放在外语系，这都算很突出的吧？经过萧延中先生推荐，山西佬翻译了一本关于"五四"的著述。

我们那时候，大学本科毕业，已经属于成品。而这一切，如过往云烟，逝者如斯！

陕西学友小蒋的成功，对我刺激很大。1989 年，五四运动七十周年，不知道哪里来的一股劲，到北京图书馆查阅资料，写出一篇《陈独秀先生祭》。恩师萧延中先生推荐到《走向未来》丛刊，未果。后来，梁晓燕大姐，居中联系上海的一家青年杂志。这是本人第一篇正式发表的东西，获得稿费 120 元。顺便说一下，当时我已经分配到北京南郊一所学院，月工资不到 95 元。

从这件小事可以窥见，20 世纪 80 年代，正在成长中的第五代学者，具有比较宽阔的胸怀。那个时代，也是一个具有底线人文关怀的时代。这两点，笔者感触很深，至今难以忘怀。如果这种可爱的生态，持续成长，该有多好。

记忆中，许纪霖结束进修，回到上海后，曾参加上海市十大青年的评选，是否榜上有名，就不大清楚了，反正是三十位入围的人选之一。许先生已经成为陕西学友的精神滋养，书信往还，甚是频繁。

1988 年暑假，许纪霖从上海到北戴河，参加郑也夫先生主持的知识分子学术研讨会，携孔令琴女士在北京中转。念旧的许先生，曾经回到中国人民大学宿舍，看望党史系的"故人"，这令陕西学友，欣喜异常。

1989 年前后，中国知识界、思想界风云激荡，云蒸霞蔚。王元化先生操持的《新启蒙》论丛，在"五四"七十周年前夕，破土而出，似乎预示着一个历史反思和文化建设高潮的到来。

1988年，陈奎德获得了华东化工学院的支持，担任文化研究所所长，操办《思想家》刊物。1989年，许纪霖"转会"来到华东化工学院，大概待了七八年。1997年，入上海师范大学。2002年，转个一个圈，回到母校——华东师范大学。

许纪霖来到华东化工学院，壮怀激烈，准备大干一场，《思想家》与《新启蒙》相呼应，不妨说是《新启蒙》的姊妹刊物。谁承想，转瞬之间，成为镜中花、水中月。

许纪霖的性格特征，以柔弱胜刚强。这段时光，许纪霖没有虚度。一方面，得到上海文化"大护法"——王元化先生的眷顾。另一方面，联系多学科的学者，编纂《中国现代化史》。

20世纪80年代，确实值得怀恋，政治比较清明，具有一点文艺复兴的气象。公共文化空间的建构，不比现在小。第五代知识分子，应运而生，登上历史舞台。

许纪霖发表几篇描绘知识分子心态的论文，就能够成为公共知识分子，这是那个时代的真实写照。所以，笔者才会说：我是看着许纪霖冉冉升起的。

许纪霖在没有足够学术积累的情况之下，就暴得大名，功成名就，具有时代的合理性。许纪霖，难能可贵的地方，就是具有平常心。对于这一切，始终保持着一种戒惧，因为，他对自己学术和思想储备的不足，有着清醒的认识。

萧功秦和许纪霖的关系很是融洽，亦师亦友。萧功秦不希望许纪霖亏空下去，建议许纪霖多读一些社会学方面的著作。不是诤友不会这么说。无奈，许纪霖天分里面，文人的细腻和敏感成分太多，哲学的思维不是太多，不大适合搞硬邦邦的框架。

也许是自己位列学术游击队员，有意无意间，便疏离了具有浓厚士大夫情结的许纪霖。2000年前后，许纪霖的研究，就已经淡出了我的视野。恰好这时候，山西知识分子研究群体，高增德、智效民、丁东、谢泳，进入我的视野。

这里必须交待两句，笔者描绘学术地图，曾经受到许纪霖的影响。毋庸讳言，许纪霖关于民国知识分子的研究，在80年代开风气之先。三十年来，民国知识分子研究，有一条线索：许纪霖—谢泳—陈徒手。当然，岳南、岱峻也功不可没。

许纪霖文人色彩偏重，对于知识分子的处境感同身受。遗憾的是，其思想的穿透力不足。许纪霖的可贵之处是，有士大夫气，不迎合时代。许纪霖的思路和理念，有着内在的韵律、执着与坚守，一以贯之，本身就具有力量。

什么事情都是利弊相间的，这才符合生态学的道理。直到现在，对于20世纪知识分子，具有同情的理解和深情的敬意的人，不在少数，但是，能够像许纪霖这样如此细腻，理解知识分子的，还是不够多。体察中国百年知识分子的心路历程，许纪霖依然是独到的。

许纪霖特别值得称道的，不是他的学问，而是深沉的自省意识。许纪霖对自己这一代知识分子，有着深刻的洞察：我们这代知识分子最大的问题是自以为是，缺乏感恩、谦卑、反思精神，非常善于权变，充满了机会主义心态。虽然"立功"、"立言"尚可，但留给这个时代的道德遗产太少了。

许纪霖保持着一份难得的清醒，有所戒惧，希望将要收官的学者，静下心来，好好想一想：到底在历史上能留下什么样的精神遗产？

笔者写过一篇《知识分子的日落》，也在说这个事情。看来，在知识分子的操守问题上，我和许纪霖有着相似的判断。不过，许纪霖，还是偏于人文主义。在我看来，这一代知识分子，之所以非常善于权变，原因很简单，就是他们小时候的"低指标，瓜菜代，吃不饱，饿得快"。这一代人，觅食的本领超强。即使饱了，他们也要进行储备：深挖洞，广积粮。

不知道许纪霖先生，以为然否？

后记 ///

各位读友，这本小书，是《那些有伤的读书人》的姊妹篇，也是业余绘制的中国学术地图的第二份"作业"。

以后要是写自传，突出四个关键词，就可以了——淘书、读书、教书、写书。这一辈子，与书相关的事儿，都是围绕教书展开的。在这里，首先要提及河北科技大学选修"百年中国历史人物"的学友们。执教"百年中国历史人物"这门选修课，给我带来了很多快乐。这本小书的内容，是在历年的选修课上，在与学友们的互动之中，慢慢清晰起来的。没有学友们纯真的眼神，也就不会有这本小书。

别看我在课上生龙活虎，一旦下课，回到家中，人就蔫了。坐在沙发上，就能进入梦乡。我这个人，是"口力"劳动者，嘴倒是挺勤，可惜手比较懒。《新京报》两位"老"报人——方绪晓、李耀军，是我生命中的贵人。《百年中国，薪火六代》《读书种子卞孝萱》，经方绪晓介绍，发表在《东方历史评论》《品位·经典》。2011年，正值清华大学一百周年校庆，李耀军率领美女编辑，屈尊枉驾，来到石家庄书菜楼约稿，这才有了机缘——《清华国学研究院的雪泥鸿爪》《清风明月顾毓琇》《玉汝于成华罗庚》三篇文章，发表在《新京报》清华百年纪念特刊。

《温情与敬意》，发表在《燕赵晚报》；《仁者杜润生》，发表在《董事会》；《就像带走每条河流》《李零文化心态一瞥》，发表在《社会科学论坛》；《守先待后涂又光》，发表在《岭南师范学院学报》。向朱巍、许艺峰、赵虹、雷洪德四位先生，表示感念。

自 2005 年底建立博客以来，我和世界的互动，又多了一条绿色通道。尽管偶有删博的苦恼，但在这条大道上，结识了一些朋友，这是令人欣慰的。浙江的王重阳，山西的斛建军，山东的王乐成，江苏的刘猛，河北的田明章，都很爱重我的博客，这五位素未谋面的朋友，是我的知音。刘猛君，还把我的第一本小书——《那些有伤的读书人》，作为奖品，送给那些读书种子，让我受宠若惊。而这本小书，同样是写给朋友的。

2015 年 9 月 22 日，收到朗朗书房钱午骏君的邮件，问及是否有意出一本小书，感觉很是投契。这本小书，有着午骏的心血。

谢志浩

2016 年 1 月 14 日凌晨

于书菜楼